苏州本土品牌企业发展报告

A级景区卷

主编/魏文斌 洪海

苏州大学出版社

图书在版编目(CIP)数据

苏州本土品牌企业发展报告. A级景区卷 / 魏文斌,
洪海主编. —苏州:苏州大学出版社,2017.12
ISBN 978-7-5672-2326-4

Ⅰ. ①苏… Ⅱ. ①魏… ②洪… Ⅲ. ①企业管理—品牌战略—研究报告—苏州②旅游区—经营管理—研究报告—苏州 Ⅳ. ①F279.275.33

中国版本图书馆CIP数据核字(2017)第304477号

书　　名:	苏州本土品牌企业发展报告·A级景区卷
主　　编:	魏文斌　洪海
责任编辑:	王　亮
装帧设计:	吴　钰
出版发行:	苏州大学出版社(Soochow University Press)
社　　址:	苏州市十梓街1号　邮编:215006
印　　刷:	苏州工业园区美柯乐制版印务有限责任公司
网　　址:	www.sudapress.com
邮购热线:	0512-67480030
销售热线:	0512-65225020
开　　本:	787 mm×1 092 mm　1/16　印张:20.5　字数:405千
版　　次:	2017年12月第1版
印　　次:	2017年12月第1次印刷
书　　号:	ISBN 978-7-5672-2326-4
定　　价:	60.00元

凡购本社图书发现印装错误,请与本社联系调换。服务热线:0512-65225020

《苏州本土品牌企业发展报告·A级景区卷》编委会

名誉主编：刘海东　朱雪明

主　　编：魏文斌　洪　海

参　　编：（按姓氏笔画排序）

马　婕	王艺群	王秋平	方　超	尹　璨	乐慧华
朱　君	朱丽荣	刘　泓	刘　悦	刘德星	汤　华
许伟明	孙　凯	李青霞	杨　洁	杨占武	吴秋珊
冷梅红	沈君豪	张乃瑾	张广平	张晓怡	邵　兰
周　恺	周剑玲	周灏洁	胡　勇	胡　菊	胡兆欣
胡智慧	钟　颖	施介辰	祝　雷	秦小园	秦嘉鑫
钱剑锋	徐　征	高良平	董　琪	雷星星	

前　言

旅游景区是旅游业发展的资源基础,是旅游产品的最主要部分和旅游活动的核心。旅游景区服务质量和品牌建设是提升区域旅游竞争力的关键。为了加强对旅游景区的管理,提升旅游景区服务质量,维护旅游景区和旅游者的合法权益,促进我国旅游资源开发、利用和环境保护,国家旅游局于2004年修订了《旅游景区质量等级的划分与评定》。《旅游景区质量等级的划分与评定》(修订)规定,旅游景区质量等级划分为五级。景区符合相关标准后,获得相应等级旅游景区质量等级评定委员会的认可,由评定机构颁发证书、标牌,即成为A级景区。

作为国家重点风景旅游城市,A级景区一直是苏州旅游发展的重要资源和载体。2001年,国家旅游局开始在全国开展A级景区评定,拙政园、虎丘、周庄、同里、虞山尚湖、甪直等重点景区入选首批国家4A级景区,苏州的A级景区得到快速发展。截至2017年7月,苏州共有63家(68个点)国家A级旅游景区,其中5A级景区6家11个点,4A级景区36家,3A级景区17家,2A级景区4家。随着苏州A级景区不断发展壮大,景区品牌建设日益得到关注,但仍然存在景区品牌建设缺乏整体规划、景区品牌体系不健全、景区智慧旅游服务系统与景区品牌塑造的途径和方式有待完善等问题。因此,加强对苏州市A级景区品牌建设研究不仅对旅游景区品牌管理和品牌提升,而且对苏州旅游景区品牌建设、推进实施全域旅游发展战略以及全国旅游景区提升服务质量和品牌建设等都具有重要的现实意义。

苏州市市场监督管理学会(原苏州市工商行政管理学会)和苏州大学MBA中心于2012年6月合作成立了"企业案例研究基地",以

"研究本土品牌企业,促进企业持续成长"为宗旨,确定了苏州本土品牌企业为研究对象,已编写出版了系列研究报告:《苏州本土品牌企业发展报告·驰名商标卷》《苏州本土品牌企业发展报告·老字号卷》《苏州本土品牌企业发展报告·上市公司卷》和《苏州本土品牌企业发展报告·信用企业卷》。上述图书出版后得到了国家工商行政管理总局、江苏省工商行政管理局、苏州市政府有关部门领导和有关本土品牌企业高管的肯定,取得了良好的社会效益。今年,课题组选择了苏州市A级旅游景区品牌发展为研究课题,获得了苏州大学人文社会科学院立项(项目编号:AZ11080217)。课题以苏州市A级景区为研究样本,设计"苏州市A级景区品牌建设调查问卷"和"苏州市旅游景区品牌与服务质量调查问卷",前者发放苏州市A级景区,后者发放来苏州A级景区旅游或曾经旅游过苏州A级景区的游客。在问卷调查中,"苏州市A级景区品牌建设调查问卷"回收了67份,其中有效问卷65份,问卷有效率为97.02%;"苏州市旅游景区品牌与服务质量调查问卷"共发放635份,回收有效问卷616份,问卷有效率为97.01%,为本书的样本统计分析提供了重要的数据支持。

同时,课题组先后进行了多次实地调研,选择了留园、金鸡湖景区、沙家浜景区、周庄、陆巷古村、穹窿山景区、苏州乐园、苏州镇湖刺绣艺术馆等A级景区进行了访谈。

本书是苏州市市场监督管理学会和苏州大学MBA案例研究中心合作研究、苏州市旅游局共同参与完成的集体成果。本课题在调研和编写过程中,得到了苏州工商行政管理局刘海东局长和朱雪明副局长的关心和支持,得到了苏州市旅游局特别是规划处的大力支持,得到了被调研景区管理人员和参与填写调查问卷人员的积极配合,得到了苏州市哲学社会科学联合会、苏州市政府政策研究室、苏州大学东吴商学院、苏州大学出版社等单位有关领导的关心和支持,在此一并表示感谢!

《苏州本土品牌企业发展报告·A级景区卷》作为一种学术资料性著作,力求客观介绍和分析苏州市A级景区服务质量和品牌建设状况,专题探讨旅游景区服务质量和品牌建设问题,努力做到资料翔实,数据全面,案例典型。本书共分概述篇、地区篇、专题篇、案例篇、附录等部分,为旅游景区提升服务质量和加强品牌管理及政府相关部门提供决策建议,可作为政府部门、行业协会、企业决策的参考资料,也可供研究人员、专业院校学生和社会人士阅读。当然,由于作者水平有限,以及旅游景区管理不断出现的新问题,书中肯定存在不足甚至错误之处,敬请读者批评指正。

编 者

2017年9月

目 录

概 述 篇

苏州市 A 级景区发展概况 ………………………………………………………… 3
苏州市 A 级景区品牌建设概述 …………………………………………………… 10

地 区 篇

常熟市 A 级景区发展报告 ………………………………………………………… 19
张家港市 A 级景区发展报告 ……………………………………………………… 26
太仓市 A 级景区发展报告 ………………………………………………………… 32
昆山市 A 级景区发展报告 ………………………………………………………… 41
苏州市吴江区 A 级景区发展报告 ………………………………………………… 46
苏州市吴中区 A 级景区发展报告 ………………………………………………… 53
苏州市相城区 A 级景区发展报告 ………………………………………………… 59
苏州市高新区 A 级景区发展报告 ………………………………………………… 63
苏州市姑苏区 A 级景区发展报告 ………………………………………………… 69
苏州工业园区 A 级景区发展报告 ………………………………………………… 78

专 题 篇

旅游景区品牌研究综述	85
苏州市 A 级景区品牌建设调查分析报告	93
苏州市 A 级景区智慧旅游研究报告	107
苏州市 A 级景区节事活动与品牌建设研究	117
苏州市 A 级景区品牌传播与品牌提升研究	124
苏州市 A 级景区旅游文化研究	130
游客对苏州旅游景区品牌与服务质量的评价	139
苏州市旅游景区服务质量实证研究	148
苏州市全域旅游实践与发展研究	161
苏州旅游目的地品牌营销策略研究	171
关于发展房车旅游创苏州全域旅游新品牌的思考	181
建设特殊供电系统探索旅游食品安全新途径的思考	190

案 例 篇

留园寻梦
　　——留园景区历史及其品牌建设 ·········· 199

苏州的穹窿山，智慧的穹窿山
　　——穹窿山风景区特色旅游品牌发展 ·········· 206

情定金鸡湖
　　——金鸡湖商务旅游发展的探索与实践 ·········· 213

中国第一水乡
　　——周庄打造卓越品牌之路 ·········· 217

古村新韵在太湖之滨尽情绽放
　　——苏州东山陆巷古村发展之路 ·········· 223

风起芦苇荡，心动沙家浜
　　——红色旅游产业融合推动辖区旅游业创新发展 ·········· 227

从单体主题公园到欢乐度假目的地
　　——苏州乐园品牌发展历程 ·········· 233

附录一　调查问卷　238
　　苏州市 A 级景区品牌建设调查问卷 ·········· 238

苏州市旅游景区品牌与服务质量调查问卷 ………………………… 242

附录二　相关法规 ……………………………………………………… 245

　　中华人民共和国旅游法 …………………………………………… 245
　　"十三五"旅游业发展规划 ………………………………………… 258
　　旅游景区质量等级的划分与评定 ………………………………… 283
　　全域旅游示范区创建工作导则 …………………………………… 298
　　关于实施全域旅游发展战略打造国际文化旅游胜地的若干意见 ……… 306

附录三　苏州市 A 级景区点名录 ……………………………………… 311

概述篇

苏州市 A 级景区发展概况

作为国家重点风景旅游城市，A 级景区一直是苏州旅游发展的重要资源和载体。2001 年，国家旅游局开始在全国开展 A 级景区评定，拙政园、虎丘、周庄、同里、虞山尚湖、甪直等重点景区入选首批国家 4A 级景区，苏州的 A 级景区得到快速发展。截至 2017 年 7 月，苏州共有 63 家（68 个点）国家 A 级旅游景区。近年来，随着苏州旅游发展不断转型升级，苏州的 A 级景区也正加快转型，由以观光为主向观光、休闲、体验等转化升级，有力推动了苏州旅游大发展。

一、苏州市 A 级景区发展现状

1. 从等级结构看，高等级景区占了较大比重

截至 2017 年 7 月，苏州共拥有 63 家（68 个点）A 级旅游景区，其中 5A 级景区 6 家（11 个点），占总量的 9.52%，4A 级景区 36 家，占总量的 57.14%，3A 级景区 17 家，占总量的 26.98%，2A 级景区 4 家，占总量的 6.35%。4A 级以上高等级旅游景区数量占全市等级旅游景区的 66.67%，高等级景区数量位居全国前列、全省第一。见图 1。

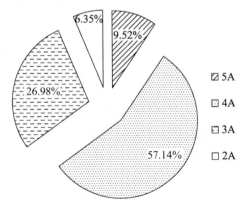

图 1　苏州 A 级景区等级结构

2. 从地域结构看，呈现较大的不均衡

地域分布的不均衡主要体现在两个方面。一是数量分布的不均衡。全市 A

级景区主要集中在苏州市区的中南部和西部,其中以吴江区最多,共9家;其次为姑苏区、吴中区和张家港市,均为8家;工业园区及相城区数量较少,分别为2家和4家。二是高等级景区分布的不均衡。从4A级及以上的高等级景区分布看,姑苏区、吴中区和高新区数量较多,分别为8家、8家和5家,而相城区没有4A级及以上的高等级景区,仅有4家3A级景区。见图2。

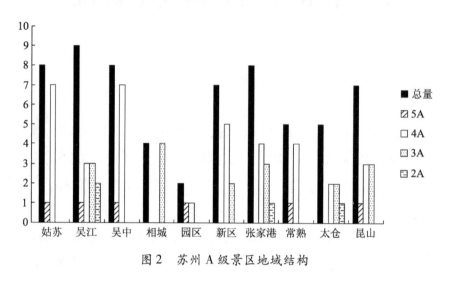

图2 苏州A级景区地域结构

3. 从类型结构看,以人文类景区为主

按照景区资源的属性,苏州A级景区大致可分为三大类:自然类、人文类和现代类。自然类景区主要指以自然形成的山水、地貌等为主要吸引物的旅游景区,包括山地、湖荡及山水相兼之地等。人文类景区主要是指以历史发展中形成的建筑、人物等为主要吸引物的景区,主要包括古镇、历史街区、古典园林、历史古迹、寺观、名人故居等。现代类景区主要是指在现代社会中形成的新兴旅游吸引物,主要包括购物村、科技馆、游乐园、现代乡村、城市公园等。

按此划分,自然类景区共19个,占全部A级景区总量的30.16%,其中山地型景区9个,湖荡型景区7个,山水相兼型景区3个。从景区等级方面看,自然类景区中,5A级2个,均是山水相兼型景区,4A级12个,以山地型景区为主,3A级5个,湖荡型景区占多数。

人文类景区共30个,占全部A级景区总量的47.62%,接近一半,其中古镇8个,园林6家8个点,寺观6个,名人故居3处,历史街区2处,历史古迹4个,非遗文化景区1处。从景区等级方面看,人文类景区中,5A级3个,为古镇和园林景区,4A 级 19 个,以古镇、园林、寺观为主,3A 级 6 个,2A 级 3 个。

现代类景区共 14 个,占 22.22%,其中城市公园型 3 个,购物型 2 个,科技科普型 2 个,农业园型 3 个,现代乡村 2 个,游乐型 1 个,城市景观型 1 个。从景区等级方面看,现代类景区中,5A 级 1 个,4A 级 6 个,3A 级 6 个,2A 级 1 个。

从整体的类型结构看,苏州 A 级景区以人文类景区为主,从细分类型看,多以山地、湖荡、古镇、园林、寺观、历史古迹等六类为主,占全市 A 级景区总量的 63.49%。

4. 从经营结构看,仍以门票收入为主

2016 年,全市 A 级景区共接待游客 10 690.83 万人次,同比增长 8.7%。其中,5A 级景区接待游客达 4 592.9 万人次,占全市 A 级景区接待量的 42.96%；4A 级景区接待游客达 5 230.49 万人次,占全市 A 级景区接待量的 48.93%；3A 级景区接待游客达 787.36 万人次,占全市 A 级景区接待量的 7.36%；2A 级景区接待游客达 80.08 万人次,占全市 A 级景区接待量的 0.75%。

从收益结构看,2016 年全市 A 级景区收入中,门票收入占比较高,高达 69.78%,商品收入占 5.59%,餐饮收入占 9.22%,交通收入占 1.09%,住宿收入占 3.11%,演艺收入占 0.79%,其他收入占 10.42%。见图 3。

此外,全市 A 级景区中无门票收入的达到 16 家,其中 4A 级景区 4 家,3A 级景区 8 家,2A 级景区 4 家。

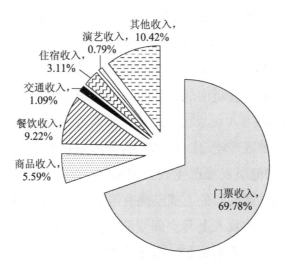

图 3　苏州市 A 级景区收益结构

二、苏州 A 级景区发展中存在的问题

1. 景区产品：以观光产品为主，产品创新不足

总体而言，当前苏州 A 级景区的旅游产品仍以观光产品为主，结构较为单一，主要表现为以下几方面。一是对景区旅游资源的深度挖掘仍显不足。苏州历史悠久，文化积淀深厚，旅游资源多以历史文化类为主，旅游产品的开发需要深化对历史文化的认识。二是旅游产品设计创新不足。在产品设计方面较为简单，缺乏科技含量高，参与性、娱乐性强的旅游产品，缺乏游客的情景体验和互动参与。参与性、休闲性的产品不足，特别是随着客源市场结构的变化，以自驾游、家庭游为主的市场结构凸显，而产品没有相应的转变，还是停留在观光层面，与市场结构和现状不相符合。三是旅游产品之间的整合串联不足。苏州不论是 A 级景区还是相关的旅游产品，都存在点小分散的状况，景区产品体量不大，如珍珠般散落在市域范围内，亟须通过有效的方式进行资源和产品的串联。虽然目前苏州好行旅游直通车正通过线路串联，有效带动了资源和产品的整合，但就发展现状而言，旅游资源的整合串联并不充分。

2. 景区营收：盈利模式单一，门票占比偏高

不可否认的是，门票经济对于中国旅游的发展起到了重要的助推和带动作用。当前，随着旅游业的转型发展，门票经济已逐渐成为旅游业的一个问题。从苏州 A 级景区经营情况看，虽然目前苏州 68 个景区点中已有 16 家无门票，其中 5A 级景区 1 家，4A 级景区 4 家，3A 级景区 7 家，2A 级景区 4 家，但剩下的 52 家景区均收取门票，收门票的景区占比仍达到 76.47%。从本文前述数据看，2016 年苏州 A 级景区的门票收入占比高达 69.78%，门票收入依旧是 A 级景区收入的主要来源，而在旅游产业链中的住宿、餐饮、娱乐等收入占比只有 30.22%。门票收入占比偏高，给苏州 A 级景区的发展带来两方面问题。一方面，由于门票支出偏高，必然会遏制游客在吃、住、行、娱、购等其他方面的支出消费，这对 A 级景区其他产品和产业的健康发展产生较大的限制。另一方面，景区建设运营的资金投入需要不断增加，而门票的上涨空间有限，特别是近年来国家严格控制景区门票上涨，导致景区整体收入上升空间受限，景区在新产品开发、基础设施建设方面的投入减少，进一步影响到景区未来的发展。

3. 景区管理：管理机制有待理顺和改进

在景区的管理方面，当前苏州景区的管理体制机制也存在一定问题，主要包

括以下几方面。一是景区所属关系较为复杂。苏州68个景区点基本都属于国有性质,且其所属关系较为复杂,不同的景区分属于政府部门、国有企业、集体单位等,而在部分打包的等级景区中,其景点之间的所属关系也是纷繁复杂,大景区中的小景点分属于不同部门、单位管辖,造成创建成功后景区管理和发展难度加大。二是多头管理,标准不一。由于众多景区依托的资源载体在资源性质上具有文化价值、景观价值等,涉及不同部门的管辖内容。以园林景区为例,园林日常管理由园林局负责,但还涉及诸如文物部门的文物管理、文化遗产管理部门的遗产管理、旅游部门的等级景区管理等。同时,各管理单位对所管辖对象的管理依据和标准不一,管理的具体要求和内容也不尽相同,造成景区在日常管理中容易引发管理冲突和体制机制问题。三是新兴力量的快速介入。当前,资本市场、专业管理公司等新兴力量快速发展并介入景区发展和管理,导致景区所有权与经营权分离,新兴力量与景区原有的管理单位之间、新兴管理模式与传统管理模式之间的冲突也时有发生。

4. 景区营销:两极分化,冷热不均

当前,苏州等级景区的营销呈现出两极分化的现象。从等级景区的营销宣传看,4A级以上高等级景区对营销宣传较为注重,无论是多渠道组织营销宣传还是参加营销推介会等,都十分积极;相对而言,低等级景区因景区等级低、吸引力不足、资金投入也较少等原因,对景区营销宣传心有余而力不足。从营销宣传的重点看,目前景区对品牌形象宣传较为注重,而对产品宣传较为忽视。这是因为,由于管理体制等方面的原因,如景区的所有权与经营权分离导致利益难以权衡;景区隶属不同的行政区域管辖,无法进行整体营销而导致各景区间缺乏合作,在营销经营中实行单打独斗的策略,结果单个景区或企业由于自身财力、物力的限制,难以形成大规模营销,无法达到规模营销的效果,在很大程度上造成游客的流失。另外,旅游营销活动手段单一,缺乏新技术的运用,方式只是印发宣传单页,进行景区资料介绍。

5. 景区人才:专业队伍建设滞后

当前,苏州的A级景区人才队伍建设较为滞后,呈现出"三不足",即高端管理人才不足,中高层管理人员不足,基层一线服务人员不足。大多数景区缺乏专业的景区管理团队或景区管理公司,机构设置不科学,人员素质不整齐,难以对景区实现科学有效的管理。从业人员,特别是一线服务人员,大多是半路出家,来自各行各业,很多是当地或附近的居民。现有的员工大部分专业素质不高,导致对游客和景区的服务质量较低,经营管理水平低下。懂专业的人不多,职业经理人、专业人才紧缺。同时,人才流动大,稳定难,尤其是一些专业化的管理人才在不断流失。

三、苏州市 A 级景区改进和提升建议

1. 理顺和调整景区管理结构

要加快 A 级景区管理体制的改革,采取多种措施解决景区管理体制机制中存在的问题。一是对景区现有管理体制机制进行梳理。由于 A 级景区管理的关系较为复杂,因此梳理景区现有的各种管理关系是提升和改进景区管理的前提。建议由政府牵头,将各相关单位和部门对景区管理的权限进一步梳理清楚,做到权责分明,职能清晰,特别是对于权限交叉或存在矛盾冲突的地方,要进一步梳理划分。二是加快景区管理体制改革。在法律许可的前提下,积极稳妥地推进景区所有权、管理权和经营权分类改革,可选择条件优越、管理体制较为完善的部分景区作为管理体制改革的试点,推动景区企业化经营、市场化运作。目前,苏州的 A 级景区中,有部分景区已经着手调整,采取措施解决景区管理存在的问题,如盛泽湖月季园景区、大阳山国家森林公园等。

2. 加大旅游产品创新的力度

要以新的市场需求为导向,促进旅游新业态的发展。一是加大对 A 级景区各类资源的挖掘整理。旅游产品由低级向高级过渡是发展的必然,随着人们生活水平和文化教育程度的提高,内涵丰富、高层次的旅游产品将受到旅游者青睐。因此,深入挖掘景区资源的内涵,增加旅游产品的内涵,提高资源的价值,是景区旅游产品发展的重要方向。二是注重旅游产品的多元化发展。在观光旅游产品发展逐步成熟的基础上,大力发展"旅游+"的多元化融合产品,如体育旅游产品、生态旅游产品、文化旅游产品、商务会议旅游产品等,促进旅游产品的升级换代,同时要注重旅游产品的参与性与体验性。三是培养专业化的设计和开发力量。旅游产品的创新既需要景区自己的提升,也需要专业设计和开发智力的引入,因此,有必要多渠道引进规划设计单位、产品开发公司等多种力量,根据景区实际,设计创新产品,并注重产品多样性。

3. 加强景区营销宣传的力度

一是精心策划活动,着力提升景区吸引力。要不断丰富景区文化和娱乐项目,精心策划文化活动和设计营销方案,强化景区文化展示,着力打造景区文化品牌。以节假日和传统民族节庆为契机,大力开展景区内营销宣传活动,让游客参与到文化深度体验中来。二是加大营销宣传力度,拓宽客源市场。加大景区对外营销和宣传力度,根据各目标区域市场的差异有针对性地开展营销宣传,确保精准营销。三是加强景区间的合作,积极寻求发展共赢。不断加强与苏州市内外景区景点的合作交流:一方面,不断加强与周边主要景区的互通交流,强化景区合作;另一方面,强化景区联合营销。四是创新营销方式,开展多种形式的营销宣传。例如,加强与电视媒体的合作宣传,加强与旅行社的合作宣传,等等。

4. 注重景区人才队伍的建设

要积极推进 A 级景区的产学研合作,促进行政、企业、行业和科研院校联合培育人才,探索企业与高校合作、行政机构与高校合作等方式,加快培养高素质旅游管理人才。一方面,充分利用苏州本地及周边上海、南京等高等教育的整体优势,加强企业与高校合作、政府与高校合作,采取订单式培养,有计划地培养景区管理人才。另一方面,要对现有人才重视、尊重和爱护,充分发挥他们的聪明才智,加强对景区从业人员的培训和管理,对其进行职业道德及业务培训,提高他们的综合素质,全面实施景区服务资格制。要加快中高级导游和外语导游员队伍的培养和选拔,努力形成一批叫得响的金牌导游,采取有力措施,积极引进紧缺旅游人才,加大苏州旅游人才培养和支持力度。建立全市旅游专家库,定期或不定期对全市旅游景区发展中的问题进行研讨、咨询,提供智力服务,积极引进先进的管理品牌和管理队伍,推广旅游企业和景区的职业经理人管理制度,提高旅游企业的管理水平。

(周　恺,徐　征)

苏州市 A 级景区品牌建设概述

一、苏州市 A 级景区品牌概述

品牌,是指消费者对各类产品的认可程度。从经济层面看,品牌是一种无形资产,能够给持有者带来相应的经济增值。从心理层面看,品牌则灌注了消费者的情绪、认知、态度及行为。一个好的品牌,承载了消费者对产品的认可和信赖。

根据国家旅游局制定的《旅游景区质量等级的划分与评定》国家标准,我国的 A 级景区分为五个等级:5A、4A、3A、2A、1A。随着 A 级景区评定工作的深入推进,A 级景区已经成为衡量中国旅游景区质量的重要标志,也是中国旅游景区的重要品牌。

A 级景区品牌是指游客对 A 级景区所提供的产品、服务等的认可程度,它建立在 A 级景区这个特定的旅游景区品牌基础之上,是拓展旅游景区市场影响力、提升市场竞争力、取得经济效益和社会效益的重要保证。

二、苏州旅游景区品牌建设发展历程及特点

作为中国著名的风景旅游城市,苏州因其悠久的历史、秀丽的风光而积淀了独具特色的旅游资源,为苏州的旅游景区发展创造了有利条件。市域范围内有拙政园、虎丘等一批具有世界级影响力的景区景点,这些景区景点成为苏州旅游景区品牌建设和发展的重要基础。

从苏州旅游发展历程和旅游景区品牌塑造的性质来说,苏州旅游景区的品牌建设发展历程大致可以分为三个阶段:

(一) 萌芽阶段(1983年以前)

1983年以前,历经从"文革"破坏到改革开放的变迁,苏州旅游业发展开始起步,景区景点自发发展,园林等传统景点成为当时苏州主要的旅游景区,苏州旅游景区的品牌建设处于萌芽阶段,典雅的苏州园林成为游人对苏州形象最深刻和最直接的品牌意象。

这一时期,苏州旅游景区的品牌建设主要体现出三个特点:从品牌内涵上看,苏州旅游景区品牌尚不具备现代意义上的品牌要素内涵,主要是人们通过自身的认识和经验对某一景点形成相应的品牌意象;从品牌宣传上看,苏州景区的品牌宣传手段主要是介绍苏州园林名胜和历史文化以及民风民俗的指南、图册、画册、丛书及影视片等等,游客通过这些途径获得信息,形成感知意象;从品牌建设上看,这一时期苏州旅游景区的宣传没有进行有意识的品牌策划和个性化品牌特征的引导,主要依赖得天独厚的自然和人文旅游资源以及较为单一的旅游宣传获得美誉度和知名度,游客通过实际游览感知苏州旅游景区形象。

(二) 形成阶段(1983—2001年)

1983—2001年,是苏州旅游景区品牌建设的形成阶段。1983年,为适应旅游业发展的新形势,苏州市委、市政府决定成立苏州市旅游公司,作为专职管理旅游工作的机构。专门管理机构的出现,标志着苏州旅游发展步入了新阶段。此后,在市旅游公司的领导和组织下,苏州旅游景区的品牌建设也逐步开展。

这一时期,苏州旅游景区的品牌建设体现出以下特点:一是景区品牌内涵不断丰富。随着各种类型旅游资源的不断开发与其知名度的提升,苏州旅游景区的发展已不止于苏州园林。金鸡湖、太湖、苏州乐园等新兴旅游景区的开发,使得这些新兴景区的品牌内涵不断丰富,知名度、美誉度进一步提升。二是景区品牌研究得到加强。市政府、市旅游公司及各景区开始注重对景区品牌进行研究,主动塑造景区的品牌形象,通过有针对性的规划赋予景区品牌美好的理念、丰富的文化内涵和鲜明的特征,以适应旅游者需求的多样化和个性化,从而让旅游者更加理解品牌的价值,使旅游者对苏州有更加深刻而清晰的认识。诸如虎丘景区提出的"春看花会,秋逛庙会,苏州人一部春秋,尽在虎丘"品牌,苏州乐园打出的"迪斯尼太远,去苏州乐园"品牌,周庄古镇打出的"中国第一水乡"品牌,都对景区的宣传推广起到了较大作用。三是景区品牌宣传途径进一步丰富。旅游景区主要通过派发旅游宣传品、参加旅游展销会、开展专项旅游促销等活动,展示了苏州旅游景区的品牌形象和丰富内涵,例如始于1979年的寒山寺听钟声活动,在这一时期得到较大发展,寒山寺景区的旅游品牌得到进一步提升和丰富。

不过就总体而言,这一阶段,苏州的旅游景区品牌建设还在发展中,清晰的品牌理念尚未形成,各项塑造景区品牌形象的举措还缺乏核心理念的指导。

(三) 发展阶段(2002年以后)

1999年,经过国家旅游局长时间的酝酿和征求意见,《旅游景区质量等级的划分与评定》(GB/T 17775—1999)国家标准于1999年6月诞生。2001年,首批国家4A级景区名单公布,标志着我国A级景区的出现和发展。此后,随着A级景区的创建工作在全国逐步推开,苏州旅游景区的品牌建设进入了培育塑造的新阶段。

这一时期,苏州旅游景区的品牌建设呈现出一些新的特点:一是A级景区品牌更为明确和清晰。随着品牌理念的深化和国家A级景区品牌价值提升,苏州众多景区开展了A级景区的创建工作。截至2017年7月,苏州的A级景区共有63家68个点,其中5A级景区6家11个点,4A级景区36家,3A级景区17家,2A级景区4家。A级景区的成功创建,成为苏州旅游景区品牌建设的里程碑。二是政府对景区品牌和形象的塑造力度加大。一大批古镇、古村落等景区得到大力开发,古镇旅游、古村落旅游、农家乐旅游、农业生态休闲游等一批现代旅游项目不断涌现。各级政府和旅游主管部门越来越具有针对性,组织和开展了很多以旅游形象为主的形象推广与宣传活动,众多的A级景区参与其中,有效宣传了景区的旅游品牌。

三、苏州A级景区品牌建设存在的问题

随着苏州A级景区不断发展壮大,景区的品牌建设日益得到关注,但就当前情况看,仍然存在一定的问题。

1. 品牌意识不强,重要性认识不足

长期以来,苏州的景区对品牌建设认识不足,从早期的自发性、无意识状态,到当前为了品牌而打造品牌的建设工作,对品牌建设的认识和理解还不够深入,这表现在以下几个方面:一是认识不强。部分景区还是从促销的层面去认识景区的"信息传播"和"形象塑造",较多注重在短期内就取得直接明显的营销效果,并未或很少从"景区品牌经营"的高度认识景区品牌的战略意义,使得景区品牌建设处于"重视—忽视—重视"的不稳定状态,缺乏长期、持续性的推进。断断续续的品牌建设也使得很多景区始终难以打造清晰、明确、特色的品牌形象,在游客中也无法形成稳定的品牌意象。二是忽视品牌建设和宣传。在苏州A级景区发展中,产品创新一直以来都是建设和关注的重点,加上长久以来自然形成的以园林为特色的旅游意象,使得苏州很多景区对品牌的打造和营销宣传较为忽视。

2. 景区品牌建设缺乏整体规划,品牌定位不清晰

目前,苏州很多的A级景区没有制定系统的品牌建设规划,使得景区品牌的核心定位不清晰,这主要表现在:一是缺乏整体规划,导致对景区品牌的理解存在片面性,使得很多景区在品牌建设上围绕的只是品牌的某些方面和局部,并着重于自认为重要的环节,很少从全方面建设景区品牌,难以支撑品牌内涵。例如提出了景区的品牌口号,但是没有相应的系列旅游产品支撑品牌,使得品牌难以得到有效提升。二是景区品牌形象不够鲜明。由于苏州的A级景区存在一定的同质化现象,园林、古镇等同类型景区数量较多,因此综观苏州A级景区品牌形象,存在着形象口号不鲜明的问题,同类型的景区品牌难以体现其特质。没有清晰的品牌形象定位,景区的差异化就难以凸显,景区打造的品牌也难以体现特色。

3. A级景区品牌塑造的途径和方式有待完善

品牌塑造的着眼点不在品牌本身,也不是为打造品牌而打造品牌。品牌塑造的实质,应立足于长远,通过有效的途径和方式,在一个时期或一个时间段内,最终形成品牌资产而实现品牌的价值。当前苏州A级景区品牌建设也存在这样的问题,往往倾向于注重"景区品牌塑造"的结果,比如,提出景区的品牌口号、品牌形象等,却忽视"景区品牌塑造"的过程,使得品牌塑造的途径和方式亟须完善。这表现为两个方面:一是景区品牌塑造手段单一,难以形成持久的品牌优势。从当前苏州A级景区的品牌塑造方式看,大部分景区的重点都是采用投放广告、参加促销等方式,缺少有新意的品牌策划,无法在消费者心目中留下深刻印象,也难以收到持久的效果。二是景区品牌塑造关注点过于狭小。很多景区在景区品牌建设过程中习惯于围绕自身最具特色和市场竞争力的特点来进行,虽然能够帮助景区在短时间内形成自己的品牌优势,但是在后期景区建设中

片面重视对景区已有品牌特色的建设和挖掘,忽视景区全面性建设,就容易使得景区品牌关注点过于狭小,影响到景区品牌自身的价值。

四、苏州 A 级景区品牌建设的对策

1. 强化品牌意识,注重 A 级景区品牌建设

品牌意识是品牌建设塑造的前提,是未来旅游景区发展的战略选择。苏州市各 A 级景区首先要强化和树立品牌意识,认识到品牌的塑造和建设是提升景区市场竞争力、扩大景区市场影响力的重要支撑。从具体对策方面看,主要可以从两个方面强化品牌意识。一是建立完善的景区文化,用文化熏陶提升员工品牌意识。苏州的 A 级景区,自然资源丰富,历史文化厚重,吴文化儒雅的特质有助于对员工的文化熏陶,因此应加强员工培训,大力宣传景区品牌建设的意义和内涵,使景区工作人员对景区的品牌文化有较为深入的了解和认知。二是深入了解景区品牌所处的市场环境。充分认识景区自身及所处市场情况,诸如景区的旅游资源状况、资源等级、地理位置、现有项目、管理水平和服务质量等,旅游发展的新趋势和新方面、游客客源市场的特点等,从而发现自身的独特个性与文化内涵,为景区品牌塑造提供认识和分析基础。

2. 明确品牌定位,做好 A 级景区品牌规划

A 级景区品牌建设的开展,必须以明确景区品牌定位为基础。各景区应重视品牌的全面建设,明确品牌定位。一是要做好品牌建设规划。根据自身情况,分析自身品牌优劣势,把握自身品牌特点和不足,制定品牌建设规划,为景区品牌内涵和品牌打造制订详细、切实有效的工作计划,为景区品牌建设提供指导。二是准确定位景区品牌。抓住景区发展的时机,基于景区自身的条件,分析确定与实际发展相符的景区品牌定位,为景区的品牌建设明确方向。

3. 加强品牌管理,塑造 A 级景区品牌形象

品牌是 A 级景区的无形资源。品牌成功塑造后,对景区品牌开展有效的管理将决定景区品牌的生命力和持久力。苏州的 A 级景区品牌管理应着眼于几方面。一是完善景区服务管理机构。以景区管理公司为平台,对景区品牌进行统一管理,按照品牌建设的相关环节,统筹协调诸如管理咨询、项目设计、专业培训、营销策划等业务。二是关注景区外部及其他景区的市场情况。加强对景区的品牌知名度、美誉度和游客满意度变化的信息监控,对同类或相似景区品牌的

数据和信息展开分析研究,及时跟踪竞争景区的品牌变化情况,明晰景区自身品牌在当前市场竞争中的优劣势,及时调整和改进景区的服务管理。

4. 扩大品牌宣传,提升A级景区品牌影响力

苏州各A级景区应该加大品牌宣传。一是借助各类媒体的力量。通过现有的各类媒体,诸如电视、网络等,开展全方位立体宣传,形成持续不断的影响力。二是借助各类节庆活动。借助于景区自身的文化和资源特色,举办多种类型的旅游节庆活动,通过事件营销,扩大景区品牌的宣传,提升景区自身的影响力和美誉度。三是广泛利用时下流行的自媒体力量。当前微信、微博等自媒体宣传力量强劲,借助各类"网络红人"的力量,能有效提升景区的品牌影响力。

5. 培养品牌人才,完善A级景区品牌队伍

人才队伍建设是A级景区品牌建设的重要内容。人才队伍建设主要围绕以下方面。一是做好景区中高层管理人员的引进。可结合目前正在实施的姑苏旅游人才计划,加强中高层人才建设,为景区品牌建设创造人力条件。二是制订和实施从业人员的系统培训计划,加强景区员工职业道德、服务技能、管理技能、景区文化等内容的培训。可通过与大中专院校建立紧密合作,举办培训班、专题讲座等多种途径进行培训。

(周　恺,徐　征)

地区篇

常熟市 A 级景区发展报告

一、常熟市 A 级景区发展概况

（一）A 级景区数量及评定时间

常熟风光秀美，历史文化底蕴深厚，有着丰富的旅游资源，特色鲜明又山水相依。全市现有 5A 级景区 1 家两处：沙家浜·虞山尚湖旅游度假区；国家 4A 级旅游景区 4 家，分别为方塔古迹名胜区、常熟服装城购物旅游区、蒋巷乡村旅游景区和梅李聚沙园景区。

2001 年，虞山—尚湖风景区获评为第二批国家 4A 级旅游区，从此，常熟进入等级景区新的发展阶段。多年来，常熟始终将等级景区标准贯穿于日常管理中。2013 年 4 月，沙家浜·虞山尚湖旅游度假区被评定为国家 5A 级旅游景区；方塔古迹名胜区、常熟服装城购物旅游区、蒋巷乡村旅游景区和梅李聚沙园景区分别于 2007 年 2 月、2007 年 12 月、2011 年 12 月、2015 年 1 月被评定为国家 4A 级旅游景区。常熟的旅游景区依托 A 级景区的品牌得到了快速的发展，并取得了良好的社会效益和经济效益。

（二）近五年 A 级景区经营情况

截至 2017 年 6 月底，常熟 A 级景区当年累计接待人数 986.79 万人次，同比增长 5.2%，门票收入 4835 万元，同比增长 5.8%，营业收入 8118 万元，同比增长 8.9%，全市 A 级旅游景区经济运行良好。

五年来，常熟 A 级景区发展情况良好，接待人数、门票收入、营业收入等各项经营指标增长平稳。2016 年度，旅游接待人数比 2012 年增长了 18.2%，门票收入比 2012 年增长了 23.2%，景区营收比 2012 年增长了 27.9%，景区经济指标增幅明显。但也可以看到,近两年来,常熟A级景区旅游经济指标增幅放缓,出现滞涨局面,且在历年的发展数据中门票经济较明显,发展模式较为单一,市场的供给侧改革势在必行。见表1。

表1 常熟市A级景区经营情况(2012—2016年)

年份	境内外接待人数/万人次	同比增长/%	累计门票收入/万元	同比增长/%	累计营业收入/万元	同比增长/%
2012	1 542.44	6.26	8 712.45	12.98	14 231.39	8.76
2013	1 709.03	10.8	9 373.23	7.58	15 800.11	11.02
2014	1 735.65	1.56	9 557.62	1.97	17 816.57	12.76
2015	1 780.75	2.6	10 291.22	7.68	18 724.44	5.1
2016	1 823.74	2.41	10 733.13	4.29	18 207.81	-2.76

(三)A级景区管理情况

1. 定期开展考评,规范景区管理

在日常工作中,常熟A级景区严格按照A级景区的国家标准开展服务质量的管理和考核。常熟市旅游局根据实际情况制定了《常熟市A级景区服务质量考评细则》,通过八大项目47条细则量化考核要求,明确在旅游交通、公共服务、旅游安全、设施设备养护、卫生保洁、内部管理、员工服务和培训、执行文件规定情况、统计信息报送等方面检查考核办法。执行每季的日常考核监管制度,开展自查自纠,发现问题及时提出并整改落实,坚持长效管理。

从2016年开始,为进一步加强对高等级旅游景区的管理,提升景区服务质量和管理水平,常熟市旅游局委托第三方专业旅游咨询公司每季度定期对常熟市所有的A级景区开展服务质量暗访考评工作。一方面通过考评发现问题,通报情况,落实整改;另外一方面对考评结果开展排名,制定奖励政策,对名列前茅的单位给以奖励,鼓励争先创优。

2. 精准精细精致,建立长效管理机制

各A级景区以"精准化贯标,精细化服务,精致化管理"为工作理念,建立长效管理机制。对照国家A级景区服务质量标准、旅游厕所国家标准等相关标准,坚持做好上级旅游部门要求开展的各项景区管理工作,特别高度重视上级旅游部门的暗访检查情况和整改要求的落实工作。近年来,针对服装城和蒋巷村列入过限期整改的处理名单,沙家浜—虞山尚湖旅游区部分区域离达标还有差距等问题,常熟市旅游局高度重视并及时争取常熟市政府的支持,与景区主管部门一起研究商讨整改措施,实现积极提高景区服务质量的良好局面。常熟市旅游局积极鼓励 A 级景区创新引入景区间互学互查模式,通过"对口检查"发现问题、解决问题,改善自身不足,提升员工服务质量,形成区域和条线联动管理模式,多渠道收集反馈信息,跟踪整改,将质量监督、质量管理与绩效考核相结合,促进景区长效管理。同时,各景区强化队伍建设,合理配置资源,利用冬夏淡季,针对导游、经营、绿化、工程、内勤等岗位实际需求,开展针对性系统化培训,提高员工专业素养。此外,各景区加强与高校联动,合理运用勤工俭学资源,定点培养,开展专题导服培训,建立牢固的后备用工人才库。

3. 完善基础设施,优化提升旅游公共服务

近年来,常熟市旅游局高度重视旅游公共服务设施建设,创新管理理念,对旅游厕所、旅游交通标识标牌、停车场等旅游服务设施进行大力改造完善,推进旅游公共服务体系建设走上新的台阶。2016 年度,常熟市各景区(点)投资 289 万元,完善厕所无障碍设施设备,改建第三卫生间,增添母婴台、婴儿安全座椅、扶手等,完成新建、改扩建旅游厕所 11 座;各景区着重提升停车场管理,对停车场按区域划分,严格落实车辆停放管理,完成新建、改扩建停车场 5 座,其中生态停车场 3 座,完成建设面积共计 22 600 平方米,停车位小车位 680 个,大车位 21 个;全市各景区提升外部交通标识牌 626 块,实现景区点科学指引,外部交通引导牌合理分布在高速出入口、国道、省道、城市主干道等交通要道;各景区投入资金完善网络、信息化服务,目前全市各等级景区均实现重点区域 WiFi 覆盖。

二、常熟市 A 级景区存在的问题及原因分析

1. 开放式景区客流量大,管理难题日益凸现

在常熟的 A 级景区中,虞山公园、服装城购物旅游区为开放式景区。景区免费开放,极大地满足了当地居民晨练、休闲以及中外游客观光旅游的需求,带动景区及整个城市旅游业的蓬勃发展,但同时也给景区管理带来了巨大压力。巨大的客流量,为景区日常维护、清卫保洁、安全管理等管理工作带来诸多不便,特别是游客集中区域的卫生状况难以保障,未能做到跟踪清扫,垃圾容易堆积;卫生间的保洁也很难做到位,游人如厕难、车辆拥堵、公共设施损坏等问题日益凸现。服务的"缺位"造成了游客对景区环境卫生的不良体验,也影响了景区的服

务品质。

2. 主动服务意识不够强,管理水平有待提升

在A级旅游景区中,绝大部分经营主体为国有企业、集体企业和事业单位,资源主导和公有性质明显,无法调动广大员工的积极性和主动性,员工的企业责任心不强,主动服务意识淡薄,业务知识有待强化。部分景区员工提供服务时态度冷淡、强硬,缺乏工作热情,给游客造成距离感。部分景区工作人员服务技能不熟练,对游客的咨询表现为茫然,缺乏相关业务知识的培训,而且景区员工学历和专业技能都有待提高,很少有员工能流利解答外国游客的咨询。

3. 信息化建设程度较低,智慧旅游建设滞后

部分景区暂未普及智能售票监管系统和停车场车辆识别系统,缺少对景区人流量的监测、对进出车辆的监控、对车位的管理提醒,智慧景区建设进程相对滞后。旅游信息化资金投入不足,大多数旅游景区仍沿用传统的内部管理方式,网上预定和销售比例低,规模效益无法显现,旅游网站建设滞后,旅游产品数量少,未能提供相应的旅游信息咨询服务,宣传与营销、线上与线下的整合架构尚未完善。信息化专业人才缺乏,特别是旅游软件开发、网络管理和网络营销人等复合型人才空缺。

三、常熟市A级景区发展提升方向

(一)以新标准为导向,开展精致景区建设

1. 注重卫生保洁和设施维护

环境卫生和设施维护更新是打造"精致景区"最为直观、重要的基础工作。景区当前最为重要的工作就是要以接轨新标准为导向,高标准全面排查卫生保洁和设施维护情况,结合景区评定性复核,积极开展整治行动,并按照常态化管理要求,严格日常考核,奖惩挂钩,确保工作成效。同时,各景区要再行审视绿化的状况和园艺,进行系统专业的分析,进一步做好全景区绿化的补植、优化、美化工程,舍得投入,精心养护,让游客体验到令人称赞的景致和美感。

2. 继续推进"四大专项行动"

各景区应抓好厕所革命、停车场建设、交通指示标识和无线网络全覆盖等工作,以"四大专项行动"作为提升旅游公共服务设施的主要工作,让景区在体现人文关怀方面更显精致。一是加快"厕所革命"工程提档升级,A级景区的旅游

厕所必须全部达到1A以上标准,2020年前4A级以上景区均须确保设有家庭卫生间(第三卫生间)、母婴室。二是建设符合现代管理标准的生态停车场,满足日益增长的游客停车需求;普及智慧停车系统,做好停车场交通引导标识引导并及时发布容量信息;制订旺季或节庆等景区游客高峰时段停车预案,做好车辆指挥、分流和临时停车场运行工作。三是及时更新更正景区全景图、导览图、导览标识,及时增补外部旅游交通导引标识。四是加快智慧景区建设,确保景区免费WiFi全覆盖。

3. 注重生态文明建设

景区要严格遵守生态文明、环境保护等各项法律法规,严格按照审批要求开展建设开发和养殖、种植,倡导利用地热、太阳能等低碳能源,科学分类处理好景区垃圾等;要培训一线服务人员和导游讲解员,强化环保意识和生态意识,在自身做好保护环境工作的基础上针对游客主动宣传讲解本景区的环保理念;要敢于和破坏景区生态文明的行为说不,杜绝超排、偷排,以防污染水源和空气,严防毁绿毁林、私搭乱建,防止游客乱扔垃圾、乱刻乱画和损坏绿化。

4. 加强文明旅游引导规劝

精致景区必须是文明景区,要贯彻落实创建文明城市的要求和国家旅游局关于文明旅游的各项工作要求,坚持文明引导员岗位常设制,开展文明旅游的引导和宣传,增强游客和本单位员工的文明意识;加强对景区文明游览情况日常巡查,发现问题及时劝导制止,性质严重的拍照取证,提交有关管理部门立案处理;对景区内和周边的经营秩序重点维护,争取执法部门的支持,对无证经营、乱设摊点等乱象进行整治,确保景区良好的游览秩序。

5. 全面提升服务质量

打造服务明星,营造优质服务氛围,实现服务"传、帮、带"是成就优质服务的有效途径。建议各景区开展一次优质服务主题活动,树立典型标杆,让优质服务看得见、可借鉴;开展优质服务主题培训,开展A级景区向星级饭店学服务活动,梳理景区一线人员的关键的服务意识和规范,强化"以客为尊"理念,让提升服务质量有参照、有方向;认真分析常熟市旅游局服务质量考评的具体材料和情况,并结合网络意见反馈和现场客户访查,分析景区自身服务质量上存在的问题及其根源,对症下药。

6. 深化平安景区建设

景区要按照相关部门的要求抓好旅游安全工作,全面强化责任,健全制度,按章办事,完善预案,做好日常巡查和安全管理工作,确保安全工作落到实处。在之前平安景区创建工作的基础上,对照创建平安景区的要求和11项考核细则要求,将安全管理的各环节做得更加到位,突出重点抓好高风险项目安全规范行动、景区流量控制治理行动、游览水域水面管控行动。

7. 推进智慧景区建设

景区要按照新标准综合考虑,专业策划,科学推进,把景区联网管理系统、客流量实时监测系统、门禁系统、售票系统、消防和治安监控系统以及网络信息平台作为重点建设项目。各景区应抓好网络平台建设,应用大数据手段做好客源分析和客户评价分析,让经营和管理更有针对性;目前尚未建有检票闸机系统的景区应积极推进该系统的投用;推进景区"静好景区项目"(采用无线耳麦方式对游客进行扩音讲解,不影响其他游客)。

8. 全面确保诚信经营

景区要严格执行《江苏省旅游价格行为规范(试行)》,对景区门票明码标价收费,信守近三年不涨价的承诺,公布并执行好优免政策、另行收费项目价格、团体优惠价格。交通、停车等收费项目要公示并严格执行收费标准。对景区内和周边经营户要做好监督或监管,倡导诚信为本开展经营活动。景区要管理好自身的对外宣传信息,对不符合实际的、过期的、特别是游览项目或价格情况变化的宣传内容,要及时清理更新,对景区内重要的景点或游览项目临时关闭的要在网站和购票处的醒目位置公示,并酌情优惠票价。各景区要按照制度的规定认真、公正地处理游客的投诉,积极关注游客通过电话、网络、现场等各种途径反映的意见和建议,努力完善自身的不足,不断提高游客满意度。

(二)融入全域旅游发展理念,共创大旅游良好氛围

1. 有效整合区域资源

各景区应积极响应全域旅游发展的新思路,创新发展模式和发展空间,形成景区与周边景区、酒店、商家之间连接、联动、推广的发展机制。围绕打造"江南福地 常来常熟"旅游名片,加强景区之间的旅游协作,联合设计开发"常熟旅游精品路线",促成吴地文化、红色文化、江南文化、水乡文化在区域内的融合交汇。加强景区与周边酒店、商家的合作,进一步完善景区旅游公共服务体系,充

分考虑旅游配套设施及其公共服务的需求。

2. 创新旅游业态

各景区创新景区旅游产品,积极培育旅游新业态,构建新的发展载体,针对市场优化创新景区项目,进一步深挖特色旅游产品。利用A级景区平台,引进新的旅游项目,推出高水平、个性化、体验式旅游产品,挖掘景区文化内涵,创新旅游业态和发展方式,提升景区品位和服务质量。继续推进景区旅游生态步道、生态修复工程、特色旅游基地、研学旅游基地、爱国主义教育实景演出等新兴旅游项目建设进程,提升景区旅游产品的内涵。

3. 大力拓展"旅游+"融合发展

各景区通过"旅游+""+旅游"促进产业融合,从而带动景区经济发展。跳出景点旅游发展模式,通过"旅游+"社会、生态、环境等非经济领域,促进景区生态文明建设,跳出小旅游,谋划大旅游;推进"旅游+"新的生活方式,包括"旅游+研学(教育)""旅游+体育""旅游+文化"等,加快特色提炼,在创建A级景区精品旅游品牌上下功夫;通过推出"旅游+酒店""旅游+购物""旅游+餐饮"等一站式服务,提供多样化服务,打造丰富的新型A级景区产品,开拓景区发展的新空间。

(张晓怡)

张家港市A级景区发展报告

张家港市旅游资源相对匮乏,起步时间比较晚,但在市委、市政府的重视下,景区开发力度不断加大,发展速度较快,景区主体规模与档次不断提升。全市目前共有国家4A级旅游景区4家,分别为香山景区、凤凰山景区、永联小镇景区、暨阳湖生态旅游区;3A级旅游景区3家,分别为东渡苑景区、梁丰生态园、常阴沙生态农业旅游区;2A级旅游景区1家,张家港公园。这些景区2014年、2015年和2016年这三年接待游客量及营业收入分别是725万人次、0.62亿元,816万人次、1.17亿元,807万人次、1亿元。

一、张家港市A级景区概况

1. 香山景区

香山景区于2014年5月创建成国家4A级景区,景区面积6.69平方千米,内有采香径、梅花堂、桃花涧、香山湖、梅花园、樱花园等香山十八景,构成一幅湖光山色的画卷,深受游客喜爱。近几年,景区每年投资逾亿元进行基础设施及旅游项目的改造建设,景区档次不断提升。2016年3月,景区启动市场化收费运营,同时,市场营销工作也全面展开,现在已初步形成线上、线下一体化营销模式,取得良好效果。在香山第二届梅花节期间,到访游客创下历史纪录。目前景区由张家港香山旅游文化发展有限公司运营管理,主管部门是保税区规建局。

2. 凤凰山景区

凤凰山景区于2011年8月成功创建国家4A级景区,整个景区坐落在国家级历史文化名镇、中国吴歌之乡——凤凰镇。春赏万亩桃花,夏品凤凰蜜桃,秋游古街古寺,冬沐幸福醴泉,"四季河阳、美丽凤凰"。景区最近几年投资约5亿元,建设了凤恬路、凤凰大道及凤凰湖,改造了恬庄古街、榜眼府,疏浚了河道,整体提升了景区的环境和交通状况。另外,依靠万亩桃园,开展蜜桃成长营、蜜桃音乐节等节庆活动,取得良好效果。景区目前收费,由张家港市凤凰文化旅游发展有限公司运营管理,主管部门是凤凰镇政府。

3. 永联小镇景区

永联小镇景区于2014年10月成功创建国家4A级景区,景区占地1平方千米,"乡村旅游到永联,永联归来不看村"。永联小镇景区是"天下江鲜第一锅"的发源地,是集旅游观光、休闲度假、美食购物、会议商务等功能为一体的综合性乡村旅游景区。在这里可以体验农耕文化,品尝江鲜美食,感受小镇农民的幸福生活。永联小镇自获得"国家4A级旅游景区"称号后,针对景区基础设施、智慧旅游、人员队伍、服务质量等方面作了整体提升,并建立公厕文明标准体系。同时,景区还完善和提升了官网、微信、微博、免费WiFi、自助取票、语音自动讲解等智慧景区系统。经过多年打造,永联小镇已成为长三角地区知名景点,吸引了来自上海、苏州、常州、无锡等地的游客前来参观旅游,年接待游客100万人次,营收逾亿元。景区目前收费,由张家港市旅游发展有限公司运营管理。

4. 暨阳湖生态旅游区

暨阳湖生态旅游区于2016年6月成为国家4A级景区,景区占地2平方千米,是张家港的城市客厅。景区利用最先进的生态理念和技术把自然引入城市,人工打造了最美最自然的生态湿地风景,可谓一城秀色半城湖,湖以城秀,城以湖美。暨阳湖景区投资约4亿元,建成了7块区域,分别为:欢乐世界、假日公园、假日广场、濒水休闲公园、螺洲岛、镜湖生态公园、暨阳湖湿地。目前在原有的基础上,正全力推进金融小镇的开发和建设。景区现在除了欢乐世界区域收费外,其他区域均是免费开放。景区由暨阳湖旅游发展有限公司运营管理,主管部门是暨阳湖开发发展有限公司。

5. 东渡苑景区

东渡苑景区于2005年11月创建成国家3A级景区,占地600余亩。唐代高僧鉴真大师五次东渡日本失败,第六次在张家港的古黄泗浦启航,最终成功东渡。为纪念鉴真大师,弘扬东渡精神,张家港市委、市政府在原古黄泗浦所在地建造了东渡苑景区。它是国内最重要的中日文化交流基地之一,是日本及东南亚游客的重要旅游目的地,也是国内外游客及客商心目中的成功吉祥地。由于2017年6月景区纳入张家港市东城区规划,将由华夏幸福集团整体规划开发,整个景区目前暂未建设。景区免费开放,由东渡苑管理处运营管理,主管部门是市区塘桥镇政府。

6. 梁丰生态园

梁丰生态园于2009年创建成国家3A级景区,占地1 200余亩,位于市区东部。园内种植了本土和异域植物1 000多种,大树1 000多棵,堪称"万国植物园",被誉为"城市绿肺""天然氧吧"。它是集休闲、观光、健身、娱乐、科普教育于一体的综合性城市公园。景区免费开放,由张家港市公园管理处运营管理,主管部门是市区住建局。

7. 常阴沙生态农业旅游区

常阴沙生态农业旅游区于2014年7月创建成国家3A级景区,这里有一马平川、满眼青葱的田园果林,有观浩瀚江水、狼山紫烟的蜿蜒堤岸,有粉墙黛瓦、小桥流水的现代农庄,有陶冶童心、开启智慧的拓展基地,有青春热血、激情燃烧的知青文化,有集科研培训、成果展示于一体的农业科技中心。"优质稻米、果蔬园艺、特色水产、休闲旅游"是这里的四大产业,"滨江风光、乡村风情、生态农业、知青文化"是这里的四大旅游品牌。景区内除知青馆外,其余均免费,由常阴沙文化旅游发展有限公司运营管理,主管部门是常阴沙现代农业示范园区管委会。

8. 张家港公园

张家港公园于2005年10月成功创建国家2A级景区,占地200余亩,位于市区西部。公园系利用废弃窑址,挖土造湖扩建而成。公园采用传统造园方法,亭、台、楼、阁、曲廊、水榭、石舫相互呼应,相映成趣,构成和谐统一的园林景观。张家港公园现已成为市民休闲游憩的好地方。景区免费开放,由张家港市公园管理处运营管理,主管部门是市区住建局。

二、张家港市A级景区存在的问题及原因

这些景区在全市范围内形成了较好的布局,接待游客的数量和旅游收入整体趋增。但是,对照周边城市和整个长三角地区的发展态势,应该清醒地认识到,张家港市的景区发展整体滞后,主要表现在以下几个方面。

1. 旅游开发投入不集中，缺乏具有核心竞争力的龙头产品

近几年，张家港市 A 级景区主要依靠财政投入，政府投资逾 10 亿元先后在香山、凤凰山等景区建设了一批基础配套设施以及旅游项目，这对于提升景区环境和配套旅游要素起到了一定的作用。但由于大部分投资是用于基础设施建设，真正投入到景区旅游项目上的资金并不多。众所周知，景区必须通过提升品质、配套项目，赋予其必要的休闲娱乐功能和消费功能，并采用市场化的运营，才能被市场所接受，才能真正转化为旅游产品。就目前而言，张家港市大部分景区是作为公共性的城市绿地景观或者郊野公园，旅游项目单一，缺少特色，参与性也不足，对游客缺少吸引力。

2. 景区运营管理体制不适合市场要求

目前张家港市的 A 级景区，除了永联小镇景区进行市场化运营管理外，其他景区由于主管单位还是属地政府或政府部门，基本上还是靠财政支持，景区的开发建设及维护由政府承揽，景区管理者缺乏开拓市场、争取经济效益的动力，造成缺少迎合市场需求的旅游产品，景区缺乏个性与特色。

3. 土地瓶颈作用难以突破

景区的开发建设离不开土地，而最近几年张家港市能利用的土地指标很窘迫，能用于景区建设的土地就更加少了，这就造成许多景区规划中的旅游项目无法上马，建设停滞不前。甚至有些项目，由于土地问题没有及时解决，部分建筑在建成后被拆除，造成了投资的浪费。

4. 政府在旅游产业政策上的扶持力度不足

张家港市旅游产业尚处于起步阶段，景区发展需要政府持续投入进行基础设施建设以及旅游项目建设，也需要对自我发展的景区进行政策上的支持。目前，张家港市对旅游产业的扶持主要依据《张家港市旅游业发展奖励补助办法》，补助主要集中在品牌创建和宣传促销等方面，奖励额度相对较小，奖励面也相对较窄，杠杆作用不明显。另外，前几年尚有市镇两级财政共同投资进行景区建设，最近两年市财政并未对景区进行大规模的投资建设，区镇财力又相对不足，投资较少，导致景区发展相对缓慢。

5. 旅游资源挖掘整合不够，与其他产业联系不够紧密

例如凤凰山景区，旅游元素比较多，拥有古街、古寺、温泉、山歌、水蜜桃、农家乐等元素，但各自体量不大又相对分散；非物质文化遗产河阳山歌曲高和寡，

受众较少,弘扬存在困难。在香山景区,对十八景的恢复和对东山村遗址的合理开发利用都显不足。在东渡苑景区,鉴真东渡文化尚未深入挖掘。其他景区也有类似问题。另外,各景区的互补性比较缺乏,难以形成内容丰富的旅游线路。

6. 游客衍生消费比较低

张家港市各收费景区的收入还是以门票为主,其他衍生消费很少,主要原因是景区项目较少,游客逗留时间较短。尤其各景区缺乏夜游产品,夜间的演艺、大排档、娱乐场所相对缺乏,游客很少在景区过夜。

三、张家港市A级景区发展对策建议

1. 加大宣传推介力度,进一步打响"鲜活张家港"旅游品牌

在传统观光旅游业上,张家港市由于资源相对匮乏而有些落后,但在休闲度假这方面,该市依据优越的硬件设施、良好的地域优势以及雄厚的经济实力,完全有能力来推进休闲度假旅游的开发建设。2017年4月张家港市成功承办的江苏省第八届乡村旅游节暨"江苏人游江苏"——"鲜活张家港,共享好时光"张家港乡村旅游季巡礼活动,打响了"鲜活张家港"旅游品牌,在华东的旅游市场上占据了一席之地。同时,联手同程旅游推出验客旅拍、快乐大巴专线、江鲜体验团、长三角四地专场推介会等系列活动,线上线下联动发力,取得了较好的市场反响和游客好评。接下来,应继续加强营销力度,做精做亮"鲜活张家港——共享好时光"旅游品牌,可与相关旅游企业合作,以"鲜·活"出精彩为主题,以四季旅游特色为切入点,不断拓展多日游线路产品市场,打造系列化旅游品牌营销活动,强化张家港旅游品牌知名度与影响力。

2. 形成建设合力,打造核心旅游产品

张家港市可围绕休闲度假的发展方向,打造一个核心旅游品牌。建议在香山景区和双山岛旅游度假区,围绕康体养生、高尔夫球、水上运动培育高端旅游产品,围绕江鲜美食、东山村遗址、民俗风情推出中端旅游产品,把这两块最有潜力的景区打造成张家港市旅游业的新名片。当然,其他区域可以进行差异化的定位和发展,突出各自景区的个性与特色,以此来作为核心产品的有益补充,丰富旅游产品,拉伸产业链。

3. 推进景区市场化的运营管理

就目前而言,国内经营比较成功的景区基本上采用市场化运作模式。张家港

市可改革目前对旅游景区的管理方式,改变由政府包揽的做法,走上政府引导、景区市场化运作的旅游产业发展之路。政府引导就是政府主要负责旅游的规划,负责景区的基础设施建设,并针对整个旅游产业做好相应的政策与资金支持。景区市场化运作是指景区具体的项目开发和建设要由景区以企业的身份自己经营开发,自负盈亏,在日常管理及营销上改进模式,降低成本,提高效益,激发出景区发展壮大自身的潜力。不走市场化的路,景区市场难以形成,旅游产业也无法做大。

4. 创新发展思路,灵活运用土地资源

在土地使用上,建议张家港市充分利用苏州市"三优三保"的实施方案,即以优化建设用地空间布局保障发展;以优化农业用地结构布局保护耕地;优化镇村居住用地布局保护权益,最终实现促进土地空间优化配置,促进土地资源集约利用,促进生态环境显著提升,使经济社会继续保持可持续协调发展的目标。景区用地要在政策容许的范围内多想办法。一是可以置换,搬迁一部分居民使其相对集中居住,腾出宅基地作为建设用地;二是可以整合,利用原有建筑物和闲置资源,进行功能置换,转变成旅游设施;三是可以流转,从有地农民那里租用农田,进行有规模的乡村旅游开发。

5. 加大政府投入,增加扶持力度

目前张家港市景区的发展尚处于起步阶段,的确需要政府"扶上马,送一程"。建议市财政与区镇财政按照一定比例(如5∶5)对景区基础设施及旅游项目进行投资,提升景区的吸引力与档次。同时,加大奖励幅度与宽度,支持和鼓励多元化投资。

6. 不断丰富内涵,整合旅游资源,推进"旅游+"战略

张家港市各景区应积极整合自身旅游资源,强化提升个性特色。如凤凰山景区可以借助"贝贝足球"品牌,开发旅游与足球元素融为一体的衍生品,形成"旅游+足球"的特色。永联小镇景区可以结合种植养殖,形成"旅游+养殖"特色。常阴沙现代农业旅游区可以结合园区自然禀赋和产业布局,形成"旅游+农业"特色。

7. 增加景区参与性项目,设计夜游产品,丰富旅游纪念品

建议张家港市各景区考虑游客的需求,增设娱乐性、趣味性的旅游项目,适当推出夜间活动,举办高质量的节庆活动,增加游客逗留时间。另外,可以设计一些便于携带、价格适中、具有文化内涵的旅游纪念品,增加游客的购物兴趣。

(孙 凯)

太仓市 A 级景区发展报告

近年来,太仓旅游紧紧围绕把旅游业培育成为国民经济的战略性支柱产业和人民群众更加满意的现代服务业的要求,不断探索前进,在整合中壮大,在创新中提高,实现了旅游业的持续、稳定、健康发展。其中,A 级景区作为行业管理的重要环节,是推动太仓旅游稳中向好的坚实力量。

一、太仓市 A 级景区发展概况

(一) 太仓市 A 级景区数据统计分析

截止到 2017 年 8 月,太仓市共有 A 级景区 5 家。其中,4A 级景区 2 家,分别是太仓现代农业园和沙溪古镇;3A 级景区 2 家,分别是南园和弇山园;2A 级景区 1 家,是张溥故居。

就数量而言,目前太仓市旅游总体量较小,A 级景区数量占苏州市总量的比例也相对较小,为 7.94%。目前,太仓市暂无 5A 级景区,4A 级景区数量占苏州市总量的 5.71%,3A 级景区数量占苏州市总量的 11.11%,2A 级景区数量占苏州市总量的 25%。

就单位性质而言,太仓市现代农业园和沙溪古镇两家 4A 级景区属于企业单位,南园、弇山园和张溥故居 3 家景区属于事业单位。

就营业收入而言,取样 2014—2016 年期间数据,2016 年太仓市 A 级景区总营业收入达到 2 753.38 万元,比 2014 年增长 42.26%;总门票收入达到 314.63 万元,比 2014 年增长 6.26%。2017 年上半年,太仓市 A 级景区总营业收入达到 1 658.84 万元,与 2014 年上半年相比增长 96.62%;总门票收入达到 214.33 万元,与2014年上半年相比增长58.36%。具体情况见表1和表2。

表1　2014年与2016年太仓市A级景区营业收入对比

序号	等级	景区	2016年总营业收入(万元)	比2014年增长	2016年总门票收入(万元)	比2014年增长
1	AAAA	现代农业园	2 696.14	57.5%	257.39	2.89%
2		沙溪古镇	17.74	215.66%	17.74	215.66%
		小计	2 713.88	58.02%	275.13	7.57%
3	AAA	南园	39.5	-2.06%	39.5	-2.06%
4		弇山园	0	-100%	0	-
		小计	39.5	-81.13%	39.5	-2.06%
5	AA	张溥故居	0	-	0	-
		小计	0	-	0	-
		总计	2 753.38	42.26%	314.63	6.26%

表2　2014年上半年与2017年上半年太仓市A级景区营业收入对比

序号	等级	景区	2017年上半年总营业收入(万元)	比2014年上半年增长	2017年上半年总门票收入(万元)	比2014年上半年增长
1	AAAA	现代农业园	1 622.85	118.65%	178.54	51.88%
2		沙溪古镇	9	214.69%	9	214.69%
		小计	1 631.85	119.02%	187.54	55.75%
3	AAA	南园	26.79	79.44%	26.79	79.44%
4		弇山园	0	-100%	0	-
		小计	39.5	-59.95%	39.5	-2.06%
5	AA	张溥故居	0	-	0	-
		小计	0	-	0	-
		总计	1 658.84	96.62%	214.33	58.36%

就接待人数而言,取样2014—2016年期间数据,2016年太仓市A级景区总接待人数达到190.14万人次,比2014年增长9.58%。2017年上半年,太仓市A级景区接待人数达到108.57万人次,与2014年上半年相比增长21.42%。具体情况见表3和表4。

表3 2014年与2016年太仓市A级景区接待人数对比

序号	等级	景区	2016年总接待人数(万人次)	比2014年增长
1	AAAA	现代农业园	52.11	-0.13%
2		沙溪古镇	69.6	38.18%
	小计		121.71	18.68%
3	AAA	南园	32.32	0.5%
4		弇山园	34.08	-8.93%
	小计		66.4	-4.57%
5	AA	张溥故居	2.03	47.1%
	小计		2.03	47.1%
	总计		190.14	9.58%

表4 2014年上半年与2017年上半年太仓市A级景区接待人数对比

序号	等级	景区	2017年上半年总接待人数(万人次)	比2014年上半年增长
1	AAAA	现代农业园	31.54	5.95%
2		沙溪古镇	41.24	73.79%
	小计		72.78	36.04%
3	AAA	南园	17.31	11.03%
4		弇山园	17.53	-11.02%
	小计		34.84	-1.28%
5	AA	张溥故居	0.95	50.79%
	小计		0.95	50.79%
	总计		108.57	21.42%

就经营效益而言,取样2014—2016年期间数据,2016年太仓市A级景区中,企业单位类景区年度总营业收入达到2 659.88万元,比2014年增长55.38%;事业单位类景区年度总营业收入达到509.7万元,比2014年增长11.73%。2017年上半年,太仓市A级景区中,企业单位类景区年度总营业收入达到1 631.85万元,与2014年上半年相比增长498.84%;事业单位类景区年度总营业收入达到295.4万元,与2014年上半年相比增长61.95%。具体情况见表5、表6、表7和表8。

表5　2014年与2016年太仓市企业单位类A级景区经营效益对比

序号	指标 (2016年)	景区				总计	
		现代农业园	比2014年增长	沙溪古镇	比2014年增长	景区	比2014年增长
1	年度营业收入(万元)	2 642.14	54.34%	17.74	-	2 659.88	55.38%
2	门票收入(万元)	263.39	4.87%	17.74	-	281.13	11.94%
3	营业成本(万元)	904.68	-14.72%	0	-	904.68	-14.72%
4	营业费用(万元)	223.74	284.23%	0	-	223.74	284.23%
5	经营利润(万元)	1 513.72	168.06%	17.74	-	1 531.46	171.2%
6	管理费用(万元)	508.39	170.25%	0	-	508.39	170.25%
7	财务费用(万元)	354.03	659.4%	0	-	354.03	659.4%
8	营业利润(万元)	1 701.85	75.02%	17.74	-	1 719.59	76.85%
9	利润总额(万元)	0	-	0	-	0	-

表6　2014年与2016年太仓市事业单位类A级景区经营效益对比

序号	景区	指标(2016年)			
		年度营业收入(万元)	比2014年增长	年度支出费用(万元)	比2014年增长
1	南园	509.7	11.73%	509.7	11.73%
2	弇山园				
3	张溥故居	0	-	12.6	50%
	总计	509.7	11.73%	522.3	12.42%

表7　2014年上半年与2017年上半年太仓市企业单位类A级景区经营效益对比

序号	指标 (2017上半年)	景区				总计	
		现代农业园	比2014年上半年增长	沙溪古镇	比2014年上半年增长	景区	比2014年上半年增长
1	年度营业收入(万元)	1 622.85	495.54%	9	-	1 631.85	498.84%
2	门票收入(万元)	178.54	268.05%	9	-	187.54	288.6%
3	营业成本(万元)	550.92	103%	0	-	550.92	103%
4	营业费用(万元)	104.95	100%	0	-	104.95	100%
5	经营利润(万元)	966.98	71.24%	9	-	975.98	8
6	管理费用(万元)	241.65	28.46%	0	-	241.65	348.33%
7	财务费用(万元)	192.97	313.92%	0	-	192.97	1 567.84%
8	营业利润(万元)	1 125.46	15.75%	9	-	1 125.46	964.06%
9	利润总额(万元)	0	-	0	-	0	-

表8 2014年上半年与2017年上半年太仓市事业单位类A级景区经营效益对比

序号	景区	指标（2017年上半年）			
		年度营业收入（万元）	比2014年上半年增长	年度支出费用（万元）	比2014年上半年增长
1	南园	295.4	61.95%	295.4	60.37%
2	弇山园				
3	张溥故居	0	-	4.2	-
	总计	295.4	61.95%	299.6	59.02%

（二）工作成效

"十三五"以来，太仓市旅游局全面贯彻落实江苏省旅游局、苏州市旅游局以及太仓市委市政府对旅游业发展的重要指示精神，紧紧围绕"全域旅游"的工作理念，推动太仓A级景区跨越发展。

1. 加强规划引领和政策扶持

太仓市旅游局与华东师范大学合作编制《太仓市旅游业十三五发展规划》，从全域角度为太仓旅游谋篇布局。着力培育现代农业园养生养老度假产业，提升农业园作为农业旅游基地的功能，加快打造"四季花海"等特色景观；依托沙溪古镇的传统资源，加快景区整体改造和业态提升，推动中国台湾民宿协会两岸民宿培训中心项目落地；依托现有古建和园林，对南园、弇山园分期进行内容更新，推动南园改造、中华奇石馆等项目落地。市府办出台《市政府印发关于推动现代服务业转型升级创新发展若干政策的通知》，以红头文件的形式确立资金扶持对象。市旅游局和市财政局联合修订《太仓市旅游业引导资金管理办法》，规范旅游业专项资金的使用和管理，保障引导资金的导向和激励作用。

2. 加强日常管理和配套完善

充分发挥市旅委会职能，加强对全市等级景区的领导与协调，形成上下联动、部门协作的发展工作机制。对A级景区建立旅游发展目标考核制度，每年按照总体计划进行任务分解，实施跟踪督查，保证计划进度，突出实效。积极引进或培育旅游景区项目建设、项目管理、市场运作等行业领军人才及行业重点人才，为全市A级景区的建设和发展提供人才保障。重视导服队伍建设和培训，不断提高素质和能力。现代农业园新建"四季花海"项目，为其发展输入新鲜血液；沙溪古镇与复星集团合作，携手开发文化旅游项目，不断丰富古镇业态；南园改造项目引入"文修旅游"概念,是"旅游+"深度融合的诠释;响应"厕所革命"号召,现代农业园和南园于 2017 年分别建造 AAA 级厕所,提升服务水平;顺应智慧旅游趋势,与中国电信太仓分公司合作开发太仓旅游客情监测与分析系统,做好信息的及时准确更新和共享,为科学决策提供可靠依据。除此之外,太仓市等级景区根据省市两级暗访工作小组的反馈,对目前存在的问题逐一进行大力整治。

3. 加强品牌打造和形象推介

依托"太仓假日"品牌服务,将"工厂店+酒店+景点"通过"三店(点)合一"的理念融合发展,为来太仓的休闲游客和商旅人士提供一个富有太仓特色的一体化休闲平台。同时,重点挖掘周边城市客源市场,强化"一小时去哪儿?去太仓!"口号宣传力度,塑造太仓旅游整体形象,通过推介会、电视媒体、节庆活动、网络平台等形式,炒热太仓市 A 级景区市场,推动太仓 A 级景区再上台阶。

4. 加强项目引进和动力增长

积极对接重大项目,引进一批起点高、见效快的优质综合性旅游项目,激发太仓市旅游发展原动力。2017 年年中,太仓市成功推动恒大童世界主题乐园项目和复星地中海欧洲风情小镇项目签约。恒大童世界主题乐园项目计划投资 1 100 亿元,于长江口旅游度假区打造全室内、全天候、全季节的世界顶级童话神话主题公园,将其建设成为长三角范围内少年儿童的最佳游乐目的地。复星地中海欧洲风情小镇计划投资 400 亿元,项目分为太仓沪通南站片区、海运堤片区及金仓湖片区三大开发片区,以及沙溪古镇运营管理片区,建设内容主要包括室内冰雪世界、水上主题公园、欧洲风情小镇、地中海俱乐部酒店、精品主题酒店、会展中心、演艺娱乐、湿地主题农庄、门德斯体育运动公园、国际教育、亲子俱乐部等。两大项目的落地,将对长江口旅游度假区、沙溪古镇和金仓湖等景区进行提升和丰富,确保太仓 A 级景区各项指标向好。

二、太仓市 A 级景区存在的问题及原因分析

从省、市两级景区暗访工作组的反馈结果来看,太仓市 A 级景区存在不少问题,景区服务团队水平、各项软硬件设施建设等仍然存在相当大的提升空间。

(一)运营管理缺乏效率

统计数据显示,太仓市 A 级景区中,极度缺乏能够独立运营、自负盈亏并有

一定市场经济效益的景区,多数景区利润总额不堪入目。现代农业园、沙溪古镇、南园、弇山园和张溥故居五大A级景区主要还是依赖财政支持。景区内部缺乏良好的运营管理机制,缺乏专业的运营管理团队,缺乏专门的旅游市场销售人才。此外,太仓市财政对于A级景区发展缺乏倾斜力度,成为制约太仓等级景区发展的又一大瓶颈。

(二)"旅游+"融合相对不足

太仓有非常优秀的文化传统和资源禀赋,特别是明清以来代出人才。然而,这些优秀资源,要么只在少数专业人士圈中分享,如四王画、江南丝竹等,要么只停留在民间故事传说中,如《金瓶梅》王世贞说、昆曲诞生于太仓说等,几乎未能从旅游层面进行整体开发。现有的古建和园林载体,也尚未将各项资源加以整合,导致景区整体缺少创意性和文化性的突破,极大地制约了太仓A级景区乃至全市的旅游发展。

(三)发展形象定位不清

长久以来,太仓旅游口号多年来一直在变动,如"江海之畔 休闲之都""田园四季 鲜来太仓""现代田园城 美丽金太仓"等,针对旅游景区必然也没有明确的定位,难以给游客留下鲜明印象。

太仓旅游口号不响亮,名称常变动,严重影响旅游整体宣传的质量和效果。与之相应的,部分景区出于特殊考虑,对外宣传的名称反复多变,极度影响宣传效果,更难形成鲜明的品牌印象。

太仓A级景区缺乏核心吸引物,与周边发展同质化现象严重,无论是数量上还是质量上都不存在优势。另外,资源较为分散,集聚效应较差,无法形成规模效益。

三、太仓市A级景区发展提升方向

现代旅游业正面临着从单个景区旅游模式向全域旅游模式转变,以"旅游+"为核心的旅游产业化大融合势在必行。太仓A级景区要紧紧围绕"全域旅游"的发展理念,全力塑造太仓景区整体形象。

(一)完善服务平台,助力太仓A级景区发展

加大提升现有服务平台,从管理、资金、人才等方面保障太仓旅游整体发展,从而惠及A级景区的发展。进一步健全管理体制机制,促进各级互联、协作的良

性循环。行业管理部门要对各项任务进行跟踪督查，确保工作质量。责任主体单位要牢固树立服务意识，保障各项计划有序、有效进行。市财政要视实际情况增加安排旅游业专项资金，加大对旅游公共服务体系完善、旅游形象推广、旅游人才培养等方面的支持力度。对 A 级景区给予适度政策倾斜，根据项目需求给予积极支持。加强对旅游业从业人员的培训，适当引进专业管理团队和专业人才，弥补不足与缺陷。

（二）抓好龙头项目，汇促太仓 A 级景区产业集聚

针对太仓 A 级景区小、散、知名度不高的弱点，以及在与周边常熟、昆山、吴中等地区竞争中处于劣势地位的现状，为实现太仓旅游的突破性发展，必须重点打造一批有影响力的龙头旅游项目，并以此为契机，凝聚人气并顺势导入现有 A 级景区。要全力推进恒大童世界主题乐园和复星地中海欧洲风情小镇两大龙头项目落地，打造太仓旅游未来的核心吸引物，帮助提升和丰富沙溪古镇、金仓湖和浏河古镇以及各乡村旅游区旅游项目的业态，最终实现太仓旅游的提档升级，使旅游业真正成为太仓经济发展的支柱产业之一。

根据《太仓市旅游业十三五发展规划》布局，对"十"字形"两环六区"中涉及 A 级景区部分全力建设：

1. 长江口旅游度假区及其重点项目

以浏河古镇为核心，以郑和下西洋起锚地为主题，依托长江沿岸及湿地景观资源、江海河三鲜美食资源，围绕恒大童世界项目落户契机，整合长江口滨江景观带、特色文化旅游综合体、浏河古镇、天妃宫、特色美食街等项目，打造集江海度假、美食品味、古镇体验、亲子教育、户外运动等功能于一体的旅游度假区。

2. 城市南部休闲旅游区及其重点项目

围绕复星集团地中海欧洲风情小镇的项目合作，以新浏河两岸为中心，向南延伸到太仓沪通南站片区、海运堤片区，向北对接金仓湖片区，集中打造太仓城市休闲旅游综合体项目，引入室内冰雪世界、欧洲风情小镇、水上主题公园、精品主题酒店、演艺娱乐、国际教育、亲子俱乐部等综合性旅游目的地业态，扩大城区公共休闲空间，提升城区的公共服务水平，从而打造一个与全球城市相呼应的集城市休闲、风情体验、商务游憩、高端度假等功能于一体的国际性综合旅游度假区。

3. 太仓现代农业园区及其重点项目

以太仓现代农业园区为中心,大力发展"休闲农业+研学教育、养老、健康、文创经济",打造集农业观光、科普教育、休闲游乐、庄园度假、绿色美食、户外拓展、养生养老等于一体的现代农业休闲旅游区。

4. 金仓湖片区及其重点项目

在金仓湖公园建设的基础上,借力复星集团合作开发地中海俱乐部酒店等一批新项目,面向城市亲子客群、日常休闲客群的需求,打造集高端度假、原乡度假、亲子教育、家庭聚会、运动竞技等功能于一体的金仓湖旅游休闲度假区。

5. 沙溪古镇片区及其重点项目

以沙溪古镇三里老街为核心,以古镇生活为主题,依托沙溪古镇的水街巷弄、传统民居和淳朴的生活氛围,积极吸引苏州市及上海市的青年创客、退养人群和文创专业人士到此创业创新,发展民宿、会馆、吧所、文创工作室、博物馆等特色业态,打造集老街生活再现、休闲娱乐、文化博览与民俗体验、研学教育与培训等功能于一体的沙溪古镇旅游区,并将其打造成为具有示范性的文化旅游双创基地。

(三)打造知名品牌,树立太仓A级景区形象

要解决当前旅游形象定位不清晰的问题,必须打造一个稳定的品牌形象。经过2年多的持续运作,"太仓假日"成功获评苏州市首批"十大旅游创新产品(业态)",已成为太仓旅游的闪亮名片,在周边地区已引起了非常大的反响。"一小时去哪儿?去太仓!"不仅是太仓市旅游宣传推广的口号,也成为太仓市对外形象推介的口号,为该市"对接上海"和"对德合作"两篇重大"文章"摇旗呐喊。一是做好概念的诠释。重点处理好各类宣传口号之间的主次关系,实现宣传口号一个声音对外,并持续贯彻下去。二是加强产品设计。围绕"太仓假日"和"一小时去哪儿?去太仓!"主题,进一步挖掘太仓旅游内涵,将民俗文化、养生研学、运动康体游等资源整合、设计和包装。三是加强宣传推介。以旅游大数据分析为支撑,以精准营销为主要理念,细分市场,制定明晰的可操作的旅游营销体系和宣传计划,全面打造长三角地区重点突出、布局合理、发展均衡的旅游市场格局,并逐步扩展到中远程距离市场,将太仓逐步打造成国际旅游目的地。

(刘 悦)

昆山市 A 级景区发展报告

一、昆山市 A 级景区发展概况

昆山目前共有国家 A 级景区 7 个,其中 5A 级景区 1 个,为周庄古镇;4A 级景区 3 个,为锦溪古镇、千灯古镇、亭林园;3A 级景区 3 个,为昆山城市生态森林公园、巴城阳澄湖景区、五谷丰灯景区。目前,巴城阳澄湖景区正在争创国家 4A 级旅游景区。

1. 5A 级景区

周庄利用独特的江南水乡古镇资源,在全力保护古镇的同时发展旅游经济,经过二十余年的保护、开发,成功打造了"中国第一水乡"旅游品牌,开创了江南水乡古镇旅游的先河,顺应了大众化旅游时代大量普通出游人群感知体验水乡古镇的需求和大量原住民实现原地就业创业、共享发展成果的需求,较好地紧跟着经济社会发展的步伐,成为苏州乃至全省旅游行业内较为成功的示范点。

为了更好地顺应广大游客的需求,提升景区竞争力,景区在项目打造和景区建设上更加重视历史城镇演进发展的基本定位。旅游经济参与历史城镇同构时,相对突出景区化建设,打造可给人独特感受、可深度体验、满足个性需求的、能够获得快乐和轻松生活享受的休闲度假型旅游产品,"有一种生活叫周庄"品牌内涵不断丰富。近几年来,景区持续保持 350 万/年的游客接待量,游客结构趋于合理,散客占比近 70%;游客过夜率近 25%,目前景区内有民宿客栈 300 多家,核心区年均入住率达 60%,全镇年旅游总收入突破 20 亿元。

2. 4A级景区

锦溪古镇自2000年发展旅游以来,始终围绕"旅游兴镇"发展战略,坚持"差位发展"思路,通过整合古镇旅游资源,向全国引进特色民间博物馆,以此推动锦溪文化旅游品牌建设。古镇年接待量保持在120万人次。未来锦溪古镇将继续以生态与人文为核心,坚持把水乡生态和古镇人文作为最根本优势和最宝贵资源,统筹古镇游与乡村游发展。以古镇为核心,打造看得到的湖岸风景线和感受得到的水乡风情线,重点打造祝甸窑文化体验区、计家墩农耕休闲区、棋盘荡生态漫游区三大功能区域,构建"一核两线三区"的乡村生态休闲旅游版图。不断完善旅游交通路网,纵向到底延伸到村落、宅院,横向到边实现村落之间无障碍通行,同步美化村庄环境,全面展现江南"鱼米之乡"风貌。

千灯古镇开发至今已有十余年,先后获得了"中国历史文化名镇""中国魅力名镇"称号。为更好地顺应广大游客的需求,提升景区竞争力,景区在项目打造和景区建设上更加重视历史文化的传承、保护和挖掘。近三年来,千灯古镇景区持续保持140万人次/年的游客接待量,游客结构趋于合理,散客占比近70%,年旅游收入在1700万元左右。为进一步拓展古镇游览空间,满足游客多样化旅游需求,千灯古镇选址歇马桥古村落打造两栋民宿,目前正有序推进中。

亭林园是昆山古典园林的典范,园内有昆山三宝琼花、昆石、并蒂莲。为对园内景点进行进一步的修缮和改造,同时对厕所、停车场等基础配套设施以及智慧旅游等设施进行提升,亭林园目前正在进行大规模改造。

3. 3A级景区

昆山城市生态森林公园、巴城阳澄湖景区、五谷丰灯景区为休闲度假类及乡村旅游类产品。森林公园为城市湿地公园,主要满足当地居民及周边城市游客的旅游需求。为提升景区品质,完善基础配套设施,目前森林公园正在进行施工改造。2017年以来巴城阳澄湖景区以不断提升景区品质为核心,抓紧建设大闸蟹生态馆、历史文化展示中心等旅游产品,并着力改善基础配套设施,为巴城阳澄湖景区创建4A级景区打下良好基础。五谷丰灯景区将观光农业与休闲农业相结合,不断延伸产业链,成为市民游客休闲的好去处。

二、昆山市A级景区存在的问题及原因分析

随着旅游消费者的日益成熟,旅游者不断以国际旅游景区先进水平来衡量

国内旅游景区,对国内旅游景区的产品、品质和服务提出了更高的要求,市场需求推动旅游景区必须不断提升。此外,在产业融合发展的背景下,衍生出更多新兴业态,旅游新业态也在不断塑造着新的旅游市场,游客行为、旅游营销、旅游管理都在不断发生着改变。在这样的背景下,昆山 A 级景区发展过程中存在的问题也日益凸显:

1. 古镇保护遭遇理论、政策和资金瓶颈

周庄、锦溪、千灯已被列入《中国世界文化遗产预备名单》,但随着旅游业的迅猛发展,古镇保护困难重重。一是理论性保护方面:随着经济社会的发展,古镇保护也需要着重梳理转型升级阶段的新矛盾与新问题,完善古镇保护规划与民宿管理等制度,建立健全业态调整审核、论证流程。这需要前沿、专业的学者和研究机构提供理论支撑与指导。二是资产性保护方面:通过收购、长期租赁方式,加强古镇区内房产、地块等资源的控制,才能确保古建筑保护及修缮的顺利实施。在此过程中,遭遇到许多的政策限制、技术难题及资金压力,进展缓慢。三是文化性保护方面:要加强人文历史、传统手工技艺、民风民俗、传统生活形态等古镇文化内涵发掘的力度,构建昆山乃至苏州地区文化展示保护体系,同样需要大量的资金扶持。

2. 景区配套建设缺乏持续性投入

近年来,与昆山 3 大古镇有直接竞争关系的几大古镇景区管理设施、环境打造投入非常巨大,道路景观、交通标志标识、停车场、旅游厕所、管理队伍等方面变化迅猛:同里在几年内投入数亿元将古镇周边环境变了个样,建设标准停车场两个;乌镇已将古镇外围功能性设施和景观进行了全面改造。而受财力所限,昆山古镇区的景区化建设步伐缓慢,很难跟上游客和居民的需求,也限制了全域旅游的推进。

3. 资源配置和利用步入困境

与日益增长的游客量相比,昆山 A 级景区面临游览空间小、可用资源少、业态调整难度大等诸多问题。如何在有限的空间内满足游客多样的旅游需求,提高旅游产品丰度,延长游客逗留时间,成为景区发展的难题。同时,由于旅游项目用地与工业、商业用地不同,投入大、周期长、回报率低,旅游项目引进难度较大。

4. 管理体制制约

随着国家旅游局对A级景区管理工作的不断加强,明察暗访频次增多、形式多变,对景区管理的要求越来越高。"青岛大虾"毁了"好客山东"的招牌,哈尔滨天价鱼事件也降低了人们对东北的好感度,由此可见,在资讯高度发达的今天,旅游事件的投诉和曝光,影响的不仅仅是旅游品牌,还有地区形象。昆山A级景区也同样面临管理理念、管理模式、执行标准相对滞后等多方面的问题。整合现有管理队伍,成立旅游警察队伍或类似的综合旅游执法机构,提高管理人员的执法权限和管理水平迫在眉睫。

三、昆山市A级景区发展提升方向

要在日趋激烈的市场竞争中站稳脚跟,景区转型升级显得尤为重要:

1. 以提升产品和服务质量为核心

加大景区景观价值、服务设施的提升和改善,创造新的参与性项目,增加景区核心吸引力,通过提升体验丰富度、延长景区价值链、扩大产品体系来增加收益。不断拓展营收渠道,突破目前门票经济的瓶颈,以资源为载体,逐步发展休闲度假和体验式的配套设施,不断策划和开发更多的体验型、参与型、娱乐型旅游项目,增加游客的体验消费,同时,深度开发各类文创旅游商品,增加游客的购物消费,充分发挥旅游的乘数效应,进而在新趋势下获得更好的效益。对于资源价值不高、核心吸引物提升困难的景区,积极放开门票管制,降低门票收费标准或直接向区域市民和游客免费开放,形成客流,从而通过创造更多二次消费场景来增加旅游景区收入。目前,锦溪古镇已取消大门票,变景区门票为景点联票,并推出景点联票与船票的组合优惠活动。

2. 以营销体系构建促进品牌内涵深化

深入推进目的地和客源地的评价、形象、宣传、营销"四体系"建设。逐步发展完善能够掌握话语权的户外广告、电视、网络、报纸杂志和新媒体资源体系。做新做透传统节庆活动,进一步完善资讯体系,策划和实施重点市场的专项营销方案,以活动带动市场销售及品牌推广。整合利用微博、微信等新媒体渠道,初步建立网站、网络活动、网络辅助功能相融合的宣传营销平台,进一步放大电子商务、网络营销市场效应。

3. 注重经营管理创新

积极探索现代产权制度在景区的推行,建立责权明晰、激励有力、约束有效且兼顾各利益相关者利益的机制。面对开放式景区、线上渠道商、主题公园等竞争者带来的生存压力,通过市场化经营、二次消费等创新延长生命周期。结合"双创"国家战略和供给侧改革要求,加强在信息化、"互联网+"、数字技术、虚拟现实以及智慧景区等方面的发展,善用智能化的管理手段提高景区经营管理的效率。

(王秋平)

苏州市吴江区 A 级景区发展报告

旅游景区是旅游业的核心要素,是旅游产业链的中心环节,是旅游消费的吸引中心。近年来,吴江以"把旅游业培育成为新一轮发展中的战略性支柱产业"为目标,有效发挥人文资源、自然资源和区位优势,加快创建国家 A 级景区步伐,初步打造了古镇休闲、太湖生态、乡村体验、丝绸文化等旅游特色品牌。目前吴江国家 A 级景区数量不断扩大,旅游接待设施不断改善,旅游服务质量不断提升,实现了持续、快速、健康发展。

一、苏州市吴江区 A 级景区发展情况

(一) A 级景区概况

1. A 级旅游景区数量

截至 2017 年 7 月底,苏州市吴江区共有 9 家国家 A 级旅游景区,其中 5A 级景区 1 家(同里古镇),4A 级景区 3 家(静思园、震泽古镇、苏州湾黄金湖岸旅游区),3A 级景区 3 家(吴江青少年科技文化活动中心、圆通寺、莺湖景区),2A 级景区 2 家(柳亚子纪念馆、王锡阐纪念馆)。4A 级以上高等级旅游景区数量占全区等级旅游景区的 44.44%,接近一半。

2. 景区创建情况

苏州市吴江区 A 级景区创建有三种情况:一是通过质量提升,创建为高一级别的景区,如同里古镇;二是分散景区通过增加资源和打包整合,提升等级,如震泽古镇、莺湖景区;三是新开发的景区,如苏州湾黄金湖岸旅游区。

3. 资源类型情况

苏州市吴江区A级景区资源类型多样化,但大部分以历史文化类资源打造,如同里古镇、震泽古镇、莺湖景区、圆通寺、王锡阐纪念馆、柳亚子纪念馆。另外,黄金湖岸旅游区为自然景观与休闲融合类景区,静思园为仿古建筑及石文化景区,青少年科技文化活动中心为科技文化类景区。

4. 投资运营管理情况

苏州市吴江区A级旅游景区投资运营管理模式有四种类型:一是国有资本投资、国有公司运营模式,如同里古镇、震泽古镇、苏州湾黄金湖岸旅游区;二是事业单位类景区,如青少年科技文化活动中心、王锡阐纪念馆、柳亚子纪念馆;三是宗教自管模式,如莺湖景区内的小九华寺、圆通寺;四是国有企业控股模式,如静思园。

(二)旅游接待统计数据分析

1. 游客接待情况

2016年,全区A级旅游景区游客接待量为1 128.65万人次,同比增长30.34%(因增加1家4A级景区),占全区旅游景区接待总量的78.17%。其中,5A级景区接待游客达682.64万人次,占全区A级景区接待量的60.48%;4A级景区接待游客371.65万人次,占全区A级景区接待量的32.93%;3A级景区接待游客62.55万人次,占全区A级景区接待量的5.54%。

2017年1至6月,全区A级旅游景区游客接待量为562.91万人次,同比增长1.56%,占全区旅游景区接待总量的79.56%。其中,5A级景区接待游客达347.57万人次,占全区A级景区接待量的61.75%;4A级景区接待游客191.54万人次,占全区A级景区接待量的34.03%;3A级景区(青少年科技文化活动中心于2017年1月起停业改造)接待游客17.66万人次,占全区A级景区接待量的3.14%。

2. 门票收入情况

门票设置情况:同里古镇为联票制,即进入古镇区就须购买100元/人的联票;静思园为一票制,门票价格为70元/人;震泽古镇根据游客需要,提供联票和单票两种门票,联票价格75元/人;青少年科技文化活动中心设置大门票和小门票,全票总价80元/人;圆通寺为一票制,门票价格15元/人;莺湖景区内小九华寺实行一票制,价格10元/人;其余景区免门票。

2016年,全区A级旅游景区门票收入达19 058.40万元,同比增长2.95%,占全区旅游景区门票总收入的96.84%。其中,5A级景区门票收入达15 434.98万元,占全区A级景区门票收入的80.99%,占5A级景区营业收入的80.67%;4A级景区门票收入3 471.31万元,占全区A级景区门票收入的18.21%,占4A级景区营业收入的55.52%;3A级景区门票收入152.11万元,占全区A级景区门票收入的0.8%,占3A级景区营业收入的7.95%(寺庙主要以佛事收入为主);2A级景区为纪念馆类景区,免收门票。

2017年1至6月,全区A级旅游景区门票收入达11 057.73万元,同比增长4.86%,占全区旅游景区门票总收入的97.09%。其中,5A级景区门票收入达9 012.31万元,占全区A级景区门票收入的81.50%,占5A级景区营业收入的83.3%;4A级景区门票收入1 957.50万元,占全区A级景区门票收入的17.70%,占4A级景区营业收入的69.83%;3A级景区门票收入87.92万元,占全区A级景区门票收入的0.8%,占3A级景区营业收入的6.47%(寺庙主要以佛事收入为主)。

(三)专项行动进展情况

1. 旅游厕所提升

目前吴江全区9家A级旅游景区共有厕所76座。厕所革命以来,各景区不断提升旅游厕所环境,加强卫生管理,完善设施设备,有条件的景区增加旅游厕所量,并对原有厕所进行改造提升。两年来共新建厕所4座,改造厕所4座,评级厕所27座,其中AAA级厕所3座,AA级厕所10座。2017年改建旅游厕所13座;申报A级厕所4座,目前已验收,等待评定结果。

2. 智慧旅游建设

智慧旅游是旅游业与科技创新融合发展的典范,是旅游业发展的未来趋势,吴江区坚持在旅游景区开展智慧旅游建设。

(1)无线网络覆盖。目前无线网络全覆盖的景区有5家,分别是同里景区、静思园、苏州湾黄金湖岸旅游区、青少年科技文化活动中心和圆通寺;重点区域覆盖的有4家。

(2)网站及预订系统。所有A级旅游景区均有官方网站(静思园、圆通寺的网站正在改版重建)。目前有5家景区支持网上预订及在线支付,1家景区由于内部设施改造暂停网络预订,其余3家景区免门票。

3. 停车环境优化

苏州市吴江区 A 级景区现共有停车场 22 个,面积 135 511 平方米,其中生态停车场 77 460 平方米,其余为标准停车场。各景区从两方面加强停车场管理。一是及时维修破损路面。近两年重点改造和整治了 3 座停车场,分别是同里镇东停车场、静思园停车场和圆通寺停车场,改造面积 19 800 平方米。二是安装智能化管理系统。现有智能化管理停车场 6 座,正在进行智能化建设的停车场有 4 座。

二、苏州市吴江区 A 级景区存在的问题

(一) 综合管理有待完善

部分旅游景区存在重创建、轻管理的情况。根据各级旅游管理部门的暗访情况通报,部分景区内部管理不到位,员工服务意识不强,特别是窗口单位员工的服务缺乏积极主动性;有的景区游客中心利用率不高,服务功能不完善;有的景区医务室没有医务人员;有的景区内部导视系统、休闲座椅、垃圾桶等维护不及时;开放式景区的游步道有时存在乱停车及商贩占道经营的情况;有原住民居住的古镇类景区存在居民日常生活行为和游客游览舒适度之间的矛盾。

(二) 业态布局有待丰富

景区的门票收入一定程度上反映了景区观光产品的吸引力和市场竞争力。随着旅游产业转型升级步伐的加快,以及休闲娱乐类、文化体验类、购物类、度假类产品逐步增加,景区的二次消费占比将逐步上升,景区经营收入的增长将主要依靠综合消费。但是吴江区大部分 A 级景区业态单一,旅游产品还停留在观光层面,门票收入还是景区收入的主要来源,门票经济特征十分明显。

(三) 旅游厕所有待提升

近年来,厕所革命开展得红红火火,旅游部门一直加强动员,利用资金引导和制定标准,要求等级景区 A 级厕所达到一定比例。吴江区 A 级旅游景区中,新景区新建厕所较多,设施较完善,档次较高。但是一些老景区因为种种原因厕所提升力度不够,如古镇类景区,厕所受空间限制,存在面积小、改造难的问题。同时,土地指标落实难,也导致很多景区在厕所建设方面心有余而力不足。

(四) 民宿品质有待提高

近年来,民宿成为旅游住宿个性化发展的方向,某种程度上也成为旅游业维系"乡愁"的寄托。吴江区民宿业较发达,特别是在古镇旅游景区内,一些民宿

产品的个性特色得到强化,服务的多样性、人性化程度得到提升,如同里的正福草堂、万福草堂、穿心阁精品客栈、敬仪堂客栈入围"苏州旅游十大精品民宿"。然而,古镇旅游区内大部分民宿缺乏规范性管理和个性化服务,品质也有待提高。另外,大部分民宿由于处在保护区范围内,消防设施无法达到现有制度的规定,无法办理工商营业执照及税务登记证,制约了民宿行业的进一步发展。

(五)住宿供给有待完善

目前吴江住宿设施呈多元化发展,有星级酒店13家,其中高星级酒店10家,如同里湖大饭店、东恒盛国际大酒店等;有高档度假型酒店,如东太湖温泉度假酒店、同里湖度假村、亨通凯莱度假酒店、中青旅苏州静思园大酒店等;有品牌精品民宿,如花间堂、水岸寒舍、木言木语等;还有部分星级农家乐住宿设施。正在建设的度假酒店有亨通二期度假酒店、汾湖温德姆酒店、艾美酒店等。但是这些住宿设施大部分集中在同里古镇等部分景区及其他商贸区,有的景区周边的住宿设施供给仍然不足,能满足游客多样化需求的设施更少。

(六)人才建设有待强化

21世纪的竞争主要体现在人才的竞争,旅游产业发展日新月异,同其他行业相比,更需要适应形势发展需求的创新性人才,而人才的培育速度在某种程度上说跟不上旅游产业发展的速度。吴江区旅游景区人才短缺,从业人员专业素质参差不齐,创新水平不够,特别是旅游项目开发与规划管理、人力资源管理、市场营销等方面的高素质人才缺乏,制约了吴江区旅游景区特别是高等级景区的发展。

(七)资源配置有待平衡

从景区接待情况来看,一方面,知名旅游景区接待游客量多,特别是节假日,人满为患,接待和容量压力很大,不得不推出最大承载量管理;另一方面,一些一般性景区门前冷落,资源闲置,员工积极性也不高。知名景区如何应对节假日的接待压力,提高服务质量,让游客感受舒适的游览过程,一般性景区如何吸引客源,充分利用资源,使效益达到最大化,是需要考虑和改善的问题。

三、苏州市吴江区A级景区发展方向

(一)全面提升服务品质

着眼满足游客游览需求,提升景区服务品质。一是推进各景区完善游客中心服务功能,达到设施必须完善、功能必须齐全、服务必须优良的目标。二是完善和及时维护标识系统,既包括景区内的游览线路指引、文明旅游及安全提示等标识,也包括通往景区道路上的交通引导标识。三是古镇类景区要加强同城管部门的协同管理,畅通游步道,提高游览舒适度。四是加强对一线从业人员的管理和考核力度,使其提高服务热情,展现良好的精神面貌。

(二) 大力创新旅游产品

旅游景区创新产品,既包括增加新的景观,也包括策划新的旅游项目。各景区应在丰富景区业态上下功夫,注重旅游衍生产品的打造,如增加精品住宿、特色餐饮、文化研习、艺术品鉴等互动体验项目,把吃、住、行、娱、购等基本要素引入景区,打造出一个个小型的旅游目的地。同时,通过增加消费项目,摆脱门票束缚,提高景区经营收益,完成景区产品从观光型到综合型的转变,让"一次游"的观光客转变为休闲度假和活动体验的回头客。

(三) 扎实推进厕所革命

一是充分挖掘潜力,加强与其他部门沟通,按照《苏州市公共卫生间建设与管理规范》标准和"设施配套、干净卫生、外观协调、游客满意"的要求,采取新建与改建结合的办法,扎实推进旅游厕所建设。二是通过协调调用等渠道,在节假日加强与景区内或周边商业体等单位的沟通,采取适当补偿的措施,开放商业体内部厕所供游客使用,以缓解旅游高峰期厕所供需的矛盾。

(四) 加快发展智慧旅游

着眼适应时代发展要求,推进景区智慧旅游服务。以手机运用为核心,实现游客在景区的购票、检票、导览解说、购物娱乐等一系列活动都可以通过手机轻松完成。一是推进各景区提供免费 WiFi 服务、智能购票支付服务。特别是高等级景区,要全面覆盖免费 WiFi。在智能购票方面,除了向游客提供互联网平台购票服务外,要逐步建立手机二维码扫描购票等多种形式的手机支付系统。二是提供智慧解说服务。特别是高等级旅游景区,要发展多种形式的智慧解说服务,实现解说跟着景点走。

(五) 全力保障旅游安全

高等级景区和室内类旅游景点须重视客流高峰期的安全管控。一是核定游客日最大承载量和瞬时最大承载量,建立游客流量实时监控系统,进入景区人数要实现实时统计,重点区域、重点线路要上监控设备并进行实时监控。二是建立客流预报预警制度,景区入口要设立流量警示牌,实时公布进入景区、重点区域、重点线路的人数以及最大承载量。三是制定严密的流量控制方案,对重点区域、重点线路实行分级监控管理。知名景区在节假日采取门票预约方式控制接待游客数量,适时疏导、分流游客,确保客流高峰期的安全。

(六)有力促进民宿发展

针对民宿业的现状和存在的问题,旅游管理部门应出台一些有力措施,引导和保障民宿业的健康发展。一是出台与古镇保护发展相适应的"消防许可制度",破解民宿业消防隐患方面的难题。二是学习借鉴国内外其他古城、古镇民宿业的先进管理模式和管理经验,结合吴江实际,制定相应的民宿准入机制和管理机制,把民宿业纳入标准化管理。三是充分发挥行业协会功能,引导特色民宿发展,同时,把古建筑的保护与更新融合在民宿的升级过程中,更好地传承江南古镇文化。

(七)积极开展人才建设

一是内部培养。要重视现有人才的培养,一方面建立旅游人才培养的激励机制,鼓励员工通过远程网络学习、专题研修、技能竞赛等多种形式提高专业水平。另一方面积极与各大院校联系,聘请专家、教授,有针对性地开展内部员工培训,进行知识更新。二是定向培养。与旅游院校合作,通过实习等方式定向培养一些专业学生。三是人才引进。结合区政府的人才引进计划,引进一些旅游景区专业管理人才。四是留住人才。建立景区的内部企业文化和机制,为职工提供良好的工作环境,增强他们的归属感和满意度。

(秦小园)

苏州市吴中区 A 级景区发展报告

苏州市吴中区原名吴县,从先秦至今已有 2 000 多年的历史,位于苏州古城南部,濒临太湖。全区辖东山、金庭、木渎、甪直、光福等七镇八街道。吴中区历史悠久,人文荟萃。兵圣孙武长居东吴 40 余年,在穹窿山写就《孙子兵法》十三篇,草圣张旭、塑圣杨惠之、绣圣沈寿、北宋著名政治家范仲淹、主持营造北京故宫的建筑大师蒯祥等一大批历史名人也曾生活在吴中大地。吴中区环境优质,物产丰饶,拥有 184 千米太湖岸线、苏州 80% 的丘陵山体,是太湖岸线最曲折、山丘峰坞最密集、林木花果最茂盛、空气水质最好、生态环境最优美的的区域。优质的生态环境孕育了"太湖三白"、"太湖水八仙"、洞庭山碧螺春茶、太湖蟹、枇杷、桂花、银杏等一批具有地方特色的水生动植物、花果、佳肴等名特优产品。可谓"月月有花、季季有果、天天有鱼虾"。

一、苏州市吴中区 A 级景区发展概况

近年来,在区委、区政府的领导下,吴中区围绕"苏州吴中,太湖最美的地方"旅游品牌,牢固树立"大旅游"发展意识,大力打造"太湖休闲度假游""水乡古镇古村休闲游""乡村田园逍遥游""江南文化体验游"等四大类型旅游产品,突出休闲旅游、生态旅游、文化旅游、工业旅游项目建设,全区旅游产业逐渐向品质化、标准化、国际化转变。2017 年,全区立足"一核一轴一带"生产力发展布局,紧紧抓住苏州创建"国家全域旅游示范区"的机遇,以优化提升"生态文旅带"为抓手,推进吴中全域旅游发展。

吴中区拥有 1 个国家 5A 级景区,为吴中太湖旅游区,5 个国家 4A 级景区,

分别是甪直景区、木渎古镇、西山景区、光福景区、天池山景区。

1. 吴中太湖旅游区

2013年1月,苏州市吴中太湖旅游区荣膺国家5A级旅游景区。太湖风光美,精华在吴中。苏州市吴中太湖旅游区位于古城苏州西南,由中国碧螺春之乡东山、天下智慧山穹窿山、苏州最美的山村旺山三大景区组成,连缀起太湖岸线上一条风景绝佳的玉带长廊。启园、雕花楼、紫金庵、陆巷古村、三山岛、穹窿山、旺山七个核心景点,宛如镶嵌在太湖山水间的璀璨明珠。景区集自然山水、古镇古村、园林宗教、兵法文化、乡村民俗、科普教育等旅游资源于一身,是国内著名的滨水旅游度假胜地。2016年,吴中太湖旅游区累计接待游客402.13万人次,同比增长1.23%;累计测算旅游总收入54.12亿元,同比增长5.04%。

2. 木渎古镇

木渎自1998年开发旅游以来,即对古镇风景区进行统一规划,统一建设,统一管理。相继修复了榜眼府第、古松园、严家花园、虹饮山房四个景点,修复了明月寺、接驾亭、古御道、御码头和九桥(斜桥、虹桥、永安桥等),形成了以四个景点为核心的古镇旅游区。近年来,景区投入上亿元,对包括山塘街在内的重点街区的路面、雨污管、三线入地等公共设施实现提升改造;完成了对景区周边绿化、景光灯及景区建筑风貌的环境工程整治;规划建设了大型旅游停车场、游客接待中心、土特产超市和旅游饭店等;统一规划布局了古镇景区全景导览图、景物介绍牌、安全提示牌、导向牌等标识标牌;完成了景区厕所提升改造工程;打造了香溪岸、开来茶馆、周士心美术馆、王立鹏美术馆、皇家驿栈文化创意精品酒店、"山塘书院"评弹茶室等一系列精品旅游文创街区及项目;创新推出"我到木渎考状元""我行我绣""乾隆来哉"等系列旅游产品。

3. 甪直景区

1975年初,在江苏省文化厅主持下,甪直镇全面修缮整理全国重点文保单位保圣寺并正式对外开放,以此为发轫,甪直镇拉开了古镇保护与旅游开发的帷幕。1998年,甪直镇投入近2000万元进行古镇一期工程改造,保护性修复沈宅、萧宅、王韬纪念馆、万盛米行等文物古建,建成古镇一期景区对外开放,一期景区主要侧重文化观光游。为满足旅游休闲需求,2010年投资约2.3亿元建成江南文化园;为进一步拓展古镇旅游空间,2012年起投资近2.5亿元开发建设以东市上、下塘街为主的古镇二期景区,目前正在招商入驻阶段;同步开发以水八仙农业观光资源为主的澄湖农业园,于2017年9月正式开放。目前全镇已初步形成了"古镇文化游+农业休闲观光游"的全域旅游格局。古镇旅游区从20世纪仅保圣寺单一景点,到如今已拥有保圣寺、叶圣陶纪念馆、万盛米行、江南文化园等10多处景点,景点品质和文化内涵不断得到提升。

4. 西山景区

西山景区目前下辖林屋洞、石公山、明月湾、缥缈峰、罗汉寺、包山寺、古樟园、禹王庙、东村古村、游船部等景区景点及金庭游客服务中心,统一由苏州金庭旅游集团有限公司负责项目投资建设、环境资源保护、景点开发利用和日常经营管理。其中林屋洞、石公山为国家4A级景点;明月湾古村为国家历史文化名村、全国农业旅游示范点、江苏省4星级乡村旅游点。近年来,西山景区先后投入5 000万元建成了占地为38 760平方米的金庭二级游客中心,投入158万元对明月湾古村落进行修缮和道路铺装,投入540万元完成了缥缈峰南路的配套工程和林屋洞的改道工程,投入760余万元完成了对旅游集散码头的改造,投入200多万元引进12艘太湖渔帆船用于太湖大桥三号桥的景观布置,等等。2016年景区共计接待游客67万人次,实现旅游综合收入2 387万元。

5. 光福景区

光福景区是国务院公布的太湖风景名胜区13个景区之一,山水资源丰富,人文积淀深厚,自然资源极具独特性,素有"湖光山色,洞天福地"之美誉。1998年,光福镇政府相继恢复了名胜区核心板块的三个景点:铜观音寺、司徒庙和香雪海。2008年,景区获评国家3A级旅游景区。为了进一步提升旅游服务品质,借助吴中太湖旅游区创建5A级景区的契机,2013年,区、镇两级再次投入资金支持光福景区创建国家4A级景区,新增光福景区游客中心,改造铜观音寺游客服务点、香雪海游客服务中心,同时对香雪海景点进行了扩容,景区面积增加了近2万平方米。2014年,苏州光福景区成功创建为国家4A级旅游景区。景区依托本镇特色的梅文化、渔文化、宗教文化、工艺文化和红色文化,开展组织节庆活动,成功举办多届"苏州太湖梅花节""苏州太湖开捕节""太湖美食节"。2017年更首次举办了"窑上桂花节",吸引了无数游客慕名前来,景区的知名度和名誉度得到了较大的提升。

6. 天池山景区

苏州天池山景区位于吴中区木渎镇西北,东吴国家森林公园区域内,由天池山、花山、白象湾三个景点组成。景区以林木之幽、石景之奇、名泉之众、摩崖之多、人文之深而著称,享有"奇秀清悠,仙境天池"美誉,是苏州山林名胜之中最具韵味的桃源仙境。天池山景区集自然景观、人文历史、宗教文化及科普教育等旅游资源于一体,现为国内著名的旅游休闲胜地。

二、苏州市吴中区 A 级景区存在的问题

对照标准,苏州市吴中区的 A 级景区持续存在一些"通病"及"顽疾"。

一是品牌构建方面。景区内标识系统不统一,对外输出系统不能体现景区对外形象,不能凸显景区优势,缺乏整体营销和对外推介。旅游景区企业形象识别、特色理念识别、行为识别与视觉识别等系统都未形成,整体景区缺乏市场竞争力。

二是旅游产品方面。目前全区旅游业态还停留在传统景区景点上,以自驾游、农事采摘、民宿体验为主的休闲产品目前仍处于较粗放的发展阶段,缺乏有品质的休闲度假、康体养生、研学教育等产品支撑,夜游、旅游商品、特色美食等要素挖掘不够深入。

三是旅游市场方面。景区市场化程度还不够高,社会资本涉足吴中区旅游开发较少,旅游项目的市场化定位以及旅游招商力度有待加强。大部分旅游纠纷主要体现在旅游经营单位服务质量不高、旅行社义务履行不力、景区(点)落实优惠政策不到位等方面,旅游市场秩序整治力度有待加强。

四是文明旅游与购物方面。部分景区没有有效地引导规范游客行为,仍存在乱刻乱画、在禁烟区吸烟等不文明旅游行为。部分景点内部仍需加强业态分布、商家诚信、商品明码标价等管理,杜绝欺客、宰客等现象发生。

三、苏州市吴中区 A 级景区发展的方向

一是加强景区长效管理。各景区所在地应充分认识到景区品质是实现旅游发展的核心所在,以存在的一系列"顽疾"与"通病"为突破口,加强制度建设,优化管理方式,提高队伍素质,变"被动"为"主动",切实形成品质化、精细化的景区长效管理。全区建立健全景区考核机制,结合第三方暗访、景区互查、游客满意度调查等景区管理模式,敦促景区建立及维持长效管理机制。同时,针对吴中区景点分散、资源多元、体制复杂的现状,积极探索创新旅游运营管理新思路,助

推吴中旅游综合竞争力及市场影响力进一步提升。

二是加强旅游安全及市场秩序管理。进一步提高全区旅游安全生产管理水平，完善旅游安全组织体系，落实安全生产责任制，建立隐患排查治理机制，健全部门联合执法机制，加强旅游安全宣传培训，提高安全管理科学化水平。建立景区开业安全风险评估机制，根据市级具体要求，出台吴中旅游景区开业前安全检查、环境评估等相关验收办法，由相关部门牵头开展全区景区开业前的联合验收，规范景区准入机制。深化旅游市场综合监管，健全旅游市场综合监管"责任清单"追责、奖励举报、联合惩戒、监管绩效评估等工作机制，加快完善以游客评价为主要依据的旅游诚信体系建设。

三是整合景区资源，加强体验式活动组织。各景区应将定制类产品的设计及宣传工作作为重点之一，改变以往各板块自行策划自行宣传的局面，安排专人对特色及文化性强的定制体验类产品进行策划及跟踪，从策划特色定制体验类线路产品的主题内容的确认，到线路可行性的模拟测试、线路确定后的宣传推广、专业旅游拓展师全程带队等一系列的操作流程，使策划出的产品接地气、有可行性，力争成为传统团队、会奖团队等之外的又一经营新渠道。同时，加强特色线路以及以景区载体为主的体验式活动策划与实施工作，从中吸取教训及经验，逐渐形成成熟的体验式产品，从而产生社会效益及经济效益。

四是加强无景区化旅游的公共服务体系建设。从全域旅游全景域化的概念来看，太湖就是一座没有围墙的大景区，"处处是景，随时可行"，这就对传统旅游以景点游客中心为主的公共服务体系提出了新的要求。这几年，吴中区在吴中太湖旅游区沿线的环太湖风景道创新打造了太湖驿站公共服务体系，为休闲游客提供完善的信息咨询、线路订制、绿色交通、餐饮住宿、水上旅游、低空观光等一站式服务，构建统一调度、统一标准、资源共享、统分结合的旅游公共服务体系。在此基础上，吴中区将打造"太湖客厅"概念，着力对东山湾、菱湖湾、庭山渡三个"旅游小镇"进行提档升级，使其成为开放共融的景区化公共服务平台、立体化业态聚落和标志性旅游目的地；进一步完善太湖驿站的布局规划和体系建设，强化服务与辐射功能，使其成为连接市场和各经营主体的纽带和桥梁；不断叠加公共服务功能，构建产品订制和客流导入平台，引入共享旅游单车项目，通过太湖驿站体系，实现旅游资源的串珠成链、旅游服务的无微不至、旅游业态的提档升级。

五是加强休闲度假旅游的市场体系建设。旅游专家魏小安说,观光时代景点为王,休闲时代酒店为王。这里所说的酒店,应该是指所有满足休闲游客个性化需求的各类产品,从本质来说,就是生活方式和体验过程。吴中区将充分利用现有隐逸文化主题酒店、漫太湖连锁酒店、东山驿馆精品酒店等基础条件,挖掘整合当地特色资源,通过提炼加工和策划包装,以酒店为链接端口,进行当地生活方式的活化再现,让这些资源文化化、故事化、产品化,形成一批具有浓郁太湖风情特色的产品线路。要充分发挥太湖旅游产业协会的组织优势,筹建"太湖民宿联盟"和"太湖民宿管理学院",努力打造太湖民宿的集群优势,丰富产品内容,提升品质内涵,从单纯的卖房间床位,升级为卖产品、卖文化、卖生活方式,形成以太湖民宿为核心的目的地品牌效应。以互联网思维,全方位全域化整合市场资源,创新营销机制模式,通过推出"太湖通卡",推行环太湖"通游通购通吃通住"模式,形成一个集客流导入、资金结算、运营管理于一体的综合性运营平台,延长产业链,提升附加值。要在"吃住行游购娱"传统旅游要素的基础上,积极拓展"商养学闲情奇"新旅游要素的发展空间,大力开发会奖旅游、康养旅游、研学旅游、夜间旅游、高端定制旅游、太湖时令游等特色产品,努力构建全要素产业链。

(胡智慧)

苏州市相城区 A 级景区发展报告

一、苏州市相城区 A 级景区发展概况

苏州市相城区目前有中国花卉植物园、荷塘月色湿地公园、盛泽湖月季园、中国珍珠宝石城 4 家国家 3A 级景区。

1. 苏州中国花卉植物园

苏州中国花卉植物园目前已成为华东地区面积最大、品种最全的花卉植物园,规划总面积 5 000 亩,总投资 3 亿元,已启动面积 4 000 亩,种植各种花卉植物 2 000 多个品种、100 多万株,建设了杜鹃、琼花角、象牙红、海棠、花梅、芙蓉、牡丹、樱花、蔷薇、黑松、家乡树种等 63 个专类花卉园(角)。另外,由于相城区地处平原地带,有水无山,所以在植物园的西部堆砌了一座人工山体,总投资 2 500 万元,山体高 30 米,山顶建有一座五位一体的观景亭,寓意"五谷丰登",该山因此得名"五亭山",登上山顶可一览植物园全境。

2. 荷塘月色湿地公园

荷塘月色湿地公园总规划面积为 5 000 余亩,一期工程面积 2 000 亩,引进国内外荷花、睡莲品种 400 余种。目前园内已建有荷香阁酒楼、水芸坊茶楼、荷文化长廊、荷花仙子、观景塔、浮香索桥、水趣园、王莲观赏池、莲香品茗馆、荷韵栈桥等多个景点,总投资 2 亿元。荷塘月色湿地公园以湿地生态系统为依托,集生态旅游、休闲观光、荷文化产业、科普教育和湿地保护于一体,成为国内最大的以荷花为主题的城市湿地公园,尽显江南水乡诗画风情。

3. 盛泽湖月季园

盛泽湖月季园占地 800 亩,总投资 8 000 万元。坐落在天堂苏州相城区的盛泽湖畔,是一座园湖一体、以月季为主题的生态休闲风情花园,也是相城区唯一一个集岛、湖、水、花、田、园、林为一体的游览观赏休闲胜地,更是长三角地区最大最浪漫的月季主题展览园。园内种植了上百余种、上百万株各色月季,有大花月季(形似牡丹)、微型月季(状似茉莉)、地被月季、树桩月季、爬藤月季,尤以"五彩月季"更为出类拔萃。遵循自然和生态的原则,园内还配置栽植了多种观赏绿植,与群芳高矮错落,疏密相间,自然协调,形成以月季为主题,灌木、乔木、其他花卉等相结合的生态花园景观。盛泽湖景区具有独特的湖畔花径风情,同时,各种体验游览功能区也一应俱全。全园分为婚纱摄影区、花卉观赏区、游艇码头区、休闲运动区和湿地保护区五大功能区,附以观光骑行、露天垂钓、野生水鸟观赏、果岛采摘和特色餐饮等娱乐休闲项目。

4. 中国珍珠宝石城

中国珍珠宝石城占地面积4.5万平方米,建筑面积3.7万平方米,有1.6万平方米的双层交易大厅、1.8万平方米的珍珠加工贸易中心和3 000平方米的配套设施。该景区将珍珠文化融入旅游产品的建设中,建有游客中心、旅游标识系统、旅游停车场等旅游基础设施,同时,在中国珍珠宝石城的周围有800余亩的珍珠湖养殖基地,让游客更深入地了解珍珠的养殖和制作流程。自2006年国庆节"江南采珠游"活动和"江南采珠游"特色旅游项目正式启动以来,中国珍珠宝石城吸引了大量游客前来采珠、游玩、购物。

二、苏州市相城区A级景区存在问题及原因分析

1. 统筹协调有待加强

目前相城旅游发展缺乏行政的强势推动,上下左右没有形成合力。旅游项目引进与开发在土地、规划等方面缺乏强有力的政策扶持与协调。

2. 规划衔接不够充分

相城区"四规"(城市、土地、村镇和城乡一体化规划)没有充分考虑旅游发展需要,旅游项目和配套设施建设用地比例偏低,尤其是大量的绿化景观用地中缺少旅游项目用地规划,影响旅游项目开发建设。

3. 项目建设水平偏低

相城区旅游项目建设缺乏必要的旅游专业策划、规划和论证,导致建成景点内旅游配套设施不全,旅游参与互动项目缺失,与成熟景点相比还存在较大差

距,缺乏市场吸引力和竞争力。

4. 开发体制机制落后

相城区旅游开发体制和运作机制相对落后。在开发体制上区级层面没有组建专业的旅游开发集团公司,而是条块分散进行开发,存在项目建设不专业的问题;在运作机制上存在重投入、轻管理的问题,缺乏专业化、市场化运作的经营管理团队,目前相城区的几个旅游景点企业并没有真正成为市场的主体。

5. 旅游队伍建设滞后

目前全区旅游系统普遍存在对旅游认识不深、创新发展理念不够、旅游业务知识不熟等问题,与旅游产业发展的要求不相适应,成为制约相城区旅游业发展的重要因素。

三、苏州市相城区 A 级景区发展建议

1. 协调解决旅游规划与"四规"的相互衔接

加快编制相城旅游总体规划,并融入城市、村镇、土地、城乡一体化规划之中,实现旅游规划与"四规"的衔接统一。

2. 创新旅游开发体制机制

按照专业化开发、市场化运作的要求,整合重组现有国有旅游资产和开发公司,全面参与全区旅游资源的开发经营,提升旅游产品开发的质量和市场化程度。同时,逐步成立旅游车船公司、旅游餐饮公司等旅游企业。

3. 建立旅游项目论证制度

建议由区旅游局牵头建立旅游项目论证制度,凡新建旅游项目,必须进行专业旅游策划、规划和论证,解决旅游项目建设粗放、配套不全的问题。

4. 加快旅游队伍专业化建设

采取强有力的措施,通过加快引进、培养和培训等多种形式,改变目前旅游队伍建设与发展大旅游不相适应的问题。要加强全区旅游从业人员的旅游业务知识学习培训,加深对旅游业的认识,创新旅游发展理念,提高旅游专业水准。要加大旅游人才引进政策扶持力度,鼓励旅游发展重点地区加快引进旅游项目策划与规划、旅游产品市场营销和旅游景点管理等方面的专业人才。要支持旅游局引进旅游专业人才。

5. 加大政策扶持力度

建议加大相城旅游产业发展的政策扶持力度：一是出台加快旅游业发展实施意见。区委、区政府要加快研究出台《关于进一步加快旅游业发展实施意见》，明确目标定位，确定重点任务，落实保障措施，制定优惠政策，全面推进和扶持旅游业快速发展。二是增加旅游开发建设用地。在编制和调整城市规划、土地规划、基础设施规划以及进行公共服务和配套设施建设时，充分考虑旅游业发展需要，增加旅游项目和旅游服务设施建设用地，特别是沿湖景观带应增加旅游发展用地，鼓励和扶持各地加快旅游业发展。三是制定政策推动旅游综合体项目开发建设。制定相关政策，吸引旅游综合体项目落户相城。在规划方面，充分考虑具体项目开发中的市场需求和经济性原则，适当提高单位面积开发强度和项目建筑的高度、式样、色彩等方面的个性化要求，在优先保护资源的前提下，适当增加景观区域的旅游项目用地比例。在土地供应方面，大力支持旅游综合体项目用地需求，在旅游集聚区和阳澄湖度假区范围内，旅游项目用地需求优先调剂解决，争取机动指标，同时加大土地出让收益用于旅游基础设施的投入。在税费政策方面，对符合条件的旅游项目给予城市基础设施配套费减免。进一步加大旅游项目引导资金投入力度，对引入的国际知名品牌项目给予奖励。四是加大资金投入。区委、区政府要加大对旅游朝阳产业发展的扶持力度，逐年加大财政对旅游项目建设引导、旅游企业激励、人才引进培养、旅游宣传促销等方面的资金投入力度，逐步缩小与周边县（市）财政投入的差距。加大财政资金对旅游公共服务功能方面的投入，加快旅游集散、旅游咨询、旅游交通等旅游公共服务设施建设。

（周灏洁）

苏州市高新区 A 级景区发展报告

近年来,苏州市高新区狠抓 A 级景区硬件和软件提升,加大旅游品牌推广和旅游业态创新力度,努力打造生态环境优美、文化突出、适宜居住的旅游新天地,使之成为省市知名品牌旅游目的地。

一、苏州市高新区 A 级景区概况

苏州市高新区内目前拥有 A 级景区共 7 家,其中苏州乐园、白马涧生态园景区、太湖国家湿地公园、中国刺绣艺术馆景区和大阳山国家森林公园为 4A 级景区,何山公园和大白荡城市生态公园为 3A 级景区。2017 年上半年区内 A 级景区共接待游客 490.67 万人次,同比增长 7.37%;营业收入共计 1.77 亿元,同比增长 1.06%。

苏州乐园经过 20 多年来不断的发展,从 1995 年单一的水上世界产品发展成为如今集欢乐世界、森林小镇、糖果世界、温泉世界等于一体的大型旅游休闲综合体,其欢乐世界在 2001 年成功创建国家 4A 级景区。可以说,苏州乐园以旅游休闲综合体的产业发展填补了江苏省及苏州市旅游业的空白,同时也起到了在行业中的引领和示范作用,是国内首个以建设主题公园来助推国家高新技术产业开发区发展的示范点。2017 年上半年共计接待游客 153.32 万人次,同比增长 0.73%;营收 9 508.3 万元,同比增长 0.22%。

白马涧生态园景区于 2005 年建成并对外开业,2007 年被评为国家 4A 级景区,规划定位为苏州城区内的自然生态型休闲度假区,突出景区自然生态和文化特点。龙池水域以具有水中大熊猫之称的活化石桃花水母闻名。近两年景区不断策划并推出特色节庆活动,打造景区知名度与美誉度,游客接待量和景区营收呈不断上升趋势。2017年上半年共接待游客37.92万人次,同比增长5.49%;营收738.69万元,同比增长7.21%。

太湖国家湿地公园自2010年2月开园以来,经过七年的运营发展,目前已成为苏州高新区西部生态绿心。公园创建了中国第一批、苏州首家国家级湿地公园,也是国家生态旅游示范区,并于2011年底成功创建国家4A级景区。每年,湿地公园都要举办植树节、安鸟巢、放鱼苗等大量湿地宣教活动,在生态保育、水环境治理、教学科研等方面发挥着巨大的生态效用。景区游客量增长快速,从2010年的10万人次增长到2016年的近60万人次。2017年上半年,共接待游客31.91万人次,同比增长2.14%;营收2 735.94万元,同比增长1.66%。

中国刺绣艺术馆景区以中国刺绣艺术馆为核心,环绕着绣品街、创意绣坊、镇湖风情长廊、苏绣公园(规划中)等景点,占地面积约0.64平方千米。景区于2013年成功创建国家4A级景区,其中刺绣艺术馆于2007年9月份正式对外开放,是唯一一家国家级的刺绣艺术馆,创意绣坊是刺绣艺术大师刺绣工作的汇聚之地,绣品街则是一条集生产、销售和旅游等功能于一体的特色商业街。2017年上半年,刺绣艺术馆景区共接待游客70.34万人次,同比增长62.42%;营收33.9万元,同比增长10.5%。

大阳山国家森林公园由东部文殊寺景区和南部植物园景区组成,以森林生态环境为主体,以森林生态游憩为特色,是融生态保护、休闲度假、科普教育、人文观光等功能于一体的综合性景区。文殊寺和植物园景区分别于2012年4月和2015年1月正式对外营业。大阳山国家森林公园于2016年底成功创建国家4A级景区,创办的"花神节""星亮夜"等活动反响热烈,打响了苏州西部旅游的新品牌。2017年上半年,共有46.65万游客入园游玩,同比增长5.85%;营收共计617.82万元,同比增长65.96%。

何山公园坐落于枫桥街道中心,是集休闲、观光、进香于一体的综合性公园。2001年公园被评为2A级公园,2007年7月成功创建3A级景区。2017年3月1日起何山公园停止对外售票,对广大游客朋友实行免票入园。

大白荡城市生态公园建成于2008年,2009年6月公园正式面向市民免费开放,2012年11月顺利通过3A景区验收。公园以文化、生态和休闲娱乐三大主题为特色,内有东吴博物馆、绿岛高尔夫体育训练中心、白马戏水、白荡菱歌、文化碑刻、春夏秋冬主题园等多个景点。

从总体发展态势来看,自2001年第一批国家A级景区公布以来,高新区A级景区建设、管理水平不断提高,A级景区数量从2001年的1家增加到目前的7家。从不同等级的景区发展情况来看,4A级景区数量增长最多,数量也最大,占比高达71.43%;3A级景区增长平缓,占A级景区总量的28.57%;2A及1A景区数量为0。

二、苏州市高新区A级景区存在的问题及原因

1. 体制缺乏统筹、管理有待提升

从景区规划统筹来看,A级景区的规划体系与市政建设、生态保护、交通等规划缺乏有效衔接,虽然本身资源禀赋较高,但部分A级景区周边城市生态、环境不适应现代旅游的发展,连接景区的旅游道路及垃圾中转等基础设施建设滞后,商业环境嘈杂,等等。比如,白马涧景区周边一直存在黑车拉客、流动小摊小贩现象,环境较差;苏州乐园景区周边黄牛、黑导游的情况也普遍存在。但景区只能管辖内部经营,无法也无权对外部环境进行管理,而区域旅游的融合发展需要多部门的共同重视和高度协作,这些都在一定程度上制约了政府调控和管理资源的行为,影响了游客对A级景区的整体评价。

从管理上来看,景区基础设施与服务体系不健全也是导致A级景区问题频出的主要因素。基础设施是景区的外在形象,而服务体系则是景区的文化内涵。一个景区要有自己的形象和文化,才能突出重围,成为众多景区中的佼佼者。而现在的A级景区管理人员往往会忽视这一点。在2017年的清明和五一小长假期间的暗访中旅游监管部门人员发现,由于正处旅游旺季,各景区内游客众多,所暴露的管理问题也十分明显:首先,各景区均存在不同程度的安全隐患,安全管理有待进一步加强,景区内危险区域缺少安保人员,安全隐患较大;其次,景区部分垃圾桶、休息设施等有损坏,未及时维修,标识标牌维护也不到位;再次,景区内供游客参与的活动项目少,大部分一线服务人员自主服务意识不强,当游客进入游客中心时,不能主动询问游客是否需要提供帮助,态度较为冷淡。这些都成为阻碍A级景区管理品质提升的因素。

2. 产品缺乏特色,营销创新乏力

大部分景区仍处于单一观光模式阶段,景区内业态单一,体验性产品欠缺,

旅游体系不健全,旅游资源仍处于浪费阶段。游客无法避免"走马观花"式的旅游,导致停留时间短,本应产生的经济效益和社会效益不能得到最大体现。如何盘活各个景区现有的旅游资源,形成有竞争力、层次多样的旅游产品,成为当务之急。在国内主题乐园尚未兴盛之时,号称"东方迪斯尼""中国第三代主题公园的点睛之作"的苏州乐园引领全国多年,在之后的20年运营期内苏州乐园欢乐世界一直没有较大力度的产品换代更新,游乐设施目前已经逐渐老化,面对上海迪士尼、常州恐龙园和嬉戏谷等众多周边新建乐园的冲击,苏州乐园欢乐世界的经营压力日益严峻。与此同时,景区产品同质化的现象依然存在:大阳山国家森林公园植物园景区的热带植物展示馆和太湖国家湿地公园的热带沙生植物科普馆建设大同小异,虽然对两个景区来说,热带植物馆都是精华,也是吸引游客游览的主要场所,但对于整个高新区的西部旅游来说,这些雷同的景点就是一种资源的极大浪费,对游客不能形成有效的吸引力,降低了A级景区的创造力。

在景区的对外宣传营销中,旅游宣传范围有限,手段比较单一,各个景区单打独斗的状况普遍存在,没有进行相应景区联动的意识,也没有联动促销的实际行为。在营销手法上,不间断举办节庆活动已成A级景区招揽游客的常态,但节庆活动缺乏创意,往往流于表面,忽略了文化内涵的挖掘,体验参与性不强,难以长久维持对游客的吸引力。营销的渠道把控力仍然较弱,应对长三角地区竞争对手的手段不够多,效果不理想;网络营销虽多,但紧跟当下各类热门话题的能力仍然不强,对市场形势变化反应速度依然不快,媒体宣传转化率有待提升。

3. 景区专业人才缺乏,亟待引进和培养

随着国内旅游市场的持续兴旺和国内旅游业的快速发展,景区的发展显示出了勃勃生机,景区接待游客数量特别是A级景区接待游客数量也逐年增多,但与此相对应的是景区所需人才的严重匮乏。

一方面,由于薪酬体系、晋升体制的限制,人才引进困难,年轻骨干少,业务拓展压力大。既缺乏懂管理、会策划、善营销的领军型、高层次人才,也缺少擅长沟通交流、具有处理应急事件能力的一线服务人才,能为境外游客提供服务的小语种旅游人才更是凤毛麟角,旅游服务人才的引进教育培养滞后于市场发展。

另一方面,景区对职业培训的重视不足。近年来,在各级旅游管理部门的推动下,旅游培训工作成绩斐然,但是,相对A级景区和旅游从业人员的迅速增长,仍存在培训量偏少的问题。景区的职业培训在内容、形式、优化整合各种教育培训资源等方面均落后于酒店和其他旅游企业。培训内容未能根据景区运营特点进行规范，使得现有人才的素质和能力发展已滞后于旅游景区发展的需要。

三、苏州市高新区 A 级景区发展提升方向

1. 基建细节化

细节化，就是在设施建设中既充分考虑到旅游客的需求，也考虑到整体景观的和谐度。比如，景区内的公厕、垃圾箱等除了要做到数目、位置、卫生环境达标外，还要做到标识美观化、造型景观化，独特美观，与环境相协调。既要从景观质量、环境质量层面加强景观设施、旅游基础设施的完善和提升，包括加快景区游客服务中心、景区内外旅游道路、导览系统、卫生设施、安全设施等方面的建设，同时也需要从景区消费体系和盈利体系的角度完善相关配套设施，包括餐饮、游乐、住宿接待、购物消费等。此外，应提高标准要求，从打造 A 级景区角度逐步完善景区游憩体系、景观体系、消费体系、安全体系、环保体系、营销传播体系、服务体系、旅游保障体系等体系，从而使得景区朝着旅游精品方向健康发展。

2. 管理智慧化

以计算机技术和网络化技术应用为主要手段的信息化已成为全球经济的发展趋势，智慧旅游正在从一个新概念，变成可感可触的新体验。A 级景区管理的"智慧化"就是搭建网络互动平台，让游客与网络实时互动，游程安排进入触摸时代。利用移动云计算、互联网等新技术，借助便携的终端上网设备，帮助游客享受信息咨询、在线支付、互动体验等周到服务并及时安排和调整旅游计划，是以一体化的行业信息管理为保障，激励产业创新、促进产业结构升级的重要手段。在智慧旅游的大时代背景下，A 级景区要全面实施数字化建设工程，将数字、信息、网络技术应用到景区管理、服务与开发之中，完善景区基础网络，保护管理类应用系统和旅游服务类应用系统，力争形成以基础网络和数据中心为核心，集规划、办公、应急指挥、信息采集、网络通信、旅游服务于一体的 A 级景区管理系统，有效地提升景区的现代化管理水平和服务水平，促进景区资源与旅游产业的可持续发展。

3. 产品特色化

A 级景区的旅游产品要想有吸引力，必须要有独特性，甚至是不可替代性，游客才能纷至沓来。所以在进行产品设计时，一定要突出原生态、本土化、静态

与动态兼备、时尚与怀旧相济的独立特色。景区只有打造与景观特色、景观文化紧密联系的特色文化旅游产品,树立自己的品牌,创造文化旅游精品,最终才能获得高起点、高品位、健康、有序的发展。同时,大力扩展旅游产品结构,给旅客更多的旅游项目选择。继续保持观光度假型旅游产品的发展的同时,深入挖掘文化内涵,打造更多的文化旅游产品,突出主题,不断创新,大力开发专项旅游产品。另外,景区需要增强旅游项目的参与性、趣味性、互动性,注重情境化、体验化,纵向发展区域旅游,推动观光型景区向休闲度假型景区的升级,拉长旅游产业的产业链,促进产业的优化升级。

4. 营销纵深化

在对外营销方面,立足当前,着眼长远,走品牌联合之路,优势互补。面对全新的互联网、大数据传播环境,进一步从以往的传统媒体渠道向互联网新媒体渠道转变;在现有的网络媒体资源的基础上不断拓宽、深化新的网络媒体资源,持续加强服务号和订阅号等自媒体的建设和发布,注重创新性活动策划,旺季做足,淡季不脱。在全域旅游的整合思维下,以高新区西部生态旅游资源为核心,整合各景区的休闲度假产品线,创新市场模式,立足长三角,辐射全国,全力构建最具竞争力的度假目的地。

5. 人才高端化

要加大旅游人才培养、选拔和引进力度,尤其要加强高层次管理者、新兴业态经营者和职业经理人的培养,建全景区综合管理、景区建设、宣传策划、市场营销推广、酒店营运、餐饮营运、商业营运等各条线团队,加强旅游一线从业者的岗位培训,培养造就一支高素质的旅游人才队伍。

(张乃瑾)

苏州市姑苏区 A 级景区发展报告

有着 2 500 年悠久历史的苏州古城,拥有极为丰富的历史文化资源,古城老街、古建老宅、古典园林、古桥水巷等古城旅游资源独具江南水城韵味。目前,苏州市姑苏区共有区属 4A 级旅游景区 2 家,分别是平江历史街区和山塘历史街区。随着姑苏区、苏州国家历史文化名城保护区的成立,苏州古城的保护和发展迎来了崭新的时代,平江路和山塘街作为苏州古城特色历史街区的代表,承担着引领苏州古城全域旅游发展的重任,姑苏区将以平江历史街区和山塘历史街区为重点,重新定位苏州古城旅游形象,大力发展古城旅游产业,力争将苏州古城建设成为国际知名、国内一流的旅游目的地。

一、苏州市姑苏区 A 级景区发展现状

1. 平江历史街区概况

平江历史街区位于苏州古城东北隅,东起外环城河,西至临顿路,南起干将路,北至白塔东路,面积约为 116.5 公顷,距今已有 2 500 多年历史,是苏州古城迄今保存最典型、最完整的历史文化保护区,堪称苏州古城的缩影。作为著名历史文化名城苏州古城的一部分,平江历史街区现存的整体布局已历经千年之久,与宋代《平江图》基本一致,仍然基本保持着"水陆并行、河街相邻"的双棋盘格局以及"小桥流水、粉墙黛瓦"的江南水城风貌,积淀着深厚的文化底蕴,聚集了极为丰富的历史遗存和人文景观。街区内有世界文化遗产——耦园,人类口述和非物质文化遗产代表作昆曲展示区——中国昆曲博物馆(全晋会馆),文物保护单位 9 处,控制保护建筑 43 处,还有名人故居 20 处、古牌坊 2 座、古井 10 口及古树若干散落其间，如同一座没有场馆的江南城市建筑博物馆。历史上明代状元申时行，清代状元、宰相潘世恩、吴廷琛，状元、外交家洪钧，近代国学大师顾颉刚，文学批评家郭绍虞，著名医师钱伯煊，电影评论家唐纳等许多文人雅士、达官贵人都曾生活于此。坐落于街区的昆曲博物馆、评弹博物馆是中国非物质文化遗产的重要载体。

在1986年国务院批准的苏州市城市总体规划中，平江历史街区被列为绝对保护区。2002年以迎接第28届世界遗产大会在苏州召开为契机，苏州市委、市政府启动了平江路风貌保护与环境整治先导试验性工程。在这期间，严格按照保持古城格局、展现传统风貌、美化环境景观、传承历史文化的基本要求，始终坚持"修旧如旧、循序渐进"的工作原则，以基础设施完善、街巷环境改善、生活设施优化、服务功能提升、文化底蕴凸显为目标，以污水支管到户、居民院落整修、环卫设施改造、破损路面修复为重点，大力实施河道清淤、码头修整、驳岸压顶、绿化补种、路面翻建、管线入地、停车场建设、服务设施配套、数字监控、景观亮化等工程，全面优化了平江路的历史风貌与生态环境。

保护整治工程中，平江路沿线近3万平方米传统建筑得到修缮。这些建筑全部都以注入产业的形式投入使用，以便其重新焕发自身的功能活力。在吸引文化产业的进入、招商过程中，要求入驻文化业态能够突出历史、文化精髓，具备与苏州传统文化相协调的表现形式，具有热爱文化、弘扬文化和城市遗产保护的企业诉求，并拥有成熟的项目运作经验和资金基础。在坚持城市文化遗产保护职责的同时，塑造精品产业模式。通过精心选择，先后有100余家客商落户平江路。目前，香港刚毅集团的平江客栈、明堂杭州国际青年旅舍平江店、加拿大籍客商的翰尔酒店等以传统建筑风貌与现代居住条件完美相合的特色形成了"游水天堂、住平江路"的品牌号召力。苏州特色小吃、浙江客商的土灶馆、集吴侬文化的香馆、特色服饰店、酒文化会所、古琴乐器店、茶楼、民间工艺工作室等在充分展现姑苏地域传统文化的同时，以精品化、主题化的特色形成了品牌凝聚力。而我国台湾客商的上下若文化餐饮、中美卫视开设的画廊、摄影艺术馆、各类书吧等形成了精品文化休闲业态的聚集，与街区内市井生活相对照，营造出清晰的文化传承脉络，使得平江历史街区呈现出传统与时尚和谐、怀旧情怀与舒适享受并举、浪漫休闲与文化探访交融的独特而又雅致的环境气质。

目前，以文化休闲业态为主导的平江路已经形成了"苏州传统慢生活的体验区、时尚慢生活的实践区、一座没有场馆的江南传统城市建筑博物馆、苏州古城的记忆"的品牌概念,并通过多形式多渠道的宣传推介,在全国范围内形成了一定的品牌号召力和影响力。

作为苏州传统文化遗产保护的重要载体,平江历史街区于2005年荣获联合国教科文组织颁发的"亚太文化遗产保护荣誉奖";2009年入选中国首批"十大历史文化名街";同年荣获"中国民族建筑保护杰出贡献奖";2010年被评为"国家AAAA级旅游景区",入选"国家传统建筑文化保护示范工程"和"苏州十大最美夜景地";2009—2010年,"平江历史街区保护项目"入选中国城市遗产保护经典案例,赴欧洲、英国参加巡展,受到世界城市遗产保护领域专家和学者的关注与好评;2011年初,平江路被苏州市政府授予"苏州市特色商业街"称号;2011年5月,在两岸观光博览会上,平江历史街区荣膺"两岸最佳(潜力)旅游景点目的地"称号;2012年3月获得苏州市旅游最佳项目开发奖;等等。

2. 山塘历史街区概况

山塘街位于苏州古城西北部,全长3 600米,为唐代著名诗人白居易于公元825年任苏州刺史时修筑,至今已有1 185年历史,仍保持着"水城古街、一街一河"的原本格局和"小桥流水、粉墙黛瓦"的传统风貌。街区文物古迹荟萃,有国家、省、市级文保单位11处,市级控保建筑16处,古牌坊9处,其他古迹40余处,优秀历史建筑众多。乾隆、康熙皇帝及许多著名文人墨客都曾游历山塘,至今存有唐代至民国期间与山塘街有关的诗词300余首,清代徐扬《姑苏繁华图》所绘"一街"即山塘街。这里传统民居密集,本地原住民达85%以上,枕河而居,邻里相望,并且仍保留着传统的生活习俗,农历二月十二日的"百花节"、农历七月三十日的"烧狗屎香"等传统民俗活动代代相传。古韵山塘、文脉山塘、水韵山塘、人居山塘、民俗山塘,山塘的形与神、柔与刚、雅与俗、动与静相得益彰,被誉为"一条活着的千年古街"。

2002年6月,山塘保护性修复工程正式启动。先后完成了试验段和二期工程,完成了三期风貌绿化整治和普福禅寺、贝家祠堂、陕西会馆、张国维祠、义风园等重要节点修复等。山塘保护性修复工程一至三期投资约达2.03亿元。山塘四期工程已纳入虎丘地区综合改造工程平台,目前正抓紧推进四期规划建设。虎丘周边地区山塘段(山塘四期)修建性详细规划范围为斟酌桥至彩云桥之间,即北至蒲庵路,东至万福桥,南至山塘河南侧一线,西至斟酌桥,总面积22.65公顷。规划指导思想是延续千年古街水乡文脉,复兴苏州市井生活图景。

2004年成立的山塘旅游发展有限公司把山塘街保护修复和旅游开发有机结合起来,开发了从新民桥至山塘桥的七里山塘景区,开通了从山塘至虎丘的水上游览线,山塘景区成功列入"长三角世博体验之旅示范点""苏州十大最美夜景地"。2010年山塘景区成功创建国家4A级旅游景区,山塘旅游环境和服务功能进一步优化,景区质量和服务水平进一步提升。2011年山塘景区成功创建苏州市首批旅游标准化示范单位,打造标准化建设一条街新概念,并把山塘街区100多家商家纳入标准化管理体系,开展诚信经营标准化服务活动。

山塘历史街区近年来不断优化产业业态,提升旅游品质。一是引进了邹英姿刺绣展示馆、钟锦德紫檀木雕刻、蔡云娣石艺斋等一批工艺美术大师工作室;二是开发了海棠糕、梅花糕等一系列具有山塘特色、深受游客喜爱的旅游食品,引进了松鹤楼、五芳斋等一批老字号苏帮菜饭店;三是在玉涵堂建设了中国邮票博物馆生肖分馆,以星巴克入驻为引领,打造北浩弄休闲饮品一条街;四是打造阊门寻根文化园,开辟阊门寻根旅游专线;五是以山塘四期、老宅保护修缮工程为依托,提前开展概念性策划,吸引优秀业态进驻。

山塘历史街区通过打造"吴文化的窗口"致力于对优秀传统文化的传承和弘扬,每年投入大量财力物力扶持历史文化遗产的保护与发展。山塘"轧神仙"已成为苏州人的狂欢节,每年参与的游客达数十万人次。山塘风情节、山塘中秋祭月、打连厢等参与性旅游项目深受游客喜爱。近年来山塘街成为著名的影视基地,先后拍摄了《后代》《谍战古山塘》《风雨雕花楼》等多部电视连续剧,山塘知名度进一步提升。山塘街被誉为"老苏州的缩影、吴文化的窗口、天堂里的街市"。吴邦国、贺国强等中央领导,贝聿铭、罗哲文等专家学者,世界遗产中心主任巴达兰,比利时国王阿尔贝二世等外国嘉宾都曾先后视察过山塘,并给予了很高评价。

二、苏州市姑苏区A级景区存在的问题及原因

鉴于平江历史街区和山塘历史街区均为开放式旅游景区,由于管理主体较多、古城空间结构限制、旅游资源分散等主客观原因,目前平江历史街区和山塘历史街区均存在以下几方面问题:

1. 旅游资源较为分散

两个景区内旅游资源虽然丰富,但由于体制机制的原因,许多旅游资源分属不同的管理主体,影响了景区与古城之间旅游线路的开发与推广。

2. 旅游产业有待提升

两个景区旅游要素产业偏小,质量有待提高,特色尚需进一步加强。

3. 旅游基础设施不够完善

受古城城市格局等客观原因困扰,两个景区内基础设施不够完善,建设推进难度较大。

4. 品牌形象有待提升

园林已经成为苏州古城旅游的核心吸引物,但是也形成了园林景区一家独大的局面。两个历史街区亟待进一步提升品牌形象,形成差异化发展。

三、苏州市姑苏区 A 级景区发展提升方向

(一) 平江历史街区提升方向设想

针对平江历史街区的保护和提升工作,姑苏区将尝试创新古城体制机制,探索古城分类管理,兼顾古城保护更新,力争在基础设施、保护修缮、业态提升、城市管理、民生改善等各领域推进古城全域旅游建设。针对平江历史街区,要超前谋划、分步实施,按照 5A 级旅游景区的标准,规划建设该片区硬件设施,为古城其他区域的保护更新树立标杆。

1. 旅游交通改造工程

一是道路建设工作。姑苏区已研究启动北园路改造工程、唐家巷拓宽工程、百家巷北延工程,尽快实现该片区内两纵三横的快速交通网(两纵:临顿路、仓街,三横:北园路、白塔路、干将路)。二是古城水系提升工作。加快推进古城内水系贯通工程,完成中张家巷河恢复工程,打通片区内水系,实现古城内河与护城河水系的贯通。同时,建立游船停靠码头,先期在东北街河、平江河、悬桥巷河、临顿河间开通内河水上巴士,将区域内"巷、街、水、宅、店"等历史文化元素与商业、娱乐、饮食、休闲等现代生活风情串联起来,打造姑苏旅游新亮点。下一步结合桃花坞改造工程进度,适时将水上巴士延伸至西北街、桃花坞直至山塘街,从而形成古城特色水上交通系统。

2. 公共服务设施建设工程

一是大型集散中心建设。针对古城内大型旅游集散中心缺失等现状，可以通过科学的规划，积极推动古城外旅游集散中心建设，尽快形成集机动车停放、旅游换乘、旅游餐饮、旅游商品、旅游咨询、旅游服务、旅游套票销售为一体的大型古城旅游集散中心，从而逐步将外来车辆导出古城，缓解古城交通压力，重塑古城旅游新格局。二是景区入口建设。除在古城外建设古城旅游集散中心形成平江片区北入口外，尽快启动平江路南入口风貌保护整治工程，打造平江片区南入口。三是旅游公厕建设。加大平江片区内旅游公厕的改造力度，确保区域内钮家巷、菉葭巷、曹胡徐巷、平江路北段、园林路、拙政园停车场等6处公厕达到旅游星级厕所标准。四是旅游停车场建设。通过实施片区内停车场改造工程，将拙政园停车场、大儒巷停车场、菉葭巷停车场、平实小停车场等升级改造，并根据游客日间游玩及居民夜间停车的不同需求，建立分时停放制度，既方便游客日间游玩，又缓解本地居民夜间停车压力。

3. 旅游环境提升工程

一是片区街巷整治工程。针对南石子街、大柳枝巷、胡厢使巷、丁香巷、混堂巷、大儒巷、中张家巷、卫道观前、大新桥巷、钮家巷、菉葭巷以及平江路北段等古街巷实施外立面整治工程。二是片区河道整治工程。在前期立面整治、污水管网改造及河道监控等工程的基础上，进一步完善提升，确保污水零排放，实现片区内地表水质达到四类及以上。三是旅游功能区建设。设想按照5A级景区标准，合理规划建设片区内垃圾回收站、餐饮区、休闲区等旅游基础功能区域，方便游客休闲就餐的同时，确保垃圾及时清运。

4. 旅游产品创新工程

通过区属国资公司做好片区内文化旅游资源的梳理工作，结合古城墙恢复工程、古建老宅保护修缮工程等，将古城、古宅、古园、古巷及博物馆等文化资源有机融合，进一步创新片区旅游路线，形成古城旅游新产品。同时，设想在平江路、相门城墙等区域设计推出文化民俗旅游节庆活动和日常表演，并积极与媒体及旅行社等合作，加大古城旅游产品和线路推广力度，加强古城旅游形象及品牌建设。

（二）山塘历史街区提升方向设想

针对山塘历史街区，姑苏区应在进一步做好山塘街一期、二期等的保护工作

的同时,加快推进山塘历史街区(新民桥至彩云桥段)的保护利用工作,充分挖掘街区旅游资源,重点做好以下几方面工作:

1. 旅游基础设施建设

在保护修复中,进一步加大山塘历史街区旅游基础设施的建设工作。一是建设水上旅游(换乘)集散中心。争取尽快新建古城水上旅游集散中心,形成古城内城河游船、护城河游船、山塘河游船无缝对接。二是建设陆上旅游集散中心。设想在北环西路南侧的原苏州市轻工业学校和苏州高等幼儿师范学校地块(北环西路985号)新建游客集散中心,并结合贝氏祠堂、南社雅集、观音阁等景点的改造,形成集景区接待、停车场、餐饮、购物、娱乐、展示等功能为一体的山塘游客集散中心,并通过桐桥码头实现水陆联运,彻底解决山塘历史街区的交通问题,实现整个山塘街的快进慢游。三是推进山塘河水上码头改造和建设工作。结合水上游产品的开发,做好山塘河水上码头的建设工作。四是建设公共自行车系统。针对山塘历史街区的实际情况和游客属性,充分利用苏州市公共自行车系统在山塘历史街区内加快布点,同时,积极与共享单车等对接,适时引进共享单车、共享电动自行车等,进一步完善区域交通慢行系统。五是建设统一的旅游标识系统。山塘历史街区一期作为成熟的4A级旅游景区,其标识系统已较为完备,山塘历史街区其他区域开发后,要根据一期的标识系统,进一步对接建设,从而形成统一的旅游标识系统,为今后创建A级景区打下基础。六是改造提升现有旅游公厕。重点针对知家栈、山塘街427号、难舍雅集旁、彩云桥公厕进行改造提升。

2. 旅游产品的开发

一是开通山塘水上旅游巴士。在前期旅游基础设施建设完成的基础上开通山塘水上旅游巴士,不仅能够形成山塘特色旅游交通系统,而且也为今后护城河旅游巴士的开通打下基础,同时,能够分流山塘一期的游客,延长游客逗留时间,提升整个山塘历史街区的客流量。二是开发山塘特殊旅游线路。作为苏州主要旅游资源的一环(环古城河)、两线(山塘线、上塘线)、三片(虎丘片、留园片、寒山寺片)旅游资源丰富,产品互补性较强。姑苏区应抓好山塘景区与盘门景区、虎丘景区、寒山寺景区的区域联动,做足古城、古居、古桥、古山、古水、古寺、古园的文章,形成古城西部水上特色游、精品一日游、深度多日游、休闲自助游等适合各类游客需求的旅游产品,同时注重与商贸旅游、休闲旅游、康健旅游、生态旅游的互动,实现资源共享、互利双赢。三是建设山塘主题酒店群落。山塘历史街区(星桥至彩云桥段)古建老宅密集,以居住氛围为主,因此,设想对该段的汪氏义庄、郁家祠堂、陕西会馆、山塘街554号、贝家祠堂等进行改造提升,形成以文化休闲、高端商务为主的主题酒店群落,从而将该段打造成为山塘文化休闲区。

3. 旅游节庆活动的开发和提升

旅游节庆活动是增加游客数量、逗留时间、过夜机会的重要因素,纵观国内成功的旅游景区,都不乏成功的旅游节庆活动策划。一方面,应继续做好正月初五迎财神民俗活动、山塘百花节、山塘中秋祭月、山塘百花节民俗活动、吴地端午民俗文化节、"轧神仙"民俗文化活动、山塘风情文化节等活动。另一方面,应在挖掘山塘历史文化内涵的基础上策划好全年的旅游活动,组织水上集市展示、大型实景剧目、夜山塘灯光秀特色旅游活动等,以活动吸引人气,以活动营造商机。同时,要进一步挖掘山塘历史故事,合理安排每天的旅游活动,使市民、游客常来常新,从而形成日日有活动、季季有高潮的山塘特色旅游节目,延长游客游览时间和活动空间,满足游客的过夜需求。

4. 旅游商品开发工作

旅游商品的开发,既能提高旅游景区的知名度,又能增加旅游收益,是下一步需要着力解决的又一问题。根据山塘街的历史文化,设想做足"七狸"(七里山塘又称七狸山塘)文章,将"七狸"打造成山塘街的吉祥物,并开发吉祥物系列产品。在此基础上,可根据苏州特产、山塘特质研究等内容,按照创新性、实用性、文化性的思维大力开发,充分利用古城旅游商品设计大赛等节庆活动,并加大与旅游企业、创意产业园等相关创意企业合作,开发山塘系列旅游商品,在各停车场、景区点、酒店等涉旅企业销售,满足游客对旅游商品的需求。

5. 智慧旅游建设

"互联网+智慧旅游"建设是当前及今后一个时期国内各大景区建设的重点,因此,设想在山塘历史街区保护性修复过程中,提前谋划、超前布局,加快建设山塘智慧旅游系统。首先,通过建立"互联网+智慧旅游"系统,实现山塘历史街区从电子商务到景区票务、景区酒店管理、停车场管理等一系列基于服务的智慧管理运营。其次,在营销策划中,通过对车牌识别系统、电子商务系统、票务系统、决策分析系统等多个系统的数据深度挖掘,实现对山塘客源的精准统计和分析,为精准营销提供决策依据,同时为营销转化率提供考核依据。最后,针对山塘历史街区分布区域广、道路复杂,各个景点资源配置分散等现状,设想在山塘历史街区保护与利用过程中,通过建立物联网,实现对山塘历史街区文化资源网络化的监测和预警,同时建立山塘历史街区文化资源数据库,形成智能、高效、全面的保护利用体系。

(杨占武)

苏州工业园区 A 级景区发展报告

苏州工业园区是中国和新加坡两国政府间合作的旗舰项目,行政面积278平方千米。围绕"高科技工业园区和现代化、园林化、国际化的新城区"的目标,园区依托城市建设、产业推进的高起点规划,率先实践"全域旅游"发展理念,先后成功创建了"国家商务旅游示范区"和"国家级旅游度假区",并不断挖掘其内涵,坚持品质先行,严格按照《旅游景区质量等级的划分与评定》(GB/T 17775—2003)国家标准及其细则要求,成功创建一个5A级旅游景区(金鸡湖景区)和一个4A级旅游景区(重元寺景区)。

一、苏州工业园区 A 级景区发展概况

(一)金鸡湖景区

金鸡湖景区总面积11.5平方千米,其中水域面积7.4平方千米,按照"园区即景区、商务即旅游"的城市商务旅游功能布局,以金鸡湖为中心,投资89.53亿元,精心打造了五大功能区:文化会展区、时尚购物区、休闲美食区、城市观光区、中央水景区。2012年7月,金鸡湖景区获评国家5A级旅游景区。2015年苏州市《促进旅游业改革发展的实施意见》中,环金鸡湖商务旅游集聚区被列为苏州市"四大旅游核心区"之一。2014—2016年三年期间,景区接待游客3 450.68万人次,景区属地统计口径257家涉旅企业营业收入达123.43亿元,利税9.16亿元。2016年度景区游客满意度调查报告显示,游客综合满意指数为90.04。

景区商务旅游发展完善,载体特征明显。以"商务旅游"为核心,深化景区建设,与苏州传统园林、水乡古镇等旅游产品形成有效互补。景区内商、旅、文、

体、展多个业态集聚,"会、展、吃、住、行、游、购、娱"八大要素自然融合。站在旅游"大产业""大经济"的高度,弱化门票经济,服务大众,惠民利民,着力推进旅游业与相关产业的融合发展,提升旅游综合效益,努力打造旅游业向"国民经济的战略性支柱产业和人民群众更加满意的现代服务业"发展的现实案例。目前景区拥有苏州国际博览中心、文化艺术中心、金鸡湖国际会议中心、国际品牌高等级旅游饭店和商务型经济酒店,以及餐饮、购物、休闲娱乐场馆共395家。随着交通设施和旅游公共服务平台的日益完善,商务旅游发展框架已基本形成,商务旅游载体特征日益明显。

景区旅游标准化体系健全,国内保持领先。2014年,园区成为江苏省内首个"全国旅游标准化示范区",旅游标准化体系日趋完善,城市形象更加鲜明,品质服务深入人心,园区游客满意度位居全市前列。国家旅游局将商务旅游列为旅游新六要素之首。2014年12月,金鸡湖景区管理中心编制的《国家商务旅游示范区建设与管理规范》(LB/T 038—2014)由国家旅游局审定、发布,成为国内第一个商务旅游全国行业标准。

景区创新管理模式,实践智慧旅游。金鸡湖景区立足开放式、范围广等特点,积极强化管理创新。一是构建"政企联动"的景区管理模式,成立了金鸡湖景区管理中心常设部门,联动属地国企、公安、交警、城管、市政等单位实施景区日常管理、游客服务、宣传推广、节庆活动、综合执法等相关工作。二是以智慧景区建设强化管理与服务。通过线上游客统计完成景区游客量实时监测与客源大数据分析;实现经营分析、属地企业经营效益统计,为商务旅游效益收入统计提供了实践案例;实现线上综合管理,对现场问题实施发布和限期整改;通过在线游客中心App服务,为游客提供定位和导览服务以及满意度反馈渠道。

景区持续开展节庆活动、新媒体推广。金鸡湖景区连续举办2011年、2012年、2013年金鸡湖商务旅游节和2014年、2015年、2016年金鸡湖"春到湖畔"等旅游品牌活动,累计接待游客791.12万人次,并配合第四届江苏·台湾灯会、第十五和十六届苏州国际旅游节开幕式在金鸡湖景区举办,商务旅游及金鸡湖品牌效应持续扩大,活动的参与面、影响力、文化内涵逐年提升,综合效益明显;通过"旅游+会议、展览",促进旅游业与会展业的客群共享,开展会展商务客定向推介;通过"情定金鸡湖"微信、《情定金鸡湖》口袋书及参与拍摄冯小刚《私人订制》电影、参加全国CIBTM等各类旅游专业展会等推广,景区品牌影响力不断提升。

2017年上半年,根据发布的《2016年度江苏省5A景区网络口碑分析报告》,金鸡湖景区在全省22家5A级景区中排名第一。根据2016年苏州市旅游景区暗访报告,金鸡湖景区在全市6家(16个点)5A级景区暗访检查中排名第二,同时,知名综合性旅游网站驴妈妈"驴悦亲子"发布《2017亲子游白皮书》,金鸡湖景区荣获全国最受亲子用户欢迎的度假区第二名。可见,金鸡湖景区在景区管理、服务等方面的创新努力得到了游客、市场的充分肯定。

(二)重元寺景区

重元寺初名重玄寺,始建于梁武帝天监二年(503),清代因避康熙帝玄烨之讳,改"玄"为"元",重元寺名就一直沿用至今,但该寺在"文革"中完全损毁。2003年11月,经江苏省人民政府批准恢复重建。建成于2007年的新重元寺位于苏州工业园区唯亭镇阳澄半岛莲花路,占地三百余亩,主要建筑有山门、天王殿、钟鼓楼、大雄宝殿等,寺庙前的观音岛上供奉目前中国室内最大的高33米的观音主像。2011年被国家旅游局评为AAAA级旅游景区。

重元寺景区历经近十年的发展时间,在旅游市场方面开发了周边浙江沪自驾游市场,在东南亚旅游市场也取得了一定的成绩,每年新马泰旅游市场的客流量比例不断增加,景区的游客数量呈逐年递增趋势。重元寺景区追求差异化市场营销,开发具有景区特色的旅游线路和旅游产品,并积极有效地将荧幕热点转化为自有特色线路产品及禅修文化产品。在电影《私人订制》播出之后,紧跟热点制定出私人订制禅修产品——云水净心,该产品集禅修、养生、度假于一身,在销售推广中取得了一定的成绩。重元寺景区还瞄准中小规模会议,满足客户开会、住宿、餐饮需求,会议需求量及场地出租呈逐年递增趋势。同时,将佛教节日与传统节假日相结合,举办浴佛节、中秋音乐晚会、腊八节、春节敬头香、在家居士佛学班等活动。敬头香活动已经成为深入苏州人心的一项春节节庆活动,每年春节都会吸引数万人参加。另外,将景区活动与中国传统文化相结合,举办了吴门书画展、道德经诵读、易筋经学习班等国学活动。

二、苏州工业园区A级景区存在的问题

金鸡湖景区作为开放式景区,范围广、入口多,随着景区品牌影响力持续提升,游客逐步增多,同时,景区及周边区域各类交通、设施建设进入密集期,在流动商贩、施工、厕所革命、水质的监管和服务等众多方面带来了更多新的挑战。

重元寺景区坐落于阳澄湖半岛核心区域,离城市核心区较远,交通方式主要以公共交通为主,线路覆盖区域较少,且没有从集散中心发出的公交车,限制了游客的游览需求。目前半岛旅游项目较为单一,且周边用餐成本较高,限制了团队旅游增量市场发展。乞讨和算命人员在景区内外扎堆对景区管理和游客旅游体验有较大影响。由于资金问题,重元寺在内部运营管理方面尚有较大提升空间,二期工程多宝楼建设进度缓慢。

三、苏州工业园区 A 级景区发展提升方向

金鸡湖景区应主要着力于提升商务旅游价值。商务旅游发展在国内尚属探索阶段,金鸡湖商务旅游产品体系有待进一步完善,产品丰度有待进一步提升。苏州工业园区应以金鸡湖5A景区为基础,搭建平台经济,充分发挥作为国内唯一"国家商务旅游示范区"的优势,围绕"商务旅游"做足文章,以"商务旅游目的地"为发展目标,坚持以会奖旅游为重要抓手,借鉴引进国内外尤其是新加坡商务旅游发展的良好经验,发挥在商务旅游层面的引领示范作用。通过商务旅游产业链培育与串联,充分发挥"互联网+"在旅游产业链中的优化和整合作用,加强商务旅游推广,进一步通过各类活动提升金鸡湖商务旅游品牌形象。

重元寺景区应主要围绕景区建设与长效管理方面进行提升。一是紧扣佛教文化,创新产品开发体系,满足不同目标群体的市场需求。二是尽快完成标识导览系统的更新建设,在颜色、字体、风格等方面形成整体视觉系统,美化景区环境。三是提升综合管理与服务水平,完善游客中心的服务功能,有序开展岗位培训、服务礼仪培训等,引进智慧检票系统,优化工作内容,减少客人入园环节,实现网络预订直接扫码入园;加强讲解员的讲解培训工作,与网络平台合作,开发建设电子导览与语音讲解系统。四是推进多宝楼建设,丰富景区旅游功能。

(邵　兰)

专题篇

旅游景区品牌研究综述

随着经济和社会的快速发展,旅游业成为世界经济中发展势头最强劲和规模最大的产业之一。2016 年,在《"十三五"旅游业发展规划》中,中国政府将旅游业放在了"全面融入国家战略体系,走向国民经济建设的前沿,成为国民经济战略性支柱产业"的重要地位。旅游业已经进入大众化旅游发展的阶段,旅游景区品牌作为旅游业发展的重要标志和载体,其创建、运营和发展对于旅游目的地的建设和旅游消费者体验的提升,促进旅游产业合理有序地发展,提升经济效益和社会效益具有重要的作用。

一、旅游景区品牌概念研究

品牌是一种无形资产,具有价值功能。马克·贝特在《品牌的本质》一书中对品牌的概念作了阐述,当有形产品被其他一些东西比如形象、符号、知觉、感觉等因素所放大,产生的整体概念的效果要大于组成该整体的各部分效果的总和时,产品就形成了品牌。品牌可能由一个产品构成,也可能由跨越多个品类的多个产品构成,但它有一个核心的灵魂所在,一个与众不同的身份和形象,与消费者共鸣。旅游景区是具有特定自然价值与人文价值的地理区域,一般可分为文化古迹类、风景名胜类、自然风光类、红色旅游类、生态旅游类等。旅游景区品牌就是一个旅游景区的自然的、人文的、地理区域的特殊无形资产,它是一个旅游景区能够持续吸引游客的根本。在旅游景区品牌的品类划分上,代表着世界级最高等级旅游景区品牌的是由联合国教科文组织评定的世界自然和文化双遗产、世界自然遗产、世界文化遗产、世界自然景观遗产、世界地质公园。国家级旅游景区品牌按照官方的评定可分为 A 级(5A、4A、3A、2A、1A 级)景区、国家自然和文化双遗产、国家自然遗产、国家地质公园、国家森林公园、国家风景名胜区、国家自然保护区、国家水利景区、国家湿地公园等。国内学者就旅游景区品牌概念进行专题性研究的文献较少,涉及旅游景区品牌概念的内涵、外延等范畴的研究中,代表性的有:胡北忠(2005)从消费行为学的角度提出旅游风景区品牌是旅游者对旅游风景区认知的总和;白翠玲等(2013)提出旅游景区品牌是旅游者选择此旅游景区而非彼旅游景区的排他类符号;等等。二者从消费者认知的角度提出了旅游景区品牌的符号学意义。

二、旅游景区品牌研究方法概述

旅游景区品牌研究的方法,层次上既有宏观层面对旅游景区品牌区域划分的比较与评价研究,也有微观层面对具体的景区品牌进行实证评估的个案研究。在理论工具上,有将层次分析法、最大品牌权益法、旅游品牌信用评估、品牌生态位分析等方法用于景区品牌的研究。数据的收集大多以问卷调查数据收集和查阅统计公报开展,运用统计学等实证方法进行分析,得出相关结论。在研究视角方面,既有传统的从游客感知的角度,也有比较新颖的从"美丽中国"概念的视角展开研究。

在旅游景区品牌区域比较方面,吴开军(2016)运用层次分析法对可视化的世界级和国家级景区品牌进行省域比较分析,得出中国大陆 31 个省(市、自治区)的品牌竞争力。同时,对旅游目的地品牌竞争力的指标体系进行量化表述,即:旅游目的地品牌竞争力(TG) = F(世界级景区品牌竞争力 + 国家级品牌竞争力),其研究的实证结果分析表明,中国大陆省域旅游目的地品牌竞争力基本呈现华东、西南、华中、华北、西北、东北由强而弱的分布态势。

在旅游景区品牌价值的评估方法上,胡北忠(2005)基于旅游者的角度提出了用最大品牌权益法衡量旅游景区的品牌价值。该方法能够真实反映旅游风景区品牌价值的来源,突出旅游者对风景区品牌价值的贡献,抓住了品牌价值形成的关键。但研究对品牌持续年限以及对应的理论目标客源的确定带有很大的主观性和随意性。白翠玲等(2013)基于旅游品牌信用,对旅游景区品牌进行要素分析,认为旅游景区品牌要素中,品类是核心要素,旅游景区名称、标志、宣传口号等是载体要素,由旅游产品或服务、基础设施和服务设施共同营造的氛围是现实体验要素,以上三要素通过传播要素传递给旅游者。四要素相辅相成,在旅游者行前、行中和行后三个阶段,共同构成塑造的要素体系。陆朋(2015)从游客感知的角度,以武汉市为例,研究了旅游目的地游客感知形象和目的地品牌形象之间形成的机制原理,深入微观层面实证检验两者之间的关系,研究出认知形象和情感形象是影响旅游目的地的主要因素。马秋芳等(2017)以游客态度三要素"认知—情感—行为"的基本逻辑为理论切入点,构建涵盖游客对目的地品牌的认知和记忆、情感态度、行为等三层次的"五维"景区品牌资产概念模型。崔凤军(2009)在界定了旅游景区品牌资产的概念基础上,提出了景区品牌资产评估的经济性和非经济性指标体系,运用品牌资产评估的基本理论,创造性地将非经济性和经济性指标联合起来,提出了具体的评估模型。何小芊(2012)基于旅游者角度,从品牌作用的机理出发,采用最大品牌权益法对旅游景区品牌价值进行货币化估算。但最大品牌权益法的主要缺陷在于对品牌持续年限及对应的理论目标客源带有很大的主观随意性。田云章等(2015)从品牌生态位角度分析,得出结论:单个景区旅游品牌不仅要在生存发展环境中占据有利地位和谋求高效利用,还要注重同其他临近景区旅游品牌之间的共生协同和错位发展。谭志喜等(2015)从构建"美丽中国"的愿景出发,在分析美丽中国与品牌旅游资源、景区关系的基础上,针对现状与问题,遵循品牌个性与统一、对立与组合的原则,提出以世界遗产、选美中国景观、5A景区为核心构建品牌景区体系。

三、旅游景区品牌管理研究

品牌管理是管理者以企业战略为引导,以品牌资产为核心,围绕品牌创建、维护和提升这一过程,综合运用各种资源和手段规划品牌发展,达到增加品牌资产、打造强势品牌目的的一系列管理活动。在实际的品牌管理工作中,品牌管理内容主要集中在品牌塑造、品牌经营、品牌维护和提升三个方面。通过检索相关研究文献发现,旅游景区品牌研究主要集中在景区品牌管理涵盖的各个方面。

1. 旅游景区品牌塑造研究

旅游景区品牌塑造包括景区品牌设计、品牌结构、品牌定位、品牌个性、品牌文化及品牌传播等。现有的研究在旅游景区的品牌文化、品牌个性及品牌传播方面对旅游景区品牌塑造过程中着力较多,而在旅游景区的品牌设计、品牌结构等方面的整体性专题性的研究还有些欠缺。

在景区品牌文化研究方面,李艳、牛志文(2001)提出文化及精神价值是旅游景区品牌内涵的核心,景区企业文化是旅游景区品牌形象的构建基础,以此为基础提出了旅游景区品牌形象塑造的过程和要素。

在景区品牌定位研究方面,田云章、肖巧慧从生态位理论的视角论述了汉中石门栈道水利风景区的品牌塑造与品牌定位。屈妮娜等(2016)在对黄水旅游品牌发展历程回顾的基础上,利用实证研究的方法将黄水旅游品牌定位为介于地方性与区域性之间的旅游品牌,该品牌存在品牌含金量低、品牌定位与游客感知存在偏差等问题,提出了如何提升黄水旅游品牌的建议。

在景区品牌传播方面,刘德昌、付勇(2006)提出旅游景区应从行为传播、媒介传播、口碑传播三个方面实施整合传播战略,对目标顾客进行传播;通过品牌管理,让顾客通过消费感知或体验该景区品牌核心价值,提高顾客对景区品牌的满意度。吴松(2008)提出将整合传销理论引入旅游业,提出了品牌整合推广的策略。饶鉴(2013)从符号学的角度探讨了景区品牌传播与城市品牌之间的关系,提出景区独特的资源优势能够打造标志性的景区品牌,进而塑造具有差异化特征的城市品牌,固有的城市品牌也能够助力景区的打造和景区品牌的构建,而景区传播在这一过程中扮演着不可或缺的参与者、联系者和推动者的角色。饶鉴(2014)以中三角地区三大城市为抽样对象,以问卷调查的方式分析了景区品牌传播的内容和渠道对景区品牌认知的影响。其结果表明,景区品牌的传播内容和传播途径是景区品牌认知的直接营销要素。其中,传播内容中具有显著性影响的要素是景区内容和景区景观。景区品牌传播途径对景区品牌认知的影响力大于景区品牌传播内容。网络传播的使用频率成为最具影响力的要素。

2. 旅游景区品牌经营研究

旅游景区品牌经营包括景区品牌延伸、景区品牌运营及品牌资产经营等范畴和内容。

在景区品牌延伸的研究方面,朱红红(2009)的博士论文对旅游景区品牌延伸机制与应用进行了较为全面和细致的研究。论文的聚焦点是解决旅游景区成长性盈利问题的品牌延伸研究,运用品牌经济学原理分析品牌延伸的条件,建立品牌延伸的模型,并应用于实践当中。文章通过消费者行为的分析,提出以情感为品类的品牌延伸是解决旅游景区盈利成长问题的有效措施。秦鹏等(2013)实证研究了旅游景区品牌延伸的影响因素,即品牌影响力、景区品牌感知质量、景区品牌与延伸产品的感知相关性、景区旅游体验感四个因素,并提出了提高旅游景区延伸产品运营成功率的建议。谭志喜、孙根年(2015)提出应注重发挥旅游景区品牌的整体效应,以"美丽中国"为立足点,遵循品牌个性与统一、对立与组合的原则,提出以世界遗产、选美中国景观、5A景区为核心构建品牌景区体系。

在景区品牌运营方面,现有的研究对景区运营的着力点较多,涉及旅游景区的运营环境、运营模式、运营安全等方面。在旅游景区品牌的运营方面的研究,由于景区品牌的独特性,关注点较多的为品牌资产及品牌价值的研究。崔凤军、顾永键(2009)提出了景区品牌资产评估的经济性和非经济性指标体系,运用品牌资产评估的基本理论,研究提出了旅游景区资产评估的模型。何小芊等以秭归县凤凰山景区为例,在探讨旅游景区品牌价值内涵的基础上,提出了旅游景区品牌的货币化评估方法。王翔(2013)的硕士论文对景区品牌价值的构建模型及指标体系进行了研究。

3. 旅游景区品牌提升研究

旅游景区品牌提升包括旅游景区品牌维护、品牌危机处理以及品牌的国际化。在旅游景区品牌提升研究方面,国内学者的相关研究较多关注旅游景区品牌发展的战略及对策。在旅游景区区域发展战略上,齐莉娜等(2009)对中部六省份旅游景区从数量、质量、接待能力、空间分布等方面进行了整体分析,以此为基础提出了中部省份景区升级与扩增、文化品牌、区域分工协作、整体营销等战略。顾至欣、朱丽(2014)分析了江苏旅游景区发展现状及问题,从景区品牌体系建设、景区企业集群式发展、品牌文化、产品类型和服务质量等方面提出了江苏旅游景区品牌化发展的建议。在旅游景区资源可持续发展方面,刘强、袁文华(2014)从品牌建设的分析角度,在对消费者景区决策分析和开发商利润分析的基础上,通过采用合理的开发决策、品牌培育和授权等措施,实现旅游产业开发的良性发展。在旅游景区品牌提升的个案研究方面,大多数研究根据景区自身现状与不足,提出改进的建议和措施,如者丽燕等对云南玉龙雪山景区优质品牌的构建提出了相关的对策研究;洪燕云、钱丹(2011)对天目湖生态旅游景区品牌的建设发展从生态环境的保护、景区内部管理的提升与创新品牌营销模式等方面提出了景区品牌提升的对策。

四、旅游景区品牌研究总结与展望

在旅游景区品牌研究的基础工作中,学者们对旅游景区品牌的概念、理论有所涉及,在研究方法上有较多的创新点,但在整体上的研究还不够深入,尤其是随着现代旅游业的快速发展,旅游消费模式和需求呈现多样化的发展态势,旅游品牌的开发也进入了全域化、品质化和现代化发展的新阶段,旅游景区品牌在迎来大发展的机遇下也面临诸多的竞争与挑战。在旅游业动态向前发展的过程中,如何更加准确地定位旅游景区品牌,使旅游景区品牌的理论研究契合现代旅游业的发展态势,是研究旅游景区品牌研究理论工作者的应有之义。

从品牌管理的角度分析旅游景区的相关研究发现,景区品牌管理在品牌管理的研究中存在较多的薄弱点,相关研究较多地集中在品牌塑造、品牌传播、品牌提升等能够树立景区品牌、扩大景区旅游品牌知名度的因素上,而在旅游景区品牌的运营方面,如景区品牌的延伸和品牌资产经营等,相关的研究还有待深入,需要进一步加强研究。

参考文献:

[1] 国务院关于印发"十三五"旅游产业发展规划的通知[EB/OL].中华人民共和国中央人民政府网站:http://www.gov.cn/zhengce/content/2016-12/26/content_5152993.htm.

[2] [美]马克·贝特著,李桂华等译,品牌的本质[M].北京:经济管理出版社,2015.

[3] 郭涛.旅游景区品牌建设[EB/OL].品牌网:http://www.globrand.com/2013/556615.shtml.

[4] 胡北忠.基于旅游者的旅游风景区品牌价值评估[J].江西财经大学学报,2005(2):59-61.

[5] 白翠玲,王红宝.基于品牌信用的旅游景区品牌塑造要素研究[J].石家庄经济学院学报,2013(4):57-61.

[6] 吴开军.中国大陆省域旅游目的地品牌竞争力研究——基于可视的世界级和国家级景区品牌视角[J].经济管理,2016(6):154-165.

[7] 陆朋.基于游客感知的旅游目的地品牌形象研究——以湖北省武汉市为例[J].社会科学家,2015(5):94-98.

[8] 马秋芳,夏媛媛,许文柱.基于游客视角的景区品牌资产模型研究[J].商业研究,2007(1):170-176.

[9] 崔凤军.景区型目的地品牌资产评估的指标体系构建与评估模型初探[J].旅游论坛,2009(1):67-71.

[10] 何小芊,周军,张涛.旅游景区品牌价值货币化评估研究[J].干旱区资源与环境,2012(1):135-140.

[11] 田云章,肖巧慧.生态位理论视阈下的景区旅游品牌塑造——以汉中石门栈道水利风景区为例[J].企业经济,2015(7):31-34.

[12] 谭志喜,孙根年."美丽中国"视阈下品牌景区体系构建探析[J].西南民族大学学报(人文社会科学版),2015(5):139-143.

[13] 庞守林,张汉明,丛爱静.品牌管理[M].北京:高等教育出版社,2017.

[14] 李艳,牛志文.旅游景区品牌形象塑造研究[J].北京第二外国语学院学报,2001(1):58-66.

[15] 屈妮娜,杨晓霞,向旭,等.黄水旅游品牌的定位与提升研究[J].西南师范大学学报,2016(2):173-176.

[16] 刘德昌,付勇.我国旅游景区品牌传播策略初探[J].西南民族大学学报(人文社会科学版),2006(9):71-77.

[17] 吴松.旅游景区的品牌整合推广策略[J].天府新论,2008(6):103-104.

[18] 饶鉴.从符号学角度看景区品牌与城市品牌的传播意义[J].湖北社会科学,2013(10):92-95.

[19] 饶鉴.基于景区品牌传播的景区品牌建设——以中三角地区抽样统计为例[J].统计与决策,2014(05):112-116.

[20] 朱红红.旅游景区品牌延伸机制与应用研究[D].济南:山东大学,2009.

[21] 秦鹏,余敏,闫涛蔚.旅游景区品牌延伸评价的影响因素研究——基于消费者的视角[J].旅游经济,2013(7):131-135.

[22] 王翔.景区品牌价值评价模型构建研究[D].青岛:中国海洋大学,2013.

[23] 齐莉娜,吴必虎,俞曦.基于中部崛起背景旅游景区发展战略研究[J].

长江流域资源与环境,2009(8):732-737.

[24] 顾至欣,朱丽.江苏旅游景区品牌化发展的对策研究[J].中国商贸,2014(1):154-157.

[25] 刘强,袁文华.我国自然资源的可持续开发研究——基于品牌建设的分析视角[J].河南大学学报(社会科学版),2014(4):46-51.

[26] 者丽艳,徐小荣,赵东升.云南玉龙雪山景区优质品牌战略构建对策研究[J].经济问题探索,2008(3):128-133.

[27] 洪燕云,钱丹.江苏天目湖休闲生态旅游景区品牌建设发展对策探讨[J].江苏技术师范学院学报,2011(5):1-10.

(胡 勇)

苏州市 A 级景区品牌建设调查分析报告

一、苏州市 A 级旅游景区发展建设历程

A 级景区作为中国特有的景区质量评级标准,是中国旅游资源标准化管理的重要指标。1999 年国家旅游局发布《旅游区(点)质量等级评定办法》,开始使用 A 级评级对景区实行标准化管理,分为 1A、2A、3A、4A 这 4 个等级。2005 年该标准升级,将原来的 4 个 A 级增加到 5 个 A 级,并规定 5A 级景区必须在 4A 级景区中选拔产生。从此,5A 级景区成为中国旅游景区的最高荣誉。5A 评级一方面象征着市场对景区的认可,另一方面为景区起到了巨大的品牌营销作用,也促进了景区所在地的经济发展。

随着旅游产业的蓬勃发展,旅游经济在我国地区生产总值中的占比越来越高,各地也在不断完善旅游景区标准化建设和管理。根据国家旅游局公布的 5A 级景区名录,截至 2017 年 3 月,全国已有 238 个 5A 级旅游景区。江苏省是旅游资源丰富的大省,根据江苏省旅游局公布的数据,截至 2017 年 3 月,江苏省 A 级景区总数超过 600 家,4A 和 5A 级高等级景区数量占全省 A 级景区总数的三分之一,其中,5A 级旅游景区 23 家,占全国总数 238 家的近十分之一,数量位居全国第一,4A 级景区超过 180 家,在全国仅次于山东和浙江。根据苏州市旅游局公布的数据,截至 2017 年 6 月,苏州共有 63 家 68 个国家等级旅游景区,其中 5A 级 6 家 11 个点,4A 级 36 家,3A 级 17 家,2A 级 4 家。

据世界旅游组织统计,旅游产业每收入 1 元,可带动相关产业增加 4.3 元的收入,旅游产业能够影响、带动和促进与之相关联的 110 个行业的发展,而 5A 级景区的品牌效应更能加大这种产业群的连锁效应,刺激所在地第三产业发展和增加就业,产生经济效益和实现财政增收。2009年,国务院《关于加快发展旅游业的意见》(国发〔2009〕41号)中指出,以信息化为主要途径,提高旅游服务效率,智慧旅游理念随之产生。2012年,国家旅游局确定了包括苏州在内的18个"国家智慧旅游试点城市"。2014年,国务院发布的《国务院关于促进旅游业改革发展的若干意见》(国发〔2014〕31号)为建设新颖特色、品牌鲜明、多元化的全域旅游提供了政策支持。2016年2月,国家旅游局公布了首批包括苏州市在内的262个"国家全域旅游示范区"创建单位名单。

二、苏州市A级旅游景区发展现状

截至2017年6月底,苏州市共有国家A级旅游景区63家(68个点),其中5A级6家11个点,4A级36家,3A级17家,2A级4家。在本次调查中,课题组对苏州市63家(68个点)国家等级景区进行了问卷调查,并于7月5日回收了67份问卷,其中有效问卷65份,随意填写的有2份,问卷有效率为97.02%。

(一) 苏州市A级旅游景区地区分布情况

根据本次回收的65份有效问卷,从表1苏州市A级旅游景区地区分布可知:吴中区A级旅游景区最多,有10个,占比15.38%;其次为姑苏区、吴江区和高新区,各有9个,占比13.85%;昆山市有7个,占比10.77%;常熟市、张家港市各有6个,占比9.23%;太仓市有4个,占比6.15%;相城区有3个,占比4.62%;园区有2个,占比3.08%。苏州市A级旅游景区主要分布在吴中区、姑苏区、吴江区、高新区,其他各区(市)分布比较平均。

表1 苏州市A级旅游景区地区分布情况

地区	小计	比例
常熟市	6	9.23%
姑苏区	9	13.85%
昆山市	7	10.77%
太仓市	4	6.15%
吴江区	9	13.85%
吴中区	10	15.38%
相城区	3	4.62%
高新区	9	13.85%

续表

地区	小计	比 例
园区	2	3.08%
张家港市	6	9.23%
合计	65	100%

（二）苏州市 A 级旅游景区等级分布情况

根据本次回收的 65 份有效问卷，从图 1 苏州市 A 级旅游景区地区分布可知：4A 级景区最多，有 36 家，占比 55.38%；其次为 3A 级景区，有 16 家，占比 24.62%；5A 级景区数量排在第三位，有 11 家，占比 16.92%；最后为 2A 级景区，有 2 家，占比 3.08%。苏州市 A 级旅游景区等级在 4A 级及以上的占比 73.84%，可见，苏州市整体旅游资源建设和管理较好。

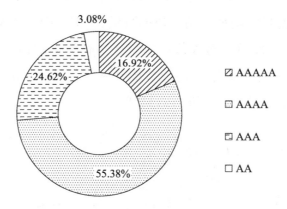

图 1 苏州市 A 级旅游景区等级分布情况

（三）苏州市 A 级旅游景区中"世界文化遗产"分布情况

根据本次回收的 65 份有效问卷，从表 2 苏州市 A 级旅游景区中"世界文化遗产"分布可知，目前 A 级旅游景区中有 7 个为"世界文化遗产"，占比 10.77%，其中姑苏区有 5 个，吴江区有 1 个，高新区有 1 个，分别为盘门、留园、狮子林、网师园、拙政园、同里、虎丘。在申报中的有 6 个，占比 9.23%，其中昆山市有 2 个，太仓市有 1 个，吴江区有 1 个，吴中区有 1 个，张家港市有 1 个，分别为锦溪古镇、周庄、沙溪古镇、王锡阐纪念馆、甪直景区、凤凰山景区。

表2　苏州市A级旅游景区中"世界文化遗产"分布情况

世界文化遗产	小计	比　例
是	7	10.77%
否	52	80%
申报中	6	9.23%
合计	65	100%

（四）苏州市A级旅游景区在营销策划方面的举措

根据本次回收的65份有效问卷，有89.23%的苏州市A级旅游景区结合传统节庆开展营销活动，有86.15%的A级旅游景区制订营销策划规划或计划，有80%的A级旅游景区开展线上营销（微信、微博、网站等）活动，有64.62%的A级旅游景区设有专门的营销部门，有61.54%的A级旅游景区增加合作商，有30.77%的A级旅游景区增加营销人员的数量，有18.46%的A级旅游景区提高营销人员的薪资，有15.38%的A级旅游景区高薪引进营销人才。从图2可知，苏州市A级旅游景区主要在结合传统节庆开展营销活动、制订营销策划规划或计划、开展线上营销这三个方面进行营销活动。

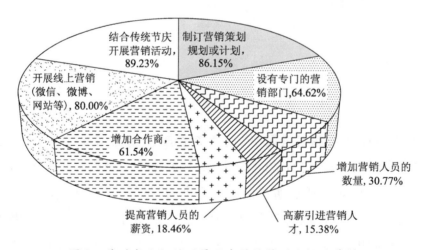

图2　苏州市A级旅游景区在营销策划方面的举措

（五）苏州市A级旅游景区具有的竞争优势情况

根据本次回收的65份有效问卷，苏州市A级旅游景区具有的竞争优势排在第一位的为门票价格，占比75.38%；服务质量排在第二位，占比70.77%；景区等级、旅游资源排在第三位，各占比67.69%；排在第四位的为景区管理、政府支持和景区设施,分别占比63.08%、61.54%、52.31%;宣传广告、运营成本分别占比21.54%、16.92%。从表3可知,不同等级的旅游景区的竞争优势存在差别,在5A级旅游景区中,主要竞争优势集中于景区等级、旅游资源、服务质量、景区设施、景区管理这五个方面;在4A级旅游景区中,主要竞争优势集中于景区等级、旅游资源、门票价格、服务质量和政府支持这五个方面;在3A级旅游景区中,主要竞争优势集中于门票价格、政府支持、服务质量和景区管理这四个方面;在2A级旅游景区中,主要竞争优势集中于门票价格、旅游资源、政府支持和服务质量这四个方面。

表3 苏州市A级旅游景区具有的竞争优势情况

优势\等级	5A	4A	3A	2A
门票价格	9(18.37%)	25(51.02%)	13(26.53%)	2(4.08%)
景区等级	11(25.58%)	26(60.47%)	6(13.95%)	0(0%)
旅游资源	11(25%)	26(59.09%)	5(11.36%)	2(4.55%)
宣传广告	5(35.71%)	9(64.29%)	0(0%)	0(0%)
政府支持	4(10%)	23(57.5%)	11(27.5%)	2(5%)
服务质量	11(23.91%)	24(52.17%)	9(19.57%)	2(4.35%)
景区设施	11(32.35%)	14(41.18%)	8(23.53%)	1(2.94%)
运营成本	1(9.09%)	7(63.64%)	3(27.27%)	0(0%)
景区管理	10(24.39%)	21(51.22%)	9(21.95%)	1(2.44%)

(六)苏州市A级旅游景区存在的竞争劣势情况

根据本次回收的65份有效问卷,苏州市A级旅游景区有29个在经营成本和宣传广告方面存在劣势,各占比44.62%;景区特色方面有24个A级旅游景区存在竞争劣势,占比36.92%;旅游资源、景区品牌方面,分别有30.77%、29.23%的A级旅游景区存在劣势;管理机制、服务人员素质、门票价格和服务质量方面,分别有27.69%、18.46%、9.23%、7.69%的A级旅游景区存在竞争劣势。从图3可知,苏州市A级旅游景区的主要竞争劣势集中于经营成本、宣传广告、景区特色、旅游资源和景区品牌等方面。

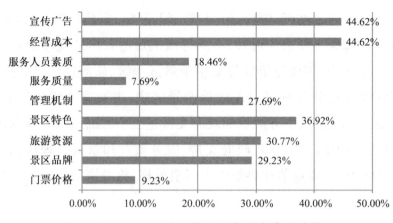

图3 苏州市A级旅游景区存在的竞争劣势情况

（七）苏州市A级旅游景区在品牌认知和品牌建设方面的情况

根据本次回收的65份有效问卷,有78.46%的A级旅游景区举办大型活动或在传统节庆时推广品牌,有70.77%的A级旅游景区通过设计景区LOGO建立景区品牌,有66.15%的A级旅游景区增加宣传广告渠道,有52.31%的A级旅游景区更新景区广告语,有47.69%的A级景区增加广告投入来提升品牌知名度,有40%的A级景区设立品牌推广部门/岗位,有4.62%的A级景区有形象代言人。从图4可知,苏州市A级旅游景区的品牌认知和建设措施主要在举办大型活动或在传统节庆时推广品牌、设计景区LOGO方面开展。

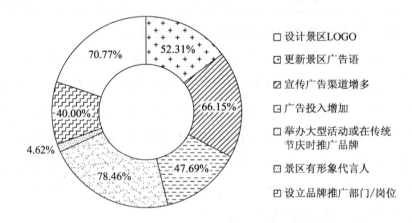

图4 苏州市A级旅游景区在品牌认知和品牌建设方面的情况

（八）苏州市A级旅游景区在社会责任方面的情况

根据本次回收的65份有效问卷,93.85%的A级旅游景区关注环境保护,

90.77%的A级旅游景区关注游客权益,87.69%的A级旅游景区积极参加公益活动,81.54%的A级旅游景区关注员工权益,81.54%的A级旅游景区关注对政府的责任,63.08%的A级旅游景区关注对社区的责任,35.38%的A级旅游景区设立社会责任岗位/部门,15.38%的A级旅游景区关注股东权益,12.31%的A级旅游景区发布社会责任报告。从图5可知,苏州市A级旅游景区主要在关注环境保护、关注游客权益、积极参加公益活动这三个方面承担社会责任。

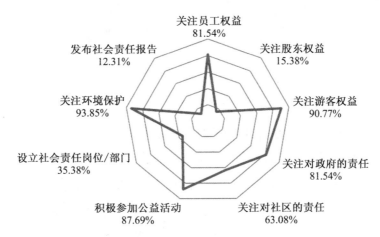

图5 苏州市A级旅游景区在社会责任方面的情况

三、苏州市A级旅游景区智慧旅游平台建设情况

(一)苏州市A级旅游景区智慧旅游服务系统覆盖情况

根据本次回收的65份有效问卷,有景区门户网站的A级旅游景区占比93.85%;景区有免费wifi信号覆盖的A级旅游景区占比81.54%;有景区二维码的A级旅游景区占比76.92%;有网络预订或自助售票系统的A级旅游景区占比75.38%;有在线咨询服务的A级旅游景区占比53.85%;有自助电子导游的A级旅游景区占比52.31%;有电子地图和可以提供虚拟景区游览的A级旅游景区分别占比26.15%、24.62%。从表4可知,苏州市A级旅游景区智慧旅游服务系统在景区门户网站、景区免费wifi信号覆盖、景区二维码和网络预订或自助售票系统等方面的覆盖情况较好。

表4　苏州市 A 级旅游景区智慧旅游服务系统覆盖情况

智慧旅游服务系统	小计	比例
景区门户网站	61	93.85%
在线咨询服务	35	53.85%
网络预订或自助售票系统	49	75.38%
景区免费 wifi 信号覆盖	53	81.54%
景区二维码	50	76.92%
自助电子导游	34	52.31%
虚拟景区游览	16	24.62%
电子地图	17	26.15%
有效问卷数	65	100%

(二) 苏州市 A 级旅游景区社交平台建立情况

根据本次回收的 65 份有效问卷,有 58 个苏州市 A 级旅游景区已建立社交平台(微博、微信等),占比 89.23%,还有 10.77% 的 A 级旅游景区未建立社交平台。从图 6 可知,苏州市 5A 级旅游景区已全部建立社交平台(微博、微信等);4A 级旅游景区中有 97.22% 已建立社交平台(微博、微信等);3A 级旅游景区中有 60% 已建立社交平台(微博、微信等);2A 级旅游景区已全部建立社交平台(微博、微信等)。苏州市 5A 级和 2A 级旅游景区的社交平台建立情况较好。

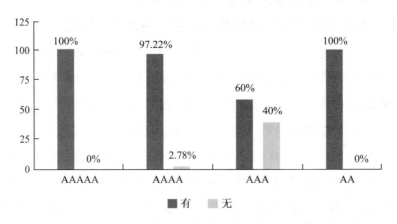

图6　苏州市 A 级旅游景区社交平台(微博、微信等)建立情况

(三) 苏州市 A 级旅游景区后台数据库建立和使用情况

根据本次回收的 65 份有效问卷,43.08% 的 A 级旅游景区有后台数据库并进行客源和客流的数据分析,56.92% 的 A 级旅游景区未建立后台数据库或者未

进行客源和客流的数据分析。从图7可知,苏州市5A级旅游景区有66.67%有后台数据库并进行客源和客流的数据分析,4A级旅游景区有50%有后台数据库并进行客源和客流的数据分析,3A级旅游景区有13.33%有后台数据库并进行客源和客流的数据分析,2A级旅游景区目前尚未建立后台数据库或未进行客源和客流的数据分析。苏州市5A级和4A级旅游景区的后台数据库建立和使用情况相对较好。

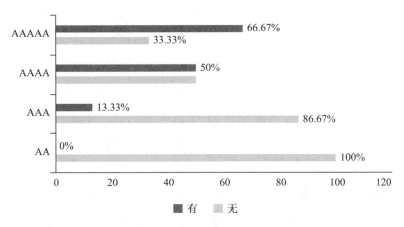

图7 苏州市A级旅游景区后台数据库建立和使用情况

四、苏州市A级旅游景区品牌建设存在的问题

(一)苏州市A级旅游景区品牌营销推广方面有待加强

根据本次问卷结果分析,目前还有23.08%的苏州市A级旅游景区未使用旅游宣传口号,营销推广意识淡薄。其次,目前苏州市A级旅游景区采用的营销措施主要还是集中在结合传统节庆开展营销活动、制定营销策划规划或计划、开展线上营销(微信、微博、网站等)这三个方面。其中5A级景区的营销措施除了以上三个方面之外,还有设立专门的营销部门,但是只有75%的景区增加合作商,41.67%的景区增加营销人员,25%的景区提高营销人员的薪资,16.67%的景区高薪引进营销人才。而4A级景区、3A级景区和2A级景区在营销措施上面更加不完善。另外,苏州市A级旅游景区在宣传广告方面存在明显的劣势,在营销推广方面的人力、财力都不足。由于营销推广方面的欠缺,更多的游客无法及时有效地获取景区资讯。

(二)苏州市A级旅游景区品牌体系不健全

36.92%的苏州A级旅游景区认为自身在景区特色方面存在明显劣势,在景区品牌方面有29.23%的A级旅游景区认为自身存在明显劣势,可见旅游景区在品牌定位和推广方面问题突出。其次,在品牌建设体系中,有41.67%的5A级旅游景区未增加广告投入和更新景区广告语,有33.33%的5A级旅游景区未设立品牌推广部门/岗位,有25%的5A级旅游景区未增加宣传广告渠道;同样地,4A级旅游景区、3A级旅游景区、2A级旅游景区在设立品牌推广部门/岗位、更新景区广告语、增加广告投入、增加宣传广告渠道等品牌建设方面仍不完善,品牌体系不健全。另外,78.46%的苏州市A级旅游景区认为需要重视品牌文化建设,66.15%的苏州A级旅游景区认为需要加大品牌传播。由于景区品牌体系不健全,从而景区自身品牌潜力无法得到有效发挥。同时,景区需要不断树立、推广、维护和创新品牌,才能获取竞争优势,实现可持续发展。

(三)苏州市A级旅游景区智慧旅游服务系统不完善

江苏省政府出台的《省政府关于推进旅游业供给侧结构性改革促进旅游投资和消费的意见》(苏政发〔2016〕134号)提出在2018年全省所有3A级以上景区、旅游度假区实现免费WiFi全覆盖。调查结果显示,截至2017年6月,还有8.33%的苏州市5A级旅游景区未覆盖WiFi,有13.89%的苏州市4A级旅游景区未覆盖WiFi,仅有26.15%的苏州市A级旅游景区实现WiFi全覆盖。其次,有73.85%的苏州市A级旅游景区未设有电子地图,有73.38%的苏州市A级旅游景区未设有虚拟景区游览,有47.69%的苏州市A级旅游景区未设有自助电子导游,有46.15%的苏州市A级旅游景区未设有在线咨询服务,有24.62%的苏州市A级旅游景区未设有网络预订或自助售票系统,有23.08%的苏州市A级旅游景区未设有景区二维码,可见,苏州市A级旅游景区智慧旅游服务平台仍需要完善。另外,在数据应用方面,56.92%的苏州市A级旅游景区未建立后台数据库或未对客源和客流进行数据分析。由于智慧旅游服务体系不完善,因而无法提供智慧化旅游服务、旅游管理和旅游营销。

五、苏州市 A 级旅游景区发展的总体建议

(一) 政府层面

1. 规范"智慧景区"建设的标准体系

智慧景区标准化建设作为旅游景区标准化建设的重要部分,旨在更好地提供景区服务。2011年,苏州制定了《智慧旅游行动计划》,要建成以"智慧的旅游服务、智慧的旅游管理、智慧的旅游营销"为主要内容的智慧旅游体系。具体项目为:打造苏州智慧旅游云计算中心;建立苏州智慧旅游服务、管理、营销体系,包括苏州智慧旅游公共服务平台、电子商务平台、服务卡和手机应用软件等内容;建成包括旅游数据监测、旅游安全保障和旅游品质保障的智慧旅游管理体系;建成包括旅游舆情监控分析、旅游营销效果评价和旅游自媒体营销的智慧旅游营销体系。

在此基础上,政府应进一步对智慧旅游景区的建设内容作规范化要求,包括通用基础标准体系、游客服务标准体系、运行管理标准化体系等方面。如游客服务标准体系方面,应进一步对通信网络标准、电子门票售检标准、门户网站标准、电子商务标准、信息互动终端标准、全景浏览标准等方面进行规范。未来,逐步与智慧旅行社标准化、智慧酒店标准化等智慧旅游标准化项目进行融合,形成完整的智慧旅游标准化体系,实现旅游产业转型升级。

2. 加大政府支持力度

旅游产业是国家扩大内需、拉动经济增长的新亮点,也被地方政府当作发挥资源比较优势、促进经济长期增长的支柱产业之一。政府应加强财政资金对旅游业的支持力度,加强基础设施投入力度。全域旅游和智慧旅游发展最重要的是建好基础设施,有了良好的基础设施保证,全域旅游和智慧旅游才可能推进。在智慧旅游的层面,信息基础建设非常重要。信息基础设施作为国家基础设施的重要内容,是国家战略性公共基础资源,更是智慧旅游和全域旅游发展的基础。全域旅游信息化的发展和完善更离不开高水准的通信网、无线基站、中继设备、计算和服务中心以及相关配套设施的支持。推进高质量的信息基础设施建设是未来智慧旅游发展的必要条件。

另外,在苏州旅游景区的宣传和品牌建设方面,政府应提供政策和资金支持,按照"城市即旅游、旅游即城市"的发展理念,强化城市旅游形象整体宣传推介,在对外政务、商务及经济文化旅游交流活动中,统一使用区域旅游品牌形象

和标识,全面落实"旅游+",形成产业发展合力,提升城市旅游品牌的知名度和美誉度。通过以上举措,提升旅游业的战略地位,发挥综合优势,使城市的个性、品牌、文明建设都与旅游发展有机融合,实现旅游与城市发展的一体化。

3. 完善旅游景区综合协调机制

全域旅游包括全域优化配置经济社会发展资源、全域按景区标准统筹规划建设、构建全域大旅游管理体制、全域发挥"旅游+"功能、全民共建共享全域旅游这5个基本特征。在全域旅游格局下,政府需要构建出一个从全局谋划和推进、有效整合区域各种资源、统筹推进全域旅游的体制机制和工作格局,建立健全旅游综合协调机制。

在景区管理方面,政府应全面协调理顺各相关部门在旅游发展中的职能关系,建立有效的联络和沟通机制。同时,应积极引导社会力量参与构建立体的旅游资源管理与监督网络,完善旅游景区管理水平。另外,政府应通过智慧旅游服务平台,实现对景区数据信息的共享和监控,实现智慧化管理。

(二)企业层面

1. 加大宣传推广投入

首先,旅游景区应强化对景区宣传推广的意识,建立多元化的宣传推广方式,包括在景区设立宣传口号、景区标志,结合传统节庆开展营销活动,增加合作供应商,开展线上营销、自媒体营销、区域整合营销等,多渠道、全方位开展营销宣传。

其次,旅游景区要加大在营销宣传方面的人力、资金投入。各景区应积极主动承办各类旅游节、体育旅游赛事活动,参加各类论坛、展会等,提升景区知名度,扩大景区影响力。在全域旅游战略布局下,根据区域定位,形成多主体营销机制,实行政企协作、景区联合、区域合作、旅行社结对等,构建一个常态化、立体化、全覆盖的推广体系。同时应借助已有的广告资源,成立全域推广联盟,共建平台,形成宣传合力。另外,应实行营销方式多元化,开展事件营销、节会营销、主题营销、电影营销等,并注重四季营销。

最后,景区应注重整体形象推广,包括统一旅游宣传主题,制作统一的旅游形象宣传片、宣传标语等;注重营销队伍的建设,包括建立专门的营销部门和营销人员;注重对大数据平台的数据分析,包括用户数、用户评论、转发量等指标,实现精准营销。

2. 完善景区品牌体系建设

从品牌特色化程度看,各景区应找准自身旅游景区品牌定位,立足景区旅游资源深度开发,走差异化经营之路,使品牌形象从泛化走向特化,打造特色旅游品牌。从资源利用角度看,苏州旅游景区需要提升游客品牌体验,从而满足人们审美、猎奇、求知、娱乐乃至发展等多样化的需求。其次,景区尽量减少同周边景区的品牌共性,围绕"吴文化"和"江南水乡"等突出文化特色,打造旅游景区的特色品牌。同时,在景观设计与游客体验方面,自觉同周边景区形成互补结构,不搞重复建设和内耗竞争。

旅游景区应有针对性地开发多层次、多类型的旅游产品体系,丰富城市旅游品牌内涵,并逐步构建相应的产业要素来支撑旅游品牌体系的发展。可以充分利用周边市域内全部的吸引物要素,形成景点、景线、景域相结合的旅游产品线,为游客提供全过程、全时空的体验产品,全面地满足游客的全方位体验需求。另外,景区应向"旅游+"的融合发展体系转变,推动区域资源融合发展,产生区域品牌优势。

3. 完善景区智慧旅游服务系统

目前,苏州仅有26.15%的A级旅游景区实现WiFi全覆盖,景区的智慧旅游服务系统的建设仍需要完善。智慧旅游服务系统主要涉及游客服务系统、景区管理系统和旅游产品系统这三个维度。在游客服务系统中,可通过智能化移动终端,配合二维码、GPS定位等技术手段,为游客提供全程式的游览服务、丰富的旅游体验、互动的游览方式和拓展的消费形式。同时,游客可以在平台上体验网络预订或自助售票服务、自助电子导游、虚拟景区游览、电子地图、在线咨询服务、旅游安全检测等,享受更人性化、智能化的服务。在景区管理系统中,可以对旅游质量、旅游安全、景区管理等进行记录、监督。另外,景区可对后台数据进行客流、客源等的统计分析,以便景区开发设计产品、开展宣传营销和提供个性化服务。

参考文献:

[1] 宋瑞,孙盼盼.资源属性、管理体制、景区级别与门票价格——基于5A级景区的实证研究[J].中国社会科学院研究生院学报,2014(1):59-67.

[2] 白雪,刘江,苏醒.乡村温泉生态旅游景区服务质量提升策略探讨——

基于贵阳市温泉城游客感知的调查与分析[J].改革与战略,2015,31(9):116-119.

[3] 吉根宝,王丽娟.国内外智慧旅游研究进展[J].生态经济,2015,31(12):107-110.

[4] 徐凡,尤玮,周年兴,等.基于百度指数的网络空间关注时空分布研究——以长三角5A级景区为例[J].资源开发与市场,2016,32(4):489-493.

[5] 马海鹰,吴宁.全域旅游发展首在强化旅游综合协调体制机制[J].旅游学刊,2016,31(12):15-17.

[6] 王玉成.我国旅游景区管理体制问题与改革对策[J].河北大学学报(哲学社会科学版),2017,42(3):143-148.

[7] 张建涛,王洋,刘力钢.大数据背景下智慧旅游应用模型体系构建[J].企业经济,2017,36(5):116-123.

[8] 张建涛,王洋.大数据背景下智慧旅游管理模式研究[J/OL].管理现代化,2017,37(2):55-57.

[9] 章秀琴.智慧旅游服务生态系统的概念、特征及构建[J].电子政务,2017(4):106-113.

(刘 泓,胡 菊,汤 华)

苏州市 A 级景区智慧旅游研究报告

"智慧地球"的概念在 2008 年年末一经 IBM 公司提出,很快在全球掀起热潮,各地智慧城市战略蓬勃兴起。而随着个性化定制和信息化时代的推进,以及云计算、物联网等技术的快速发展,公众对旅游服务的多样性需求愈加强烈。旅游作为城市活动中的一个重要内容也很快成了智慧城市建设中的重点。2010 年,江苏省镇江市率先提出"智慧旅游(smart tourism)"这一专业名词,并积极投入实际建设。2011 年,国家旅游局批准在镇江建立"国家智慧旅游服务中心"。随后,各省市纷纷提出了自己的智慧旅游战略,智慧旅游的概念逐渐深入人心。2011 年年末,《苏州智慧旅游行动计划》通过评审,该计划明确了以旅游服务、旅游管理以及旅游营销为主要内容的三大体系。2012 年,国家旅游局确定 18 个首批国家智慧旅游试点城市,以积极引导和进一步推动全国智慧旅游发展。同时,国务院决定把"旅游业培育成国民经济的战略性支柱产业和人民群众更加满意的现代服务业",明确提出将信息化与旅游业相融合的发展方向,为我国景区智能信息化建设指明方向。2015 年 9 月,国家旅游局下发《关于实施"旅游 + 互联网"行动计划的通知》,进一步加速我国旅游业的发展。由此,在政策鼓励和旅游行为与需求转变的背景下发展苏州 A 级景区智慧旅游,对于当地促进社会和谐、提升景区管理水平、满足游客的个性化需求以及提高旅游行政管理部门的管理效率,都具有十分重要的意义。

一、智慧旅游与智慧旅游景区的内涵

(一) 智慧旅游的内涵

智慧旅游的内涵在国内外经过了多年的发展。严格说来,国外并无"智慧旅游"这一专业术语,但国外将信息技术应用于旅游业的研究和实践开展得早于国内。如2000年,加拿大旅游业协会人员Gordon Phillips在其相关论述中首次涉及旅游的智慧化,他认为智慧的旅游是可持续地进行规划、开发、营销旅游产品和经营旅游业务。欧盟在2001年就开展了"用户友好的个性化移动旅游服务"项目。2005年,第一个为游客而配置的RFID定位装置反馈系统Mountain Watch在美国科罗拉多州Steamboat滑雪场推出,实现游客位置的实时监测、滑雪路线推荐以及游客消费情况反馈等功能。国内许多地方已在尝试进行智慧旅游的建设,但目前对智慧旅游的概念尚没有统一的定义。总结分析可知,对于智慧旅游的探讨主要分为新旅游形态论、技术应用论和务实操作论。

新旅游形态论将智慧旅游视为一种全新的高级旅游形态,基于所完善的高级集成形态,旅游业发展所面临的诸多问题能够有效解决。智慧旅游被认为是一种将互联网技术、物联网技术、大数据技术、云计算技术等应用于旅游过程体验、旅游产业发展、旅游规范化管理等方面,并服务于大众的全新的旅游形态,此种旅游形态促使旅游自然资源和数据信息资源得到有效整合。新旅游形态论从宏观角度阐述了智慧旅游的基本模式,但对于如何有效地将传统旅游信息化与智慧旅游相结合,该理论并未给出具体解释。

技术应用论是当前较为主流的论点,可理解为运用最新信息通信技术引起旅游行业中多层面的变化。黄超和李梦等都认为智慧旅游是利用云计算、物联网等技术,通过互联网、通信网、移动互联网等,借助便携智能终端等设备,主动感知旅游资源、旅游经济、旅游活动、旅游者等方面的信息并及时发布,让人们能够及时了解这些信息,及时调整工作与旅游计划,从而达到对各类旅游信息的智能感知与利用的效果。周波、周玲强认为旅游业一直走在技术应用的最前沿,智慧旅游是基于数字化信息技术完成的一种实时信息回馈和处理的旅游管理方法。由于旅游者需求和旅游过程中行为的改变而产生的新的信息科学与管理科学技术的应用是智慧旅游产生和发展的原动力,同时新技术的应用也推进了旅游群体的行为模式和需求的变化,二者相辅相成,助力智慧旅游的发展与完善,即技术应用论是围绕旅游者新的需求和行为逐渐变化而产生的。

务实操作论不仅考虑了新技术的应用,还关注旅游业主体发展方式的转变、旅游发展模式创新以及信息技术与旅游业融合并服务于旅游业等方面。姚国章认为智慧旅游是以游客为中心,以互联网、物联网、云计算、3G通信、三网融合、GIS等技术的应用为手段,以计算机、移动设备、智能终端等为工具,以智慧服务、智慧商务、智慧管理和智慧政务为主要表现形式,以全面满足游客"吃、住、行、游、购、娱"的服务需要为基本出发点,以为游客、旅行社、景区、酒店、政府主管部门以及其他旅游参与方创造更大的价值为根本任务的一种旅游运行新模式。务实操作论虽然能够对当前智慧旅游的内涵予以较为清晰的阐述,但该概念缺乏一定的前瞻性。

综上所述,智慧旅游的内涵在以上三个论点中得到多方面的体现。智慧旅游是一种灵活的形态,该形态能够融合最新的管理技术和信息技术,即能够以物联网、云计算、通信技术、计算机技术、数据挖掘技术等技术为基础,以游客为主要服务对象,同时能够结合实际环境整合与开发旅游物理资源和信息资源,激励产业创新,促进产业转型升级,输出多样化产品,以更好地服务于公众、企业以及管理部门。

(二) 智慧旅游景区的概念

对于智慧旅游景区的概念,国内也尚未统一。葛军莲等认为智慧景区的实质是用智慧技术和科学管理理论的高度集成来取代传统的某些需要人工判别和决断的任务,达到各项工作业务的最优化,推进景区管理和服务电子化、瞬时化、便捷化、系统化、精准化和高效化,营造出一个运作规范与高效的智慧景区。党安荣等认为"智慧景区"构建的核心是通过传感网、物联网、互联网、空间信息技术的整合,实现对景区资源环境、基础设施、游客活动、灾害风险等进行全面、系统、及时的感知与可视化管理,提高景区信息采集、传输、处理与分析的自动化程度,实现综合、实时、交互、精细、可持续的信息化景区管理与服务目标。

从以上概念表述可以看出,狭义的智慧旅游景区偏重于技术因素,包括对物联网技术、互联网技术、数据收集与挖掘技术、网络通信技术、云计算技术、虚拟现实技术等适当的集成与应用,而广义的智慧旅游景区则强调多方面因素,把科学管理理论同工学领域诸多成果高度融合,以提高区域旅游管理以及景区运作的效率,实现人与自然和谐发展,景区低碳智能运营,以及社会经济、环境保护的协调与可持续发展。

二、苏州市 A 级景区智慧旅游建设现状与不足

（一）苏州市 A 级景区智慧旅游建设现状

上文阐述了智慧旅游的内涵以及智慧旅游景区的概念,本专题结合苏州市 A 级景区智慧旅游调查数据,从以下几个方面分析苏州市 A 级景区智慧旅游建设现状(图1)。所涉及的内容包括智慧旅游平台中的基础要素,如景区门户网站、在线咨询服务、网络预订或自助售票系统、景区免费 wifi 信号、景区二维码、自助电子导游、虚拟景区游览、电子地图和其他基础要素等,以及拓展功能,如社交平台(微博、微信等)、后台数据库等。本专题首先从整体上分析各指标,进而按照 2016 年接待游客人数、景区评定等级以及是否为"世界文化遗产"进行拓展分析,并对指标所涉及内容进行较为细致的分析。

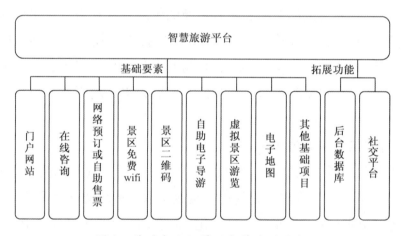

图 1　苏州市 A 级景区智慧旅游平台

（二）苏州市 A 级景区智慧旅游平台基础要素现状

从整体上而言,苏州市各 A 级别景区智慧旅游平台基础要素的构成分布如图 2 所示。从图 2 可知,较多景区的智慧旅游平台具备 4~6 项基础要素(55.22%),其次是 1~3 项(25.37%),再者为不少于 7 项(17.91%)。表 1 则为按照 2016 年接待游客人数、景区评定等级以及是否为"世界文化遗产"等类别对景区智慧旅游平台基础要素的构成子分布进行的描绘。由表 1 可知,对于不同接待游客人数的景区而言,同样以包含 4~6 项基础要素的平台为主;从不同景区评定等级来看,5A 级景区(61.54%)和 4A 级景区(66.67%)同样以 4~6 项基础要素构成的平台为主,3A 级景区则以 1~3 项基础要素构成的平台为主(68.75%),2A 级景区则在 1~3 项和 4~6 项基础要素构成的平台分布较为均匀。

同时,不论景区是否为"世界文化遗产",均以包含4~6项基础要素的平台为主。

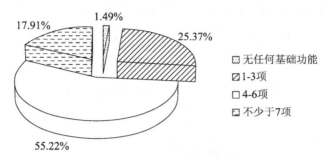

图2 景区智慧旅游平台基础要素构成分布

表1 景区智慧旅游平台基础要素构成子分布

项 目		平台基础要素建设数量			
		无任何基础功能	1~3项	4~6项	不少于7项
2016年接待游客人数(人次)	不少于500万	0.00%	0.00%	75.00%	25.00%
	200.1万~500万	0.00%	10.00%	50.00%	40.00%
	50.1万~200万	0.00%	17.24%	62.07%	20.69%
	0.1万~50万	5.26%	36.84%	52.63%	5.26%
景区评定等级	5A	0.00%	7.69%	61.54%	30.77%
	4A	0.00%	11.11%	66.67%	22.22%
	3A	6.25%	68.75%	25.00%	0.00%
	2A	0.00%	50.00%	50.00%	0.00%
是否为"世界文化遗产"	是	0.00%	0.00%	71.43%	28.57%
	申报中	0.00%	0.00%	100.00%	0.00%
	否	1.85%	31.48%	48.15%	18.52%

就智慧旅游平台的基础要素而言,低于7项基础功能的平台占比达到了82.09%,说明绝大多数景区在智慧旅游平台的基础建设上不够完善,且有1.49%的景区无智慧旅游平台。从景区智慧旅游平台基础要素构成子分布上来看,无任何基础功能的旅游平台主要集中在游客较少(0.1万~50万)、景区评定等级较低(3A)及非"世界文化遗产"的景区。同样,由表1可知,构成要素不足的智慧旅游平台也以游客较少、景区评定等级较低及非"世界文化遗产"的景区为主。结合表1和图2可知,游客较多、景区评定等级较高以及列入"世界文化遗产"的部分景区在智慧旅游平台的基础建设上同样存在不足。

此外,在对 wifi 的覆盖进行统计后,得到图 3 所示的分布图。由图 3 可知,85.07% 的景区实现了 wifi 覆盖,但 64.18% 的景区的 wifi 覆盖面积低于园区的 80%,且 14.93% 的景区未被 wifi 覆盖。表 2 显示,游客较多、景区评定等级较高以及有着"世界文化遗产"称号的景区与具有相对级别较低、游客较少以及无"世界文化遗产"称号等特征的景区在 wifi 覆盖范围上同样存在着一定程度上的不足。

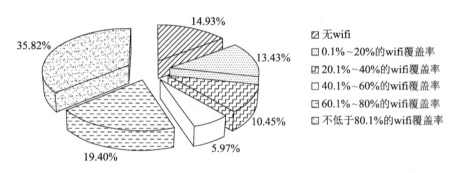

图 3　景区 wifi 覆盖率分布

表 2　景区 wifi 覆盖率子分布

项　目		wifi 覆盖率					
		无	0.1% ~ 20%	20.1% ~ 40%	40.1% ~ 60%	60.1% ~ 80%	不少于 80.1%
2016 年接待游客人数（人次）	不少于 500 万	0.00%	0.00%	25.00%	0.00%	50.00%	25.00%
	200.1 万 ~ 500 万	0.00%	10.00%	0.00%	10.00%	10.00%	70.00%
	50.1 万 ~ 200 万	10.34%	17.24%	17.24%	6.90%	17.24%	31.03%
	0.1 万 ~ 50 万	26.32%	15.79%	5.26%	5.26%	15.79%	31.58%
景区评定等级	5A	15.38%	0.00%	7.69%	7.69%	30.77%	38.46%
	4A	8.33%	13.89%	11.11%	5.56%	19.44%	41.67%
	3A	25.00%	25.00%	12.50%	6.25%	6.25%	25.00%
	2A	50.00%	0.00%	0.00%	0.00%	50.00%	0.00%
是否为"世界文化遗产"	是	14.29%	0.00%	14.29%	0.00%	14.29%	57.14%
	否	16.67%	16.67%	11.11%	5.56%	16.67%	33.33%
	申报中	0.00%	0.00%	0.00%	16.67%	50.00%	33.33%

(三) 苏州市 A 级景区智慧旅游平台拓展功能情况

智慧旅游平台不仅要具有基础要素,同时也应有一定的拓展功能。从调查数据可知(图 4、表 3),86.57% 的景区拥有着自己的社交平台(微博、微信等),

其中85.07%的景区通过所搭建的社交平台实现景区信息公告的发布等功能。

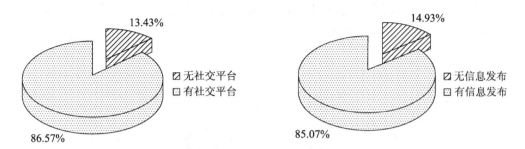

图4　景区智慧旅游社交平台构成及信息发布分布

表3　景区智慧旅游社交平台构成及信息发布子分布

项　目		社交平台的有无		平台信息发布	
		无社交平台	有社交平台	无信息发布	有信息发布
2016年接待游客人数（人次）	不少于500万	0.00%	100.00%	0.00%	100.00%
	200.1万~500万	0.00%	100.00%	0.00%	100.00%
	50.1万~200万	3.45%	96.55%	6.90%	93.10%
	0.1万~50万	26.32%	73.68%	31.58%	68.42%
景区评定等级	5A	7.69%	92.31%	0.00%	100.00%
	4A	0.00%	100.00%	2.78%	97.22%
	3A	50.00%	50.00%	56.25%	43.75%
	2A	0.00%	100.00%	0.00%	100.00%
是否为"世界文化遗产"	是	0.00%	100.00%	0.00%	100.00%
	申报中	16.67%	83.33%	18.52%	81.48%
	否	0.00%	100.00%	0.00%	100.00%

表3中，游客人数为50.1万~200万和0.1万~50万的景区、景区评定等级为3A的景区以及正在申报"世界文化遗产"的景区存在着无社交平台的现象，相应地，这部分景区存在无信息发布的现象。结合图4和表3可知，在社交平台构建上存在不足的景区主要集中在游客较少、景区评定等级较低以及非"世界文化遗产"的景区。

在景区智慧旅游后台数据库方面，经数据统计发现，较多的景区（59.70%）未搭建智慧旅游后台数据库。后台数据库不仅能够记录游客数据，同时还能够为客源和客流数据提供分析基础。结合表4可知，游客数量可观（50.1万以上)、景区评定等级较高(4A 及 5A)以及列入"世界文化遗产"的景区多数配备有后台数据库,而游客较少、景区评定等级较低以及非"世界文化遗产"的景区在后台数据库的配备上存在不足。

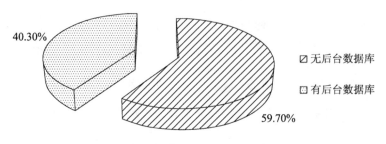

图 5　景区智慧旅游后台数据库分布

表 4　景区智慧旅游后台数据库子分布

项　目		后台数据库的配备	
		无后台数据库	有后台数据库
2016 年 接待游客 人数(人次)	不少于 500 万	50.00%	50.00%
	200.1 万~500 万	40.00%	60.00%
	50.1 万~200 万	48.28%	51.72%
	0.1 万~50 万	84.21%	15.79%
景区评定等级	5A	46.15%	53.85%
	4A	47.22%	52.78%
	3A	93.75%	6.25%
	2A	100.00%	0.00%
是否为 "世界文化遗产"	是	28.57%	71.43%
	申报中	64.81%	35.19%
	否	50.00%	50.00%

三、苏州市 A 级景区智慧旅游建设对策

根据上文的分析,苏州市 A 级景区智慧旅游发展存在一定的不足,秉持苏州市 A 级景区智慧旅游建设的原则,本文提出以下几点对策。

(一)进一步完善苏州市 A 级景区智慧旅游平台的基础建设

由前面的分析可见,苏州市 A 级景区的基础要素如门户网站、在线咨询服务、网络预订或自助售票系统、景区免费 wifi 信号、景区二维码、自助电子导游、虚拟景区游览、电子地图和其他基础要素等存在一定的不足,所以需要进一步完善,尤其是游客量较少、景区评定等级较低及非"世界文化遗产"的景区。基础建设完善才能确保智慧旅游得以顺利开展。

(二)进一步加强苏州市 A 级景区智慧旅游平台的拓展功能

智慧旅游平台的建设不仅体现在基础要素,同时也应注重拓展功能的开发。苏州市 A 级景区在社交平台和后台数据库的构建与配备上存在不足现象,这类现象主要集中在游客较少、景区评定等级较低以及非"世界文化遗产"的景区。所以要进一步加强这些景区智慧旅游平台的拓展功能,以便于旅游信息更好地传播和回馈。

总之,在经济新常态的发展形势下,旅游也更应顺应新常态的发展趋势,趋向于个性化旅游。从游客的基本需求出发,做好苏州市 A 级景区的智慧旅游平台建设,一方面有利于提升景区的品牌形象,另一方面也有利于提升游客的游览品质。这将会使苏州市智慧旅游更向前迈进一步,实现游客和景区的互利,从而赢得更多的旅游市场,促进苏州市旅游业的更大发展。

参考文献:

[1] 李云鹏,晁夕,沈华玉.智慧旅游:从旅游信息化到旅游智慧化[M].北京:中国旅游出版社,2013.

[2] 黄超,李云鹏."十二五"期间"智慧城市"背景下的"智慧旅游"体系研究[C]//2011旅游学刊中国旅游研究年会会议论文集,2011.

[3] 李梦."智慧旅游"与旅游信息化的内涵、发展及互动关系[C]//2012中国旅游科学年会论文集,2012.

[4] 姚国章."智慧旅游"的建设框架探析[J].南京邮电大学学报(社会科学版),2012,14(2):13 – 16.

[5] 葛军莲,顾小钧,龙毅.基于利益相关者理论的智慧景区建设探析[J].生产力研究,2012(5):183 – 184.

[6] 周波,周玲强.国外智慧旅游商业模式研究及对国内的启示[J].旅游学刊,2016(6):8 – 9.

[7] 凌守兴.智慧旅游产业价值链分析及对策[J].企业经济,2015(1):118 – 122.

[8] 党安荣,张丹明,陈杨.智慧景区的内涵与总体框架研究[J].中国园林,2011(9):15-21.

[9] 章秀琴.智慧旅游服务生态系统的概念、特征及构建[J].电子政务,2017(4):106-113.

（李青霞）

苏州市 A 级景区节事活动与品牌建设研究

节事活动是以景区资源为基础,主要在景区内一次性或重复举办的,具有特定主题和形象,能吸引旅游者前来参加,主要目的在于丰富景区的旅游产品、提升景区形象的活动形式。节事活动彰显了景区的文化、生态、风俗等综合文化元素,能带给游客多方位的感受,因此,节事活动对于景区的形象打造、景区的宣传和建设以及游客的良好体验等有着不可低估的作用,发展节事活动是景区品牌和城市旅游品牌建设的重要举措。

一、苏州 A 级景区节事活动的现状

本课题针对苏州市所有 A 级景区进行了问卷调查,共回收 67 份调查问卷,剔除 2 份数据不全、信息不完整的问卷,最终有效问卷为 65 份。本文主要根据这 65 份有效问卷对苏州的 A 级景区节事活动进行研究分析。

(一)苏州 A 级景区节事活动的开展情况

本课题回收的 65 份调查问卷中,共有 36 家是 4A 级景区,占比 55.4%;11 家 5A 级景区(点),占比 16.9%;16 家 3A 级景区,占比 24.6%;2 家 2A 级景区,占比 3%。从表 1 可知,全年举行 1 次节事活动的景区有 11 家,占比 16.9%;举行 2 次节事活动的景区有 20 家,占比 30.8%;举行 3 次节事活动的景区有 10 家,占比 15.4%;举行 3 次以上节事活动的景区有 20 家,占比 30.8%;而全年不举行节事活动的景区有 4 家,占比 6.1%。由此可见,绝大部分 A 级景区都在举行各种各样的节事活动,苏州市的 A 级景区对于节事活动的重视程度是比较高的。

表1　苏州市A级景区全年举行节事活动的情况

全年节事活动数量	景区	占比
3次以上	20	30.8%
3	10	15.4%
2	20	30.8%
1	11	16.9%
0	4	6.1%
总计	65	100%

（二）苏州A级景区节事活动的内容

通过对调查问卷的整理分析可以发现，苏州市的A级景区所开展的节事活动有很明显的几大类风格，如赏花类、民俗祈福类、美食类等。

本课题调查发现，花、果展（节）是苏州市A级景区最常举行的节事活动；其次是民俗类的，主要包括新年祈福、闹元宵等传统节日活动。苏州市A级景区中具有代表性的节事活动有：

（1）虎丘景区节事活动：农历初一到十五的迎春游园活动；3月下旬到5月上旬的虎丘艺术花会；9月中下旬到10月中旬的金秋虎丘庙会。

（2）拙政园的节事活动：3月底到5月初的拙政园杜鹃花节，以春季赏花游园为主开展特色文化活动；6月底到10月初的拙政园荷花节，以夏季赏荷游园为主开展特色文化体验活动；春节期间的精品花果展，除花果展以外还有年味浓厚的相关活动。

（3）七里山塘景区的节庆活动：1、2月份的山塘迎新春活动及正月初五接财神、闹元宵猜灯谜活动；3月份的山塘百花节；4月份的清明寻根祭祖活动；5月份的轧神仙、七里山塘杯全市中小学生乒乓球赛；6月份的山塘端午节活动；8月份的山塘街七夕民俗文化风情节；9月份的中秋祭月活动等。

（4）穹窿山景区每季度都会举办穹窿山养生文化节，春节期间会举办新春祈福节，秋季有穹窿山森林醒脑节以及一年一度的孙子兵法文化节。

（5）周庄于1996年举办了首届"中国苏州周庄国际旅游艺术节暨摄影大赛"。在首届旅游节成功举办的基础上，周庄与游客们一年一会，连续办了超过20届旅游节，内容涉及书画大赛、旅游工艺品大赛、文学作品大赛、影视作品大赛、吴文化展示活动、民俗文化大赛、水乡美食大赛、周庄文化北京展示活动、国际旅游小姐大赛、驻华使节夫人中国才艺大赛、实景演出等,大大提升了"中国第一水乡"的知名度。每逢春节期间,周庄还推出"周庄过大年"大型主题系列活动,因快速城市化进程而逐步消失了的传统年俗与乡土温情,被热闹的"周庄年"赋予了全新的生命力。在活动期间,参与者可以体验腊月二十四夜吃圆食、腊月二十八夜装糕、除夕祈福守岁、正月初一拜年打春牛、正月初五接财神、正月十五闹元宵打田财等节事活动。完整、真实的民俗元素,让游客身处异乡、心有家园,对水乡人传统的生活方式有了更深刻的感知。

(6)沙家浜景区通过多年宣传营销,已形成了以春节、清明、端午等传统节日为主题的"沙家浜阿庆嫂民俗风情节"(每年1月至6月)、以传承沙家浜革命故事为主题的"沙家浜红色旅游节"(每年7月至8月)、以大闸蟹为核心传播江南美食文化的"沙家浜旅游节"(每年9月至11月)和以宣传湿地文化与环境教育为主题的"沙家浜湿地文化节"(每年5至11月)等四大节庆活动,增加了游客体验,提高了游客参与度。

(7)苏州乐园国际啤酒节。啤酒节作为苏州高新区地标性活动,至今已开展20余届,在每年7、8月份期间开放夜场,不断升级打造,每年都有不一样的亮点活动。

总体来看,以上这些景区的节事活动种类繁多,已形成一定的特色和主题。但是,在其他A级景区中,具有明确而独特的主题文化的节事活动数量并不多。由表2可见,就苏州市所有A级景区而言,可以做到提出明确主题文化而且有自身特色的节事活动并不太多。

表2 景区节事活动是否具备明确主题文化

有、无明确的主题文化	节事活动数量	占比
有	19	13%
无	124	87%
总计	143	100%

二、苏州A级景区节事活动存在的问题分析

(一)苏州A级景区节事活动的主题文化有待明确和加强

一个景区的节事活动充分展示了景区所处地区的地理、民俗、历史和文化特色,传统的节事活动无不特色鲜明、主题明确。在苏州的A级景区中也不乏这样

的成功节事活动,如穹窿山孙子兵法文化节、"山花烂漫、春天有约"上方山百花节等。在接受调查的A级景区中仅有13%的节事活动可以做到有明确的主题文化,而实际上,苏州市A级景区中有很多节事活动要么盲目跟风,照搬其他同类节事活动,要么牵强地利用自身资源进行展览,并没有模式创新,也未深入挖掘文化内涵。

节事活动的主题文化应该是按照节事活动的理念提炼出的各项活动所要表达的主题思想,是整个节事活动的中心线索,具有统领的作用,因此明确主题文化是组织景区节事活动的核心。节事活动需要合理有效地挖掘利用景区本身的资源特色,顺应市场需求和发展趋势,通过独特的创意和持续运作设计策划出能引导消费者心理需求的活动主题,使得节事活动与景区品牌相得益彰、互相促进。

(二)苏州A级景区节事活动创新亮点不多

通过对于调查问卷的分析可以看到,尽管苏州市的A级景区对于节事活动很重视,也开展了很多的活动,但是大部分节事活动都集中在各种花、果的展览或者是各种民俗祈福上。各种花展、水果节的活动达到54场,占比38%;各种民俗祈福类的节事活动达到39场,占比27%。仅此两类就超过了所有节事活动类型总数的三分之二,用千篇一律来形容也不为过。这些节事活动的类型总体上结构不平衡,缺乏创新和多元化、差异化、个性化的发展。

节事活动作为景区的名片,展示的是当地的文化、生态、风俗等的综合文化元素,对于景区及所在城市的形象打造和宣传有着不可低估的作用。苏州市作为一座历史文化名城,拥有着深厚的历史文化底蕴,是一座既有现代化开放包容发展又有古典文化内涵的多元文化相融合碰撞的城市,在景区节事活动的设计上也应对应城市文化的特质,在符合景区文化底蕴的基础上不断地推陈出新,如运动休闲型、娱乐消遣型等,调整节事活动类型的结构平衡。

(三)苏州A级景区节事活动的互动性有待提升

通过对接受调查的景区所举行的节事活动进行分析可以发现,70%的节事活动都是花展、水果节、民俗祈福等,形式较为单调,多为提供场地和环境供游客游玩欣赏,基本没有景区和游客之间的双向互动。景区举办节事活动的成功度或受欢迎度仅仅依靠游客人数来判断,缺乏游客的互动反馈,这对于把握市场需求、改善节事活动的质量非常不利。

节事活动需要外来游客真正参与到其中,并深入地了解节事活动的文化内涵,同时又可以给景区一个互动反馈。外来游客对景区抱有很高的期望,景区作为节事活动的组织方带有浓郁的本地情怀和特色,前者是体验未知,后者是重复着熟知。如何使游客摆脱参观式的游览,在短时间内真正地融入当地的文化风俗,满足其好奇心和求知欲,又能在这种氛围中实现双向互动反馈,是苏州 A 级景区努力的方向。

三、苏州 A 级景区提升节事活动效果的建议
(一)明确和强化节事活动的主题文化

策划节事活动,首先需要确定的就是节事活动的主题文化。在结合景区资源状况和市场需求的情况下,首先应选定题材。确定题材是一个集体创意的过程,只有广集思路,推出具有市场引领力的题材,才能避免出现"撞车"。确定题材大致来说有几种模式:① 直接将景区内某类特质资源定为题材,如"穹窿山孙子兵法文化节"。② 借用模式,直接借用流行文化确定题材,即"拿来主义",如"七夕文化风情节",关键在于如何融合入自身的资源文化特点,形成独特的卖点,从而大大拓宽景区的节事活动题材。

在选定题材后需要明确的是活动的主题。主题的设计需要追求独创性、时代性和新奇性。避免出现平淡无奇的活动主题才能避免使节事活动平淡无奇。即使同样的题材也可设计出有吸引力的主题,比如同样都是花展活动,上方山百花节将活动主题定为"山花烂漫、春天有约"就显得更有感染力。除此之外还要考虑主题的时代性。随着生活水平的提高,游客的需求出现了较大的变化,因此在设计活动主题时需要兼顾当下"彰显个性、亲近自然、放松心灵"的目的,在传统的节事活动主题设计中可以每年推出不一样的活动主题,形成串联的系列。

有了明确的主题后,还要将其落实为宣传口号。只有充分了解游客心理需求和偏好,语言紧扣时代,才能设计出有广告效应、能够打动游客的心并使其产生游玩欲望的宣传口号。比如吴江青少年科技文化中心推出的以"放飞梦想、成长未来"为口号的科技旅游就贴合了青少年的需求。口号虽简单,但是迎合了游客特点,有很强的吸引力。

(二)强化景区节事活动的创新性

通过前文的分析可知,苏州市的 A 级景区节事活动缺乏创新,主要表现为活

动类型较为单一,活动宣传手段较少。创新是景区节事活动保持生命力的源泉,景区节事活动是一种周期性的活动,要保持长期具有市场吸引力就需要不断创新,具有独到的创意。首先可以从活动的内容设计上进行拓宽,在体验式经济时代,游客的消费观念和消费方式都发生了多方面的变化:更加注重情感的愉悦和满足;对个性化的产品和服务需求越来越高;重视过程而非结果。因此,景区在进行节事活动内容规划设计的时候,需要包括新鲜、动感、体验等概念,每年可以更换不同的主题,同时结合市场发展趋势设计不同的贴近生活和市场需求的活动内容。比如大白荡生态公园举行的"市民广场舞大赛"就迎合了市场需求。

有了新颖的活动内容还需要一定的活动宣传才能让更多的人了解,如果只是在活动内容上花心思,却不在宣传方面进行投入,那无疑就是关起门来自己看热闹。从调查问卷来看,苏州市的A级景区在节事活动的宣传方面做得很不够,鲜有亮点,宣传的主要手段包括新闻发布会、信函、广告等。如今人们接收信息的媒介已发生了较大的变化,纸媒越来越少,人们更多地习惯了接受新媒体,然而很少有景区采用如微信公众号之类的新媒体作为宣传的手段和媒介,建议可以多采取诸如此类的新型宣传手段。

(三) 增强景区节事活动的互动性

景区作为节事活动的组织者,应该承担起市场主体的责任。作为历史文化、地理资源等与游客之间连接的桥梁,景区不仅要让游客体验到本地的文化,也应该了解游客的需求,催生更和谐的节事活动,不能仅仅为了活动而活动。

增强节事活动的互动性可以从活动内容设计和宣传两个方面入手:一方面,可以减少纯观赏类的活动,多开展将竞猜、比赛等形式融合的节事活动,增加游客的参与度,比如"元宵灯谜会""金鸡湖马拉松"等;另一方面,可以在拓宽宣传手段的同时,利用新媒体的优势,采用网络活动报名、开设论坛等形式,在空间上和时间上加大了游客的参与度。

参考文献:

[1] 李志飞、汪绘琴. 旅游景区管理[M]. 武汉大学出版社,2013.

[2] 李志丹. 景区节事活动开发研究[J]. 旅游纵览,2013(3):128 – 129.

[3] 聂鹏洁,陈英毅. 节事营销下的服务质量与顾客满意的关系探究[J]. 山东纺织经济,2013(1):37 – 39.

［4］戴光全,张洁,孙欢.节事活动的新常态[J].旅游学刊,2015(1):3-5.

［5］钟志强,王蕊,刘侯晨曦,等.江苏节事活动的发展现状及其对策研究[J].旅游纵览,2017(2):145-146,150.

(秦嘉鑫,刘德星,施介辰)

苏州市 A 级景区品牌传播与品牌提升研究

一、苏州 A 级景区品牌传播与品牌提升的现状

（一）品牌、品牌传播与品牌提升的含义

对于"品牌",美国营销协会曾做出这样的定义：品牌是一种名称、术语、标记、符号或设计,或是它们的组合运用,其目的是借以辨认某个生产者或某个生产者的产品或服务,并使之与竞争对手的产品和服务区别开来。品牌对于一个企业来说是至关重要的,它是企业参与市场竞争、建立品牌忠诚度、树立企业形象的重要保证。简单地讲,品牌是指消费者对产品及产品系列的认知程度,是人们对一个企业及其产品、售后服务、文化价值的一种评价和认知,是一种信任。当品牌文化被市场认可并接受后,品牌才产生其市场价值。而旅游景区的品牌不是单纯的品牌名称,其有着丰富的内涵。景区品牌定位与战略将会全面影响景区的一切经营管理活动。

所谓"品牌传播",就是企业以品牌的核心价值为原则,在品牌识别的整体框架下,选择广告、公关、销售、人际等传播方式,将特定品牌推广出去,以建立品牌形象,促进市场销售。品牌传播是企业满足消费者需要、培养消费者忠诚度的有效手段。传播是塑造品牌影响力的主要途径。品牌的有效传播可以使品牌为广大消费者和社会公众所认知,使品牌得以迅速发展。同时,品牌的有效传播还可以实现品牌与目标市场的有效对接,为品牌及产品进占市场、拓展市场奠定宣传基础。品牌传播是诉求品牌个性的手段,也是品牌文化的重要组成部分。

旅游景区品牌传播中应该实施整合传播战略,针对目标游客进行传播,吸引目标游客加入该景区的消费行动。更重要的是通过品牌管理,让顾客通过消费感知或体验该景区的品牌核心价值,提高顾客对景区品牌的满意度,实现顾客推荐,促成其他消费者前来体验景区的产品及服务。

"品牌提升"是指企业基于品牌形象、企业文化、企业长远发展的考虑,有意识地进行一些赞助及慈善活动,提高品牌的形象和价值。企业在下述情况下可实施品牌提升:品牌资产已经建立,如果品牌的赢利能力趋稳或下降,就有必要对品牌进行提升活动,以应对激烈的市场竞争。

(二)苏州 A 级景区品牌传播与品牌提升的基本情况

本课题面向苏州 68 个 A 级景区(点)发放调查问卷,共收回 67 份调查问卷,经过相关的调研和分析得出如下的基本情况:

1. 对自身景区品牌的认知情况

在提交调查问卷的 67 个 A 级景区中,有 17 家 A 级景区认为自己景区的劣势之一为景区品牌问题。而这 17 家中有两家在近三年内没有采取任何与品牌建设相关的措施。当然,这也间接地说明了大部分 A 级景区都认为自己的景区品牌非自己的劣势,对品牌传播和提升都做了很多努力。

2. 近三年来在品牌认知和品牌建设方面所采取的措施

苏州市 A 级旅游景区在品牌认知和品牌建设方面采取的措施主要包括更新景区广告语、增多宣传广告渠道、增加广告投入、举办大型活动或在传统节庆时推广品牌、设立专门的品牌推广部门和岗位、设计景区 LOGO 以及有自己景区的形象代言人等,如图 1 所示。

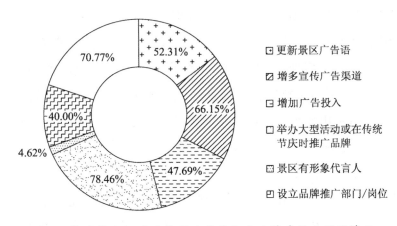

图 1　苏州市 A 级旅游景区品牌认知和品牌建设方面的情况

3. 近三年来在品牌价值提升上所做的努力

苏州市 A 级景区在品牌提升上所做的努力主要体现在：关注游客新需求、提高服务人员素质、加大品牌传播、加强智慧旅游平台建设、重视品牌文化建设等。

二、苏州 A 级景区品牌传播与品牌提升存在的问题及分析

（一）苏州 A 级景区品牌传播与品牌提升存在的问题及其原因分析

1. 品牌知名度、美誉度及其影响力不够

在苏州市旅游局面向苏州 A 级景区进行的问卷调查中，针对收回的 67 份调查问卷分析发现，有 15 家 A 级景区的负责人认为在传播其景区品牌的过程中，自身品牌的知名度、美誉度及影响力不够。

其原因主要有：首先，客流量不足，远端市场占有率不够。苏州 A 级景区所吸引的游客以本地人口居多，周边及远端市场都不大，导致品牌的知名度及影响力不够。其次，基础设施建设欠缺，部分设施陈旧。硬件设施投入不够直接导致游客的满意度不高，从而影响了其品牌的美誉度。再次，苏州 A 级旅游景区的淡旺季过于明显，如阳澄湖景区，只有大闸蟹上市的季节品牌的影响力才能够体现。此外，还缺少与景点配套的集参与性、体验性、休闲性于一体的项目。旅游项目内容不够丰富，吸引力就不够，从而使得其影响力也不够。

2. 品牌国际化传播推进缓慢，景区整体品牌认知度弱

苏州 A 级景区的品牌国际化传播推进缓慢，品牌在海外推广的过程中，有热点事件，但延续性不够。景区整体品牌认知度很弱，缺乏传播联动性。

造成这一问题的主要原因为：第一，苏州 A 级景区区域位置存在局限性，景点较为分散，受到了很大的空间制约，景区融合度不够，因此整体品牌认知度弱。第二，景区品牌同质化严重，特别是古镇和园林，内容大同小异，竞争激烈，没有新产品推出，因此旅游产品就显得单一，无亮点。

3. 品牌传播营销渠道单一，媒体宣传力度不够

在本次问卷调查中，苏州 A 级景区的相关负责人员都提到了目前品牌宣传的力度不够，很难有大的突破，很多景点的宣传部门都还处在搭建的过程中。很多景区的负责人都认为造成这一问题的原因是资金不足，而资金不足直接导致专业营销品牌策划人员的配置缺少以及拓展渠道的局限性。此外，各个景点的

管理公司不同,管理人员的素质参差不齐,这也影响了品牌的提升。还有一些景点的负责人提到,可能是景点与旅行社合作不足,导致宣传的力度不够。

(二) 苏州 A 级景区品牌传播与品牌提升的必要性

1. 品牌传播对苏州 A 级景区品牌的塑造起着关键性的作用

首先,商品力、品牌文化和品牌联想等构成品牌的因素只有在传播中才能体现出它们的力量。品牌主要是站在消费者的角度提出的,而要使有关品牌的信息进入大众的视野,唯一的途径是通过传播。如果少了传播这一环节,那么消费者将无从对商品的效用、品质有进一步的了解,品牌文化和品牌联想的建立则几乎是不可能的。因此,苏州 A 级景区想要建立自己的品牌形象和品牌文化,扩大品牌知名度和影响力,就必须加大品牌传播力度。

其次,传播过程中的竞争与反馈对品牌有很大的影响。传播是由传播者、媒体、传播内容、受众等方面构成的一个循环往复的过程,其中充满竞争和反馈。在现代传播日益发达的"传播过多"的社会中,人们再也不能企望接受所有信息,而是逐渐学会了有选择地记取、接受,即只接受那些对他们有用或吸引他们、满足他们需要的信息。比如,在电视机前,当你不满某个品牌的广告时,就会对该品牌的产品不满。如果绝大多数的人都产生这样的情绪,传播者在销售的压力下,就不得不重新考虑他的传播内容。同样,如果只有某个人不满企业的某个公关活动,传播者则会站在目标市场大众的基础上,坚持这个活动,不会因为某个人而改变其运行。因此,在传播中塑造品牌就必须考虑到如何才能吸引、打动品牌的目标消费者,如何在传播中体现出能满足更大需求的价值。选择合适的传播途径和手段对苏州 A 级景区的品牌提升有着重要的意义。

2. 品牌提升是目的,品牌传播是手段

品牌提升对于企业的发展至关重要,企业在品牌行为的每一个方面都要有意识地进行品牌提升活动,以使品牌保持活力,获得更大市场份额。提升苏州 A 级景区的品牌影响力不仅有利于规范旅游景区的管理和发展,更能促进苏州旅游业在全国乃至世界上的影响力与知名度。

三、苏州 A 级景区品牌传播与品牌提升的优化建议

(一) 加大力度,宣传推广景区品牌

苏州 A 级景区应加大品牌宣传力度。例如,各旅游景区可以进行品牌联动传播,通过关联地区、关联旅游景区品牌资源的联合营销,实现旅游资源和品牌

资源共享。建议各景区成立专业的营销品牌策划部门,建立完整的品牌推广链条。同时,建议相关政府部门给予人员配置和资金方面的支持。另外,传统的宣传手段很多已不适应社会的发展,效果不理想,今后要充分利用自媒体的宣传平台和手机 App 等智慧型平台传播自己的品牌。

(二)明确景区品牌定位,提升景区品牌

旅游景区的品牌要针对其形象、功能、产品、客源市场和目标游客进行相应的定位。如此,游客才会根据景区在心目中的品牌形象和认知度来做决策。如果景区形象模糊,定位不准确,其品牌在市场上就很难对游客产生吸引力,且无法在市场竞争中获得优势。

当今世界旅游业的竞争,关键是服务品牌的竞争。在服务经济时代,产品则被视为基础设施,而服务则贯穿整个产品链。就服务内容而言,包括服务项目、服务标准、服务方式、服务承诺等诸多方面,这些内容共同构成了服务质量的评价标准。例如,各景区可在整个景区相同距离段设置游客中心,提供雨伞、遮阳帽、保险箱、轮椅、自行车等物品的租赁,提供母婴室等设施服务,从而提高游客美誉度,提升品牌。

(三)重视特色,开发景区产品

好的品牌可以提高景区的知名度,使景区拥有抵御市场风险的能力,同时拥有大量高忠诚度的顾客。为了吸引更多的游客,使旅游产品形象能够让旅游者印象深刻,避免同质化问题,各景区一定要挖掘自身的产品特色,错位发展。例如,可以为自己的景区设立吉祥物,如苏州乐园的小狮子形象,由此拉近与游客的距离,从而提升品牌形象。

(四)优化信息反馈机制

品牌传播是一个双向互动过程,即品牌传播主体和受众间的互动。品牌传播主体在通过一定的传播渠道传递品牌信息的同时,受众也通过相同渠道向传播主体反馈品牌认知信息。一方面,受众的反馈信息能体现品牌在他们心中的地位,有利于传播主体准确掌握受众的需求,进而建立并积极改进品牌和受众的关系,实现品牌的良好构建。另一方面,这种反馈信息可让传播主体及时有效地进行传播效果评估,为改进景区品牌传播策略提供重要依据。

(五)运用社交媒体传播景区品牌

旅游景区在社交媒体进行旅游品牌传播时,可以通过大数据获取社交媒体用户的年龄、籍贯、性别、喜好等基本信息,同时对用户经常参与的话题和发布的信息抓取分析,锁定旅游目的地的潜在游客,进行精准传播,从而充分利用注意力资源,降低宣传成本。总之,旅游景区品牌的传播和提升,要从一个战略的高度来规划和实施,要从现代市场营销理论中吸取必要的营养。另外,需要建立专门的品牌开发管理机构,确定具体的品牌管理者来负责品牌的推广营销,具体制订相关的计划,从而才能对景区品牌的知名度、美誉度的提升起到有效的作用。

参考文献:

[1] 谢佩清.浅析旅游景区品牌的困惑与对策[J].商业经济,2014(20):45-47.

[2] 饶鉴.基于景区品牌传播的景区品牌建设[J].统计与决策,2014(5):112-116.

[3] 王占华.景区品牌价值评价模型构建[J].湖北社会科学,2015(4):160-164.

[4] 马建森.旅游景区品牌信息传播过程的要素研究[J].企业改革与管理,2016(8):171-172.

[5] 马秋芳.基于游客视角的景区品牌资产模型研究[J].商业研究,2017(1):170-176.

(钟 颖,杨 洁)

苏州市 A 级景区旅游文化研究

一、引言

当今世界已经进入信息时代,第三产业已经成为主导产业。旅游业作为第三产业的重要组成部分,在社会生活中发挥着越来越重要的作用。旅游已经成为现代人不可缺少的生活方式,同时也成为当代文化的显著特征。

走马观花式的参观游览已经无法满足当今旅游者的需求,在旅游过程中使游客通过各种方式进一步获得精神文化需求的满足,感受到日常生活中体验不到的新鲜文化,才是旅游业追求的目标,所以文化和旅游紧密结合,成为不可分割的整体。

(一)国外学者对于旅游文化的认识

国外文化经济学者于20世纪80年代提出旅游文化创新产业就是要通过各式载体(如艺术表演、特色产品和书籍等)向游客提供文化、娱乐和艺术层面的产品或者服务。20世纪90年代初,国外学者对旅游文化的概念进行了更加充分的诠释,构建了包括旅游文化标志、旅游产品的文化结构差异和旅游传递功能在内的系统的体系。同时,大量案例研究主要聚焦两方面:一是东道主对旅游吸引物的生产、再生产与营销研究;二是不同类型的旅游者行为、体验模式研究。在对旅游文化内涵进一步归纳的条件下,通过对旅游产品研究的设计,以恰当的方法传递地域文化特征是旅游文化发展的目的。

由罗杰克与厄里(Rojek&Urry)主编的《旅游文化——旅行与理论的转型》(Touring Cultures: Transformation of Travel and Theory)对旅游文化基础性研究具有很大影响。两位编者指出旅游与文化之所以必须并置而谈是因为:① 社会的文化化：从前分割的社会与文化领域现在却在不断融合。② 文化创新击破了各个领域（包括历史和政治）的边界。③ 旅游实践自身的文化化趋势。书中,克雷克在《旅游文化》一文中指出,当文化旅游通过手段蓄意吸引新旅游人群的时候,旅游文化将深受其影响和限定。文化旅游指为旅游业和旅游者塑造文化,以开发特色旅游产品为形式,注重旅游;旅游文化指为文化而塑造旅游业和旅游者,以文化为核心调适旅游吸引物和潜在目的地,注重文化。

（二）国内学者对于旅游文化的认识

20世纪80年代是旅游文化研究的启蒙阶段,多数文章以界定或框限旅游文化为旨归。从1990年至今,旅游文化研究主要围绕以下四个方向展开：① 旅游文化概念（包括旅游文化属性、特征等,以及旅游文化、历史文化与文化旅游之间的辨析）。② 旅游文化学。③ 旅游文化开发。④ 旅游文化研究综述。

苑炳慧、辜应康通过对国内20世纪80年代至今关于旅游文化内涵的研究进行梳理,认为旅游文化是渗透于旅游行为过程的、能使旅游主体产生文化体验的、适应旅游需要实现了形式转化的文化消费对象。翁钢民根据旅游与文化产业融合机理对中国31个省市区旅游与文化产业融合发展的耦合协调度和空间进行分析,得出我国旅游和文化产业耦合协调程度总体偏低,东南沿海融合程度较高,西部地区融合程度偏低。毕海龙对旅游文化学进行探讨,总结出旅游文化具有移动传播性、时代性、民族性和阶层性,并且具有人文教化与审美功能、商业价值与经济功能以及文化交流功能。王彦斓对旅游文化和文化旅游进行了辨析,指出旅游文化包括了文化在旅游中各方面各层次的体现,而文化旅游研究的重心则是旅游产品的开发和经营管理问题。邹本涛等认为文化的标准化介入旅游对于促进服务质量规范化、程序化具有重要意义,但同时整齐划一的标准很难满足灵活多变的旅游需求,于是随着个性化旅游体验的发展,旅游文化也日益个性化。张丽梅从文化融合的角度对中国冰雪旅游进行研究,认为特色旅游具有民族和地域特点,并且通过某种媒介将民俗文化和地域文化渗透其中,形成差异化的文化特色。

旅游一定意义上是旅游者离开熟悉的环境,来到陌生的地方看不一样的风景,感受不一样的生活,更多的是为了追求精神层面上的需要,而文化恰恰能够满足游客的这种需求。了解蕴藏在风景内的独特文化,才能成为一个真正意义上的旅游者,而不只是一个看客。各个景区都需要符合现在的潮流,加强自身的文化建设,增加景区各方面的文化含量,在吸引更多游客的同时发扬优秀的文化。

二、研究设计

(一)研究方法确定

扎根理论方法不同于以往的定量实证研究,而是"自下而上"进行的归纳研究方法,经过数据的收集、梳理和比照,加以提炼和总结得到新理论。现有研究方法缺乏量化收集苏州市 A 级景区运营数据的能力,通过对 4 家苏州市 A 级景区的真实数据及白描性记录的收集,本研究选择运用扎根理论。多案例的设计有利于从中归纳共同规律,提升可靠性和适用性。

(二)研究样本选择与数据收集

本文案例研究从景区文化建设事实出发,遵循理论抽样原则,首先从众多苏州市 A 级景区中确定典型类别景区,包括园林、水乡、山、红色景区,再从每一类景区内挑选代表性的景区,包括留园、周庄、穹窿山、沙家浜,所选案例景区均为苏州市 5A 级景区。本文所收集资料主要来源于以上景区的官方网站以及苏州市旅游局官网,同时还涉及案例景区实地调研获得的资料。

(三)数据编码以及思路

本文运用归纳法,通过多案例数据分析,遵循"概念化""范畴化""命题和概念构型"逻辑展示收集数据和分析过程。数据、一阶概念、二阶范畴编码举例如表 1 所示。

1. 二阶范畴:文化内涵(其一阶概念为历史挖掘、内部构局)

收集资料:俞樾作《留园记》,赞留园为"吴下名园之冠"。留园是中国园林的杰出代表,亦是江南私家园林的典范,综合了江南造园艺术,并以建筑空间布局为特点。周庄四面环水,依水成街,吴侬软语,阿婆茶香,橹声欸乃,昆曲悠远,自成一派悠闲水乡生活。著名画家陈逸飞所绘《故乡的回忆》"双桥"油画曾被选为联合国首日封图案,由美国西方石油公司董事长阿曼德·哈默购买后于 1984 年 11 月访华时将它赠送给邓小平,引起了广泛深远的影响。穹窿山是一座文化名山。据传,孙武隐居在此创作《孙子兵法》,南道教中心上真观和韩世忠隐居的宁邦寺也隐于山中,这里也是乾隆六次祈福之地。沙家浜景区可追溯到 1958 年,上海市人民沪剧团根据抗日期间新四军在沙家浜的传奇经历创作了沪剧《芦荡火种》，后改编为红色经典京剧《沙家浜》。

2. 二阶范畴：文化展示（其一阶概念为节事活动、特色活动）

收集资料：留园每年都会定期举办文化活动，例如4月和10月举办的"留园寻梦"活动，11月举办的菊展等。留园寻梦活动期间，游客还可以看到在冠云峰下的《牡丹亭》实景演出。中国第一部水乡实景演出《四季周庄》以水文化为背景，以本地民俗为特色，以国际时尚为元素，集中展示周庄优秀传统文化和浓郁水乡民俗风情。周庄有摇橹游船数百条，在水巷中供游客乘坐。乘船游客一面看古镇风光，一面听船娘吴歌小唱。游玩累了可以到茶馆里喝茶水、看昆曲和听评弹，感戏曲文化、品水乡味道。穹窿山每年都会举办孙子兵法文化节，春节期间有新春祈福节，秋季又有穹窿山森林醒脑节。孙武苑的保存和孙武文化园的建设使来此旅游的人们身临其境感受到了兵家文化。沙家浜于2008年建成的国防教育园集体验革命战争场面、增强公民国防观念、增强旅游可参与性和全面提高青少年爱国情感于一体。革命历史纪念馆紧扣爱国主义教育和革命传统教育两大主题，让人置身江南水乡的抗日场景，深入了解沙家浜革命的背景和特点。沙家浜从2011年开始，在芦苇荡附近举行《芦荡烽火》和《让子弹飞》革命演出，已形成了以春节、清明、端午等传统节日为主题的"沙家浜阿庆嫂民俗风情节"（每年1月至6月）、以传承沙家浜革命故事为主题的"沙家浜红色旅游节"（每年7月至8月）、以大闸蟹为核心传播江南美食文化的"沙家浜旅游节"（每年9月至11月）和以宣传湿地文化和环境教育为主题的"沙家浜湿地文化节"（每年5月至11月）等四大节庆活动。

3. 二阶范畴：文化宣传（其一阶概念为标语宣传、合作推广）

收集资料：留园通过"留园寻梦"主题活动的打造，以丰富的文化内涵、小而精的园林特点向广大游客传递江南古典园林的精致文化。如邀请中国油画写生俱乐部的8名会员到园内写生，所有作品用于慈善拍卖，所得善款尽捐给鲁甸灾区。周庄凭借小桥流水人家的特色景致和悠闲惬意的水乡生活，以"中国第一水乡"的口号，向游客传递着江南水乡独特的文化。穹窿山的标语是"苏州的穹窿山，天下的智慧山"，其正在建设以孙子兵法文化为核心，以宗教文化、皇家文化、名人文化、休闲文化等内容为补充的知名景区，并积极通过微信、微博、电视广告和旅游推广会的方式对该景区及文化进行推广。沙家浜景区联合常熟市图书馆开启"书香常熟图书漂流"活动，让更多市民和游客参与到图书分享中来；结合

"走进经典沙家浜,感受山水常熟城"的旅游主题,将旅游和品牌形象联袂进行整体宣传促销,提升文化品位,挖掘文化内涵,不断拓展壮大旅游市场。

4. 二阶范畴:创新(其一阶概念为文化升级、与时俱进)

收集资料:留园与苏州当地学校合作,让更多孩子感受江南园林的建筑艺术之美,加强中国古典园林文化的宣传,在各节日、假期期间经常举办摄影、美文和各类亲子活动,强化景区和游客之间的互动。周庄今年已举办了22届中国周庄国际旅游节,牢固树立起中国第一水乡的品牌形象,主题摄影活动中创作的作品承载着江南水乡文化走进了世界各地人们的视野。周庄每年正月里都会"打春牛""祭春牛""摸春牛",在向外地游客展示传统年俗的同时,也将这习俗更好地传承与发扬。穹窿山景区为实现全域旅游发展战略,不断完善基础设施建设,加强安全管理和监管力度,重视员工培训和创新营销模式。另外,沙家浜还以"风起芦苇荡,心动沙家浜"为口号,围绕现代京剧样板戏《沙家浜》,以发生在沙家浜的革命历史故事为传承,结合大面积的苇荡湿地环境,营造出"红色教育"和"绿色生态"的旅游特色。另外,沙家浜还与广告公司联手在夏季打造冰雪节,吸引游客。

三、扎根研究过程

(一)开放性编码与主轴编码

根据一定原则将大量数据逐级压缩,通过概念和范畴反映出来,再将抽象出来的概念打破,揉碎并重新综合。在开放性编码的基础上,对各个独立的数据进行整合,抽象出共同特点,归纳出8个一阶概念。编码过程与结果如图1。

(二)选择性编码与故事线分析

对开放性编码和主轴编码的结果进行深入探究,共得到4个二阶范畴,经过不断分析研究发现其中隐藏的逻辑线,综合成一个较为完整的理论框架。本文经过分析对照识别出核心范畴,即文化继承和文化发扬,并且从图1可以看出4个案例中发生的现象趋于一致。

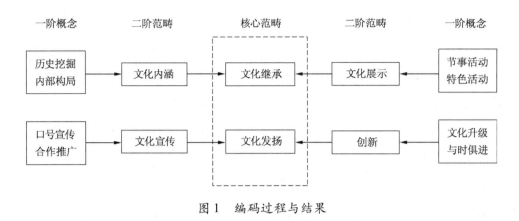

图 1　编码过程与结果

四、研究发现

（一）研究命题

每一个景区都有自己的文化,景区想要满足游客们深层次的精神需求,就必须从文化的差异性入手,依靠自身与众不同的文化吸引游客,以此确立在游客心目中的地位。独特的文化除了后天的建设,更多是通过历史的积淀而产生,所以文化的建设首先可以从本景区的历史进行挖掘。苏州 A 级景区大都拥有着悠久而又精彩的历史,例如清幽静谧的穹窿山,中国古代大军事家孙武便隐居在此创作了《孙子兵法》,对后世产生了深远的影响;清帝乾隆六次临山,留下了无数鲜为人知的趣闻轶事;西汉大臣朱买臣,曾在此砍柴、读书。穹窿山所传承的以兵家文化为核心的智慧文化便在这悠久的历史中逐渐形成。著名画家陈逸飞所绘《故乡的回忆》画的是周庄的"双桥"(又称"钥匙桥")。"钥匙桥"不仅打开了周庄和国际接轨的门扉,更拉近了中美之间的距离。抗战时期新四军在沙家浜的传奇经历先后被改编成沪剧和京剧,毛主席亲自定名为《沙家浜》,沙家浜因此一举成名,红色教育深入沙家浜的历史。景区独特的风光在历史变迁中也逐渐成为文化不可分割的一部分。留园以园内建筑布置精巧、奇石众多而知名,以其独创一格、收放自然的精湛建筑艺术而享有盛名,体现出江南园林建筑的艺术风格和特色。周庄镇为泽国,四面环水,依河成街,桥街相连,这种江南典型的小桥流水人家景致也展示出周庄居民们悠闲自在的生活状态。穹窿山景区拥有丰富的自然资源,苍松翠竹,泉水潺潺,这才引来众多智者名人在此留下足迹。由此,本文得到以下命题:

命题一:景区自身的文化内涵是旅游文化的核心所在。

景区旅游文化要通过许多载体向游客展示,例如周庄的各类特产,如"周庄竹编""庄炉"和"万三酒"等;穹窿山下的孙武文化园是集兵法解读、文化体验、史迹探寻、休闲养生等功能为一体的兵法文化主题园区;沙家浜的革命历史纪念馆对外免费开放,让更多的游客接受爱国主义和革命传统的教育。另外,景区还会通过各式各类的节事活动和文艺演出向游客展示自己的文化,例如留园每年都要开展的"留园寻梦"活动、中国第一部水乡实景演出《四季周庄》还有沙家浜每天都会上演的《芦荡烽火》《让子弹飞》节目。穹窿山每年都举办兵圣文化节和兵圣杯围棋赛。同时,让游客通过体验式旅游深刻地融入当地旅游文化,游客在周庄品一杯清茶,赏一曲昆曲或是听一集评弹,充分感受这江南水乡的气息。沙家浜的芦苇活动区为游客提供了一个追寻野趣和体验新四军辗转芦苇荡情景的场所。为了使更多的游客可以感受到独特的旅游文化,景区还要积极对外宣传。各景区对外都有自己的标语,这些标语不仅是对文化的一种体现,同时也起到吸引游客的作用。例如穹窿山的"苏州穹窿山,天下智慧山",展现了一座静谧而又充满智慧的大山的形象,沙家浜的"风起芦苇荡,心动沙家浜"以芦苇荡为载体,使人们联想到新四军抗日的传奇经历,又体现了绿色生态的特色。景区通过线上微博、微信、广告以及线下旅游推广会等方式进行宣传,在与其他企业、单位联手共同推广景区的同时也起到了传递本景区文化的作用。例如,周庄经常举办摄影活动,通过摄影作品将周庄和周庄文化共同带向了全国甚至国际;沙家浜在2017年夏季与广告公司联手打造"冰雪节",吸引了更多的游客。由此,本文得到以下命题:

命题二:文化宣传和文化展示是旅游文化建设的助力器。

世界在发展,时代在进步,景区原有的资源并不能够充分满足现在游客的需求,所以景区在巩固核心文化的基础上建设了新的文化体系。穹窿山正在建设以孙子兵法文化为核心,以宗教文化、皇家文化、名人文化、休闲文化等内容为补充的知名景区,每季度都会举办穹窿山养生文化节。作为苏州市红色旅游的代表,沙家浜并没有被禁锢,而是追赶着时代的步伐,依托自身特别的自然资源又打出"生态旅游"的旗号。与此同时,为了满足游客更多的需求以及更广泛地宣传景区文化,各景区积极开拓新业务和开展新活动。留园曾邀请中国油画写生俱乐部到园内写生,并将所有作品用于慈善拍卖,所得善款尽捐给灾区。留园与苏州当地学校合作,为学生们提供更多接触中国古典园林文化的机会,还经常举办摄影、美文和各类亲子活动。周庄自2008年世博会起开始了观光文化向休闲文化的转型,通过各种措施力图将游客留下来,融入水乡古镇休闲生活,当一天"周庄人"。穹窿山景区以兵法文化为核心,兼顾生态、养生旅游文化,成立"慧生活"品牌,开发各类特色生态产品。例如,举办兵圣杯围棋赛,宣传兵家文化,举办马拉松活动,传递健康的生活态度。沙家浜积极与外界联合,引进项目,探索民宿客栈、养生养老等产业发展。如今的沙家浜已不仅是一个红色宣传教育品牌,更是一种经济效益实现载体,经济效益和社会效益的良性互动催生了精神、物质"双丰收"。由此,本文得到以下命题:

命题三:创新是旅游文化发展的动力。

(二)概念构型

本文运用扎根理论方法分析了苏州4家A级景区在旅游文化继承和传播方面的经验,得到了三个命题,为更清楚地展现理论框架,本文建立了如图2所示的综合概念模型。

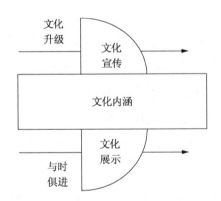

图2 基于扎根理论的苏州市A级景区旅游文化建设综合概念模型

图2形象地显示出苏州A级景区以其文化内涵为核心,以不断加强文化展示和对外宣传为手段,在特定环境下建设新的文化体系和开展新业务,最终实现旅游文化持续发展的目的。

五、结论

旅游活动需要有文化的渗透,通过文化的支撑才能够得到不断发展。现在的人在旅游的同时更加注重旅游产品的文化含量,文化含量越高的旅游越吸引游客,因此我们要抓住游客们的这一特点,以此为重点更好地传承文化、宣传文化和发展文化。

本文通过对苏州市 4 家 A 级景区数据的研究,得出景区文化建设的一般模式,在培养内部文化的同时要加强和外部的交流,以恰当的方式展示文化和吸引游客,更要注意的是对资源的整合利用,在原文化的基础上孕育补充文化,以此来适应当今社会不同人群的需求。

参考文献:

[1] Rojek C, Urry J. Transformations of travel and theory[C]// Rojek C, Urry J. Touring Cultures: Transformation of Travel and Theory. London: Routledge, 1997: 1 - 4.

[2] Craik J. The culture of tourism[C]// Rojek C, Urry J. Touring Cultures: Transformation of Travel and Theory. London: Routledge, 1997: 113 - 136.

[3] 赵红梅. 论旅游文化——文化人类学视野[J]. 旅游学刊, 2014(1): 16 - 20.

[4] 苑炳慧, 辜应康. 基于顾客的旅游目的地品牌资产结构维度——扎根理论的探索性研究[J]. 旅游学刊, 2015(1): 87 - 98.

[5] 翁钢民, 李凌雁. 中国旅游与文化产业融合发展的耦合协调度及空间相关分析[J]. 经济地理, 2016(1): 180 - 183.

[6] 毕海龙. 基于旅游文化产业发展的旅游产品开发研究[J]. 学术交流, 2014(4): 145 - 148.

[7] 邹本涛, 曲玉镜. 旅游文化史: 内涵与分期的再探讨[J]. 旅游学刊, 2015(12): 112 - 115.

[8] 张丽梅. 旅游文化产业视域下冰雪旅游与文化融合研究[J]. 学术交流, 2013(10): 106 - 109.

[9] 王彦斓. 旅游文化的内涵挖掘策略研究[J]. 经济研究导刊, 2017(15): 159 - 160.

[10] 武宇璇. 旅游景区应注重文化包装设计及宣传推广[J]. 价值工程, 2017(18): 239 - 240.

(祝 雷, 朱 君, 马 婕)

游客对苏州旅游景区品牌与服务质量的评价

一、问卷设计与数据收集

（一）问卷设计

本课题采用适用领域最广的问卷调查方法收集数据。本次调查问卷主要分为三个部分：第一部分为个人基本信息，包括性别、年龄、教育程度、职业、月收入，获取问卷调查者的基本信息和特征，以便控制变量并进行样本的描述性统计分析。第二部分为苏州旅游景区品牌相关情况，包括游客对苏州旅游景区的总体印象、对苏州市旅游景区品牌了解情况、旅游期限、旅游目的等，获取游客对苏州旅游景区的了解程度。第三部分为苏州旅游景区服务质量评价，包括"影响您对苏州旅游景区满意度的内容""在苏州市旅游过程中，哪些给您留下了难忘美好的经历""您最喜欢的苏州旅游景点"以及关于苏州旅游整体品牌"人间天堂、自在苏州"（口号）的调查。

（二）数据收集

本次问卷调查主要采用线上填写方式，将问卷星网站设计的问卷用微信、QQ等方式分享链接，受访者在线参与问卷填写。

本次调查问卷发放时间为2017年6月至2017年7月，共发放635份，回收有效问卷616份，问卷有效率为97.01%。

本次调查问卷回收后，主要用Excel对样本数据进行基本处理和简单运算。

二、游客描述性统计分析

调查样本数据显示,在 616 份有效问卷中,在游客性别方面,男性占比 51.6%,女性占比 48.4%。男女比例基本相同,基本保持回收数据的客观性。在游客年龄方面,分布最多的为 25~34 岁,占比 47.2%,其次分布在 35~44 岁、45~59 岁、15~24 岁、60 岁及以上、15 岁以下,分别占比 24.7%、18.3%、7.8%、1.8%、0.2%,总体趋于年轻化。在游客教育程度方面,主要集中于本科阶段,占比 55.3%;硕士及以上占比 30.2%;大专中专/技校占比 10.4%;高中占比 2.8%;初中及以下占比 1.3%。在游客职业方面,企业单位人员占比 55.2%;事业单位人员占比 15.4%;公务员占比 12.7%;学生和自由职业者分别占比 6%;私营业主占比 4.7%。在月收入方面,5 000~7 999 元占比 31%;8 000~11 999 元占比 24.4%;12 000~19 999 元占比 13.6%;3 000~4 999 元占比 12.8%;3 000 元以下占比 9.1%;20 000 元及以上占比 9.1%。

表 1　本次调查游客的人口统计学分析

类型	分类	频数	百分比/%	累积百分比/%
性别	男	318	51.6	51.6
	女	298	48.4	100.0
	合计	616	100.0	—
年龄	15 岁以下	1	0.2	0.2
	15~24 岁	48	7.8	8.0
	25~34 岁	291	47.2	55.2
	35~44 岁	152	24.7	79.9
	45~59 岁	113	18.3	98.2
	60 岁及以上	11	1.8	100.0
	合计	616	100.0	—
教育程度	初中及以下	8	1.3	1.3
	高中	17	2.8	4.1
	大专中专/技校	64	10.4	14.5
	本科	341	55.3	69.8
	硕士及以上	186	30.2	100.0
	合计	616	100.0	—

续表

类型	分类	频数	百分比/%	累积百分比/%
职业	公务员	78	12.7	12.7
	事业单位人员	95	15.4	28.1
	企业单位人员	340	55.2	83.3
	私营业主	29	4.7	88.0
	学生	37	6.0	94.0
	自由职业者	37	6.0	100.0
	合计	616	100.0	—
月收入	3 000 元以下	56	9.1	9.1
	3 000～4 999 元	79	12.8	21.9
	5 000～7 999 元	191	31.0	52.9
	8 000～11 999 元	150	24.4	77.3
	12 000～19 999 元	84	13.6	90.9
	20 000 元及以上	56	9.1	100.0
	合计	616	100.0	—

三、苏州旅游景区品牌相关情况调查

(一) 游客对苏州旅游景区的总体印象情况

回收的 616 份有效问卷中,游客对苏州旅游景区的总体印象情况为:评价为 4 分的最多,占比 52.27%;其次为 5 分,占比 37.66%;评价为 3 分的占比 9.09%;评价为 2 分和 1 分的各占比 0.49%。从图 1 可知,游客对苏州旅游景区的整体评价较好,在 4 分及以上的占比达到 89.93%。

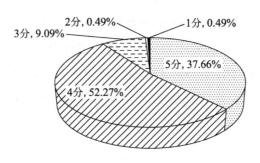

图 1　游客对苏州旅游景区的总体印象情况

（二）游客对苏州旅游景区品牌了解情况

回收的616份有效问卷中，游客对苏州旅游景区品牌了解情况为：一般了解的占比最多，达到54.22%；其次为很了解的，占比25.81%；非常了解的占比9.42%；不太了解的占比9.42%；不了解的占比1.14%。从图2可知，很了解和非常了解的占比达到35.23%，不太了解或者不了解的占比10.56%。

图2 游客对苏州旅游景区品牌了解情况

（三）游客来苏州旅游目的情况

回收的616份有效问卷中，游客来苏州旅游目的情况为：欣赏自然风光占比26%；休闲度假占比22%；品尝特色美食占比20%；体验民俗风情占比18%；增长见识占比12%；其他占比2%。从图3可知，游客主要来苏州欣然自然风光、休闲度假及品尝特色美食。

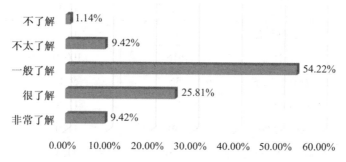

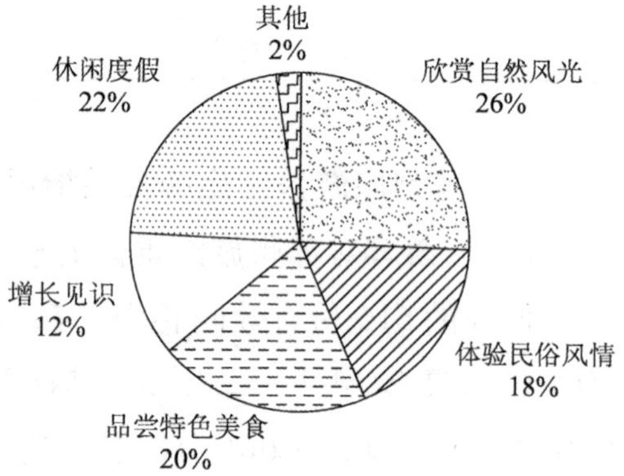

图3 游客来苏州旅游目的情况

（四）游客在苏州旅游期限情况

回收的616份有效问卷中，游客在苏州旅游期限情况为：在苏州旅游3天以下的占比达到58.77%；旅游期限在3~5天的占比29.38%；旅游期限在15天以上的占比6.17%；旅游期限在6~8天的占比4.55%；旅游期限在9~14天的占比1.14%。从图4可知，在苏州旅游不超过5天的占比达到88.15%，游客大部分为短期旅游。

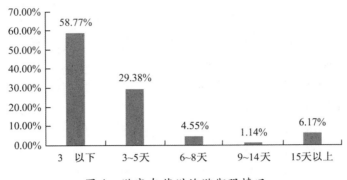

图4 游客在苏州旅游期限情况

（五）游客获取苏州旅游信息的途径情况

回收的616份有效问卷中，游客获取苏州旅游信息的途径情况为：通过微博、微信获取苏州旅游信息的占比71.27%；通过旅游官方网站获取苏州旅游信息的占比50.49%；通过网络论坛获取苏州旅游信息的占比38.96%；通过社交网络获取苏州旅游信息的占比37.99%；通过其他途径获取苏州旅游信息的占比14.12%，包括朋友推荐、书籍、广告及有关旅游App等。从表2可知，游客获取苏州旅游信息的途径主要为微博、微信、旅游官方网站。

表2 游客获取苏州旅游信息的途径情况

选项	频数	占比
微博、微信	439	71.27%
社交网络	234	37.99%
网络论坛	240	38.96%
旅游官方网站	311	50.49%
其他	87	14.12%

（六）游客获取苏州旅游目的地信息的类型情况

回收的616份有效问卷中，游客获取苏州旅游目的地信息的类型情况为：获取住宿信息占比71.75%；获取餐饮信息占比67.05%；获取交通信息占比64.12%；获取旅游攻略信息占比63.64%；获取景点信息占比59.90%；获取游客评价、游记信息占比53.41%；获取旅游产品的信息占比34.09%；获取购物信息占比26.14%；获取旅游团信息占比11.36%。从图5可知，游客主要获取住宿、餐饮、交通、旅游攻略、景点及游客评价和游记等方面的信息。

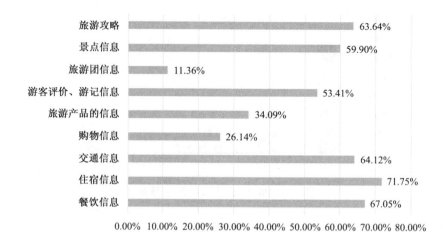

图5 游客获取苏州旅游目的地信息的类型情况

（七）游客有好感的苏州旅游景点情况

回收的616份有效问卷中，游客有好感的苏州旅游景点情况为：拙政园占比63.67%，虎丘占比46.92%，金鸡湖景区占比44.48%，平江历史街区占比35.71%，留园占比34.9%，同里古镇占比31.82%，周庄古镇占比29.38%，苏州乐园和东山景区各占比27.11%，穹窿山景区占比26.46%，七里山塘景区占比25.65%，网师园占比23.05%，木渎古镇占比21.75%，天平山景区占比20.45%，石湖景区占比17.21%，沙家浜风景区占比15.91%，甪直古镇游览区占比14.77%，旺山景区占比11.53%，其他景区占比6.98%。从表3可知，游客对拙政园、虎丘、金鸡湖景区、平江历史街区、留园、同里古镇等景区好感度较高。

表3 游客有好感的苏州旅游景点情况

地区	频数	占比
拙政园	391	63.47%
虎丘	289	46.92%
周庄古镇	181	29.38%
同里古镇	196	31.82%
金鸡湖景区	274	44.48%
东山景区	167	27.11%
穹窿山景区	163	26.46%
沙家浜风景区	98	15.91%
苏州乐园	167	27.11%
旺山景区	71	11.53%

续表

地区	频数	占比
留园	215	34.9%
网师园	142	23.05%
石湖景区	106	17.21%
七里山塘景区	158	25.65%
平江历史街区	220	35.71%
天平山景区	126	20.45%
木渎古镇	134	21.75%
甪直古镇游览区	91	14.77%
其他	43	6.98%

（八）游客提到苏州的联想元素情况

回收的616份有效问卷中,游客提到苏州的联想元素情况为:苏州园林占比95.45%;阳澄湖大闸蟹占比54.55%;苏州评弹占比46.59%;苏州古城占比43.02%;人间天堂占比41.88%;苏州古镇占比41.56%;碧螺春占比34.58%;吴文化占比30.68%;昆曲占比27.11%;湖光山色占比19.32%;其他占比2.44%,包括苏绣、太湖石、状元、特色小吃等。从图6可知,游客对苏州的印象主要为苏州园林、阳澄湖大闸蟹、苏州平弹、苏州古城、人间天堂、苏州古镇等。

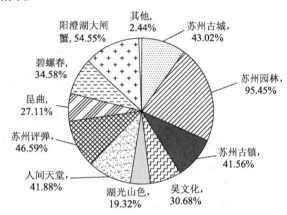

图6 游客提到苏州的联想元素情况

四、游客对苏州旅游景区服务质量评价

（一）影响游客对苏州旅游景区满意度的因素情况

在回收的616份有效问卷中,影响游客对苏州旅游景区满意度的因素情况为:景区内的旅游道路及路标设置占比57.63%;景区内环境卫生占比56.33%;景区内的旅游线路的设置占比44.16%;旅游厕所占比38.31%;旅游秩序占比30.36%;旅游高峰期游客的疏导与分流占比27.27%;景区讲解员的讲解占比25%;安全提示与安全保障占比23.38%;景区服务人员占比21.43%;商品购物

占比 16.56%;旅游纠纷占比 7.95%;其他占比 3.90%,包括停车场、景区公众号、市区道路通畅度等。从图 7 可知,影响游客对苏州旅游景区满意度的因素主要为景区内的旅游道路及路标设置、景区内环境卫生、景区内的旅游线路的设置、旅游厕所、旅游秩序等。

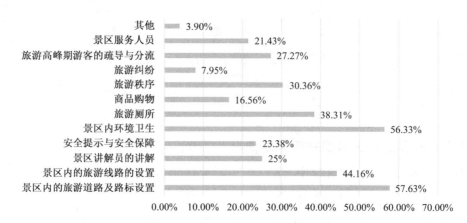

图 7　影响游客对苏州旅游景区满意度的因素情况

(二)游客对苏州产生美好回忆的元素情况

在回收的 616 份有效问卷中,游客对苏州产生美好回忆的元素情况为:生态绿化占比 68.67%;旅游景点占比 58.28%;城市建筑占比 55.52%;地方美食占比 51.62%;民俗文化占比 39.45%;服务水平占比 29.71%;购物环境占比 12.01%;其他占比 2.76%,包括市民素质等。从图 8 可知,苏州给游客留下难忘美好的回忆主要为生态绿化、旅游景点、城市建筑、地方美食等。

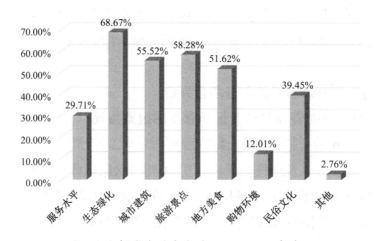

图 8　游客对苏州产生美好回忆的元素情况

(三) 游客对苏州整体品牌"人间天堂、自在苏州"的感知情况

回收的616份有效问卷中,游客对苏州整体品牌"人间天堂、自在苏州"的感知情况为:认为这个口号很好的占比52.27%;知道这个口号的占比49.68%;这个口号能激发受访者来苏州旅游的兴趣占比26.79%;知道苏州旅游的其他口号的占比7.47%,包括"上有天堂、下有苏杭""世博在上海、旅游到苏州""太湖名城、天堂苏州""东方水城、天堂苏州""人间天堂、东方水城""人间天堂、人文苏州"等。从图9可知,游客对"人间天堂、自在苏州"口号认可度较高。

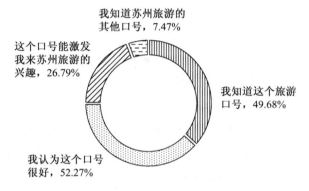

图9 游客对苏州整体品牌"人间天堂、自在苏州"的感知情况

(胡　菊,周剑玲)

苏州市旅游景区服务质量实证研究

国家旅游局数据中心公布的数据显示,2017年上半年,国内旅游人数25.37亿人次,比上年同期增长13.5%;入境旅游人数6 950万人次,比上年同期增长2.4%。《国务院关于进一步扩大和升级信息消费持续释放内需潜力的指导意见》(国发〔2017〕40号)明确把旅游服务等生活类信息消费列为重点领域之一。可见,中国的旅游业已进入快速发展阶段,同时,游客对服务品质的要求也在不断提升。旅游景区应在满足游客新需求的基础上,不断提升景区服务质量,促进景区的转型升级,才能实现景区的可持续发展。本文以苏州市旅游景区为研究对象,从游客的视角出发,对苏州市旅游景区服务质量进行实证研究。

一、理论基础与研究假设

(一)国内外文献综述

旅游服务质量的概念最早在20世纪80年代被正式提出。Zeithaml(1985)等提出旅游服务质量是游客感知与服务期望之间差异程度的观点被学术广泛认可。在评价维度方面,服务质量维度又称服务质量特性,是影响游客感知服务质量期望和绩效的要素。PZB(Parasuraman、Zeithaml、Berry,1988)提出的服务质量五维度(有形性、可靠性、响应性、保证性和移情性)被绝大多数评价方法所采用。Bahia(2000)等认为景区的宣传内容和形象、服务人员态度、服务效率等影响游客对景区服务质量的感知。Gonzalez(2007)等调查发现旅游服务质量对游客满意度有明显正向影响,同时满意度也对游客行为产生正向影响。Narayan(2009)从核心服务、设施、交通、餐饮等维度测量旅游点服务质量。

马震(2010)构建了美观性、安全性、敏感性、有行性、保证行、环境性和移情性等7个维度40项的游客感知景区服务质量体系。王昆欣(2013)认为旅游服务质量包括有形产品质量和无形产品质量两个维度。王颖凌(2016)对比旅游咨询、旅游安全、旅游交通、旅游便民、旅游住宿、旅游餐饮、旅游景区、旅游购物、旅游娱乐9个维度的提升力和表现力,发现旅游安全、旅游景区对旅游服务质量提升影响突出。秦远好(2017)从景区服务、交通服务、娱乐服务、住宿服务、餐饮服务、导游服务和购物服务这7个方面评价城镇居民旅游服务满意度,发现城镇居民满意度在逐年提高;同时,我国能够获得城镇居民赞许的旅游服务存在明显的行业差距,这是影响城镇居民旅游服务质量感知评价水平和满意度的重要因素。

随着学者对服务质量研究的深入,服务质量的研究方法也在不断丰富。国外对服务质量的研究起步较早,研究对象更广泛,研究方法更多样,其中SERVQUAL评价法、SERVPERF评价法、非差异分析法(Non-difference)、IPA法、数据包络分析法(DEA法)等评价方法最常被运用,各种方法各有优点和适用条件。

(二)理论基础

1. 可持续发展理论

可持续发展对于保护景区生态、提升景区品牌影响力和竞争力起着重要的作用。世界旅游卫生组织对可持续发展的定义为:在保护生态的前提条件下,满足人类对经济社会和审美的要求,不仅为当代人提供旅游活动,也能保护和增进后代人的利益并提供同样的旅游活动机会。

旅游景区的资源是景区的核心竞争力,是为游客提供服务的载体,具有不可替代性。景区在旅游产品线路设计、基础设施建设、营销活动、景区管理等发展建设过程中,必须以保护环境为前提条件。同时,景区应设立保护环境和生态的标志、宣传语等,倡导游客共同保护景区的资源和生态。

2. 全面质量管理理论

全面质量管理最先被应用于企业的服务质量管理。旅游景区的服务质量管理是指从游客的需求出发,以保证游客的服务质量为核心,运用现代的管理思想、方法、技术,为游客提供优质的服务,满足游客的需求。

旅游景区的全面质量管理要求景区的全体成员树立全面质量管理意识,从而提升景区的整体服务质量。不同类型的景区须根据自身特点,运用现代化的技术手段和方法,对景区实行科学化、信息化管理,提高管理水平和服务质量,从而提高游客满意度。

3. 旅游景区品牌理论

旅游景区品牌是指旅游目的地和其他地区的景区有所区别的一个标识,主要有景区的名字、标识、广告形式、景区形象、基础设施、旅游价值、人文背景、经营管理等方面,旅游景区品牌是由不同要素共同构成的。从这些要素看,旅游景区品牌的内涵表现在两个方面:一方面,景区资源和相关服务的标识及其和其他旅游景区具有区别的独有表现;另一方面,广大受众对景区资源和产品的认知情况。对于旅游景区品牌而言,不但要有旅游景区的名称、独特标志,还应包含旅游景区产品及服务等指导理念、文化内涵、目标定位等,是一系列和旅游景区有关的信息的整合。

(三) 研究假设

本研究通过对已有文献梳理,从顾客角度出发,构建了包含旅游景观、餐饮服务、旅游交通、娱乐体验、商品购物、公共信息服务、景区人员服务、旅游安全监测8个维度的旅游服务质量研究假设模型:

H1:旅游景观对服务质量产生正向的显著作用。

H2:餐饮服务对服务质量产生正向的显著作用。

H3:旅游交通对服务质量产生正向的显著作用。

H4:娱乐体验对服务质量产生正向的显著作用。

H5:商品购物对服务质量产生正向的显著作用。

H6:公共信息服务对服务质量产生正向的显著作用。

H7:景区人员服务对服务质量产生正向的显著作用。

H8:旅游安全监测对服务质量产生正向的显著作用。

二、问卷设计与数据收集

(一) 问卷设计

本文采用适用领域最广的问卷调查方法收集数据。本问卷借鉴了国内外相关领域的文献研究,采用李克特量表设计了本问卷。本次调查问卷主要分为三个部分:第一部分为个人基本信息,包括性别、年龄、教育程度、职业、月收入,获取问卷调查者的基本信息和特征,以便控制变量并进行样本的描述性统计分析。第二部分为苏州旅游景区品牌相关情况,包括游客对苏州旅游景区的总体印象、对苏州市旅游景区品牌了解情况、旅游期限、旅游目的等,获取问卷调查者对苏州旅游景区的了解程度。第三部分为苏州旅游景区服务质量情况,包括旅游景观、餐饮服务、旅游交通、娱乐体验、商品购物、公共信息服务、景区人员服务、旅游安全监测8个维度、32个因素,获取问卷调查者的满意度评价。

(二)数据收集

本文问卷调查主要采用线上填写方式,将问卷星网站设计的问卷用微信、QQ等方式分享链接,受访者在线参与问卷填写。

本文的调查问卷发放时间为2017年6月至2017年7月,共发放635份,收回有效问卷616份,问卷有效率为97.01%。

问卷调查回收后,主要采用SPSS20.0数据软件和Excel进行数据处理。其中,Excel主要是对样本数据进行基本处理和简单运算;SPSS20.0数据软件主要是对样本数据进行描述性统计分析及各种相关性检验,分析本次问卷调查研究的总体特征;采用线性回归分析对样本数据进行假设验证。

三、实证分析

(一)描述性统计分析

调查样本数据显示,在616份有效问卷中,在性别方面,男性占比51.6%,女性占比48.4%。男女比例基本相同,基本保持回收数据的客观性。在年龄方面,分布最多的为25~34岁,占比47.2%;其次分布在35~44岁、45~59岁、15~24岁、60岁及以上、15岁以下,分别占比24.7%、18.3%、7.8%、1.8%、0.2%。调查对象总体趋于年轻化,是对旅游景区服务质量比较敏感的年龄段,保证了调查数据的有效性。在教育程度方面,主要集中于本科阶段,占比55.3%;硕士及以上占比30.2%;大专中专/技校占比10.4%;高中占比2.8%;初中及以下占比1.3%。本次问卷调查对象的文化程度普遍处于较高水平,调查主体拥有自己的主见,确保了收集的数据的真实有效性。在职业方面,企业单位人员占比55.2%;事业单位人员占比15.4%;公务员占比12.7%;学生和自由职业者分别占比6%;私营业主占比4.7%。在月收入方面,5 000~7 999元占比31%,8 000~11 999元占比24.4%;12 000~19 999元占比13.6%,3 000~4 999元占比12.8%;3 000元以下占比9.1%,20 000元及以上占比9.1%。调查对象的月可支配收入相对宽裕,在购买产品或服务时可以自由根据自己喜好进行选择。

表1 本次问卷调查的人口统计学分析

类型	分类	频数	百分比/%	累积百分比/%
性别	男	318	51.6	51.6
	女	298	48.4	100.0
	合计	616	100.0	—
年龄	15 岁以下	1	0.2	0.2
	15~24 岁	48	7.8	8.0
	25~34 岁	291	47.2	55.2
	35~44 岁	152	24.7	79.9
	45~59 岁	113	18.3	98.2
	60 岁及以上	11	1.8	100.0
	合计	616	100.0	—
教育程度	初中及以下	8	1.3	1.3
	高中	17	2.8	4.1
	大专中专/技校	64	10.4	14.5
	本科	341	55.3	69.8
	硕士及以上	186	30.2	100.0
	合计	616	100.0	—
职业	公务员	78	12.7	12.7
	事业单位人员	95	15.4	28.1
	企业单位人员	340	55.2	83.3
	私营业主	29	4.7	88.0
	学生	37	6.0	94.0
	自由职业者	37	6.0	100.0
	合计	616	100.0	—
月收入	3 000 元以下	56	9.1	9.1
	3 000~4 999 元	79	12.8	21.9
	5 000~7 999 元	191	31.0	52.9
	8 000~11 999 元	150	24.4	77.3
	12 000~19 999 元	84	13.6	90.9
	20 000 元及以上	56	9.1	100.0
	合计	616	100.0	—

(二)信度和效度检验

1. 信度检验

本文采用 SPSS20.0 数据分析软件进行旅游景观、餐饮服务、旅游交通、娱乐体验、商品购物、公共信息服务、景区人员服务、旅游安全监测这 8 个维度的信度分析,得出各变量的信度系数值,如表 2 所示。餐饮服务的 Cronbach's a 系数为 0.887,表明餐饮服务的可信度非常高。旅游景观、旅游交通、娱乐体验、商品购物、公共信息服务、景区人员服务、旅游安全监测的 Cronbach's a 系数都在 0.9 以上,表明这 7 个维度的测量量表有极佳的可信度。总量表的 Cronbach's a 系数在 0.9 以上,表明苏州旅游景区服务质量的总量表的可信度非常理想。

表2 信度分析结果

变量	测量条目数量	Cronbach's a 系数
旅游景观	5	0.908
餐饮服务	3	0.887
旅游交通	4	0.926
娱乐体验	3	0.947
商品购物	5	0.945
公共信息服务	4	0.945
景区人员服务	4	0.970
旅游安全监测	4	0.963
总量表	32	0.980

2. 效度检验

本文对 32 项评价指标进行效度检验,KMO 和 Bartlett 检验的数值为 0.971,大于 0.9,表明进行因子分析是极佳的。同时,Bartlett 检验中,Sig 为 0.000,统计量 P 值达到显著,原始变量间存在关联性,适合因子分析。见表 3。

表3 景区服务质量的 KMO 和 Bartlett 检验

取样足够度的 Kaiser-Meyer-Olkin 度量		0.971
Bartlett 的球形度检验	近似卡方	23 631.930
	df	496
	Sig.	0.000

本文对景区服务质量 8 个维度 32 个因素采用主轴因子分解的提取方法,旋

转后的因子共有 8 个,旋转后累计解释总方差量为 73.062%,表明因子有较强的解释力。每一项的负荷值都大于 0.5,表明量表保持了内部的一致性,具有较高的建构效度。见表 4。

表 4 景区服务质量旋转因子矩阵[a]

维度	因素	因子							
		1	2	3	4	5	6	7	8
旅游景观	旅游环境	0.566							
	景区特色	0.726							
	观赏价值	0.789							
	资源丰富度	0.733							
	文化价值	0.722							
餐饮服务	餐饮特色		0.576						
	餐饮价格		0.625						
	餐饮卫生状况		0.594						
旅游交通	便捷性			0.696					
	舒适性			0.718					
	安全性			0.684					
	线路合理性			0.634					
娱乐体验	娱乐项目种类				0.541				
	娱乐体验效果				0.567				
	娱乐设施安全性				0.529				
商品购物	购物环境					0.659			
	商品特色					0.674			
	商品价格					0.757			
	商店信誉					0.716			
	市场秩序					0.667			
公共信息服务	政府旅游政务网站建设						0.578		
	企业旅游信息网站建设						0.603		
	咨询设施(如游客中心)						0.634		
	咨询平台(如旅游服务热线、旅游投诉电话等)						0.643		

续表

维度	因素	因子							
		1	2	3	4	5	6	7	8
景区人员服务	服务态度							0.727	
	服务效率							0.729	
	服务水平							0.704	
	服务人员形象							0.711	
旅游安全监测	公共安全机制（如旅游应急预案）								0.753
	公共安全服务设施（交通、游乐、消防安全设施）								0.734
	消费环境监测（旅游交通、酒店及景区的安全监测）								0.729
	消费权益保护（如旅游投诉处理）								0.774

提取方法：主轴因子分解。
旋转法：具有 Kaiser 标准化的正交旋转法。
a：旋转在 7 次迭代后收敛。

（三）回归分析

经过上述分析，下面将采用多元回归法分析旅游景观、餐饮服务、旅游交通、娱乐体验、商品购物、公共信息服务、景区人员服务、旅游安全与旅游景区服务质量之间的关系，采用 SPSS19.0 软件进行逐步回归筛选（Stepwise），得到模型的自变量，并且针对回归模型进行显著性检验、回归系数的显著性检验以及多重共线性检验。

1. 回归模型显著性检验

从表 5 回归模型显著性检验结果可以看出，F 检验的观测值为 30.835，回归方程显著性检验的概率 P 值小于 0.01，被解释变量与解释变量全体的线性关系是显著的，可建立线性模型，即该回归分析是可行的。

表5 回归模型显著性检验结果 Anova[b]

模型	平方和	df	均方	F	Sig.
回归	82.331	8	10.291	30.835	0.000[a]
残差	202.590	607	0.334		
总计	284.920	615			

a：预测变量,(常量),旅游安全监测,旅游景观,餐饮服务,旅游交通,娱乐体验,公共信息服务,商品购物,景区人员服务。
b：因变量,旅游景区服务质量。

2. 回归系数及显著性检验

根据表6回归模型中变量的回归系数及显著性检验可以得知,在显著性水平0.01下,旅游景观、餐饮服务、旅游交通、娱乐体验、商品购物、公共信息服务、景区人员服务、旅游安全监测的回归系数较显著,建立的回归模型如下：

旅游景区服务质量 = 1.739 + 0.163 旅游景观 + 0.009 餐饮服务 + 0.113 旅游交通 + 0.029 娱乐体验 + 0.017 商品购物 + 0.001 公共信息服务 + 0.090 景区人员服务 + 0.019 旅游安全监测。

表6 回归系数及其显著性检验结果系数[a]

模型	非标准化系数		标准系数	t	Sig.
	B	标准误差	试用版		
（常量）	1.739	0.023		74.694	0.000
旅游景观	0.163	0.034	0.230	4.736	0.000
餐饮服务	0.009	0.042	0.013	3.223	0.000
旅游交通	0.113	0.040	0.160	2.826	0.000
娱乐体验	0.029	0.045	0.041	0.642	0.000
商品购物	0.017	0.049	0.025	0.351	0.001
公共信息服务	0.001	0.048	0.002	0.028	0.003
景区人员服务	0.090	0.050	0.130	1.811	0.000
旅游安全监测	0.019	0.049	0.028	0.391	0.000

a：因变量,旅游景区服务质量。

四、研究结论与建议

(一) 研究结论

通过上述回归分析,得到的结果如下:

1. 旅游景观与服务质量呈显著正相关

从回归结果来看,旅游景观与服务质量的回归系数为 0.163,相关系数的 sig 值为 0,通过显著性检验,由此可知,旅游景观对服务质量产生正向的显著作用,与研究假设 1 一致。旅游环境、景区特色、观赏价值、资源丰富度及文化价值与旅游服务质量直接相关。

2. 餐饮服务与服务质量呈显著正相关

从回归结果来看,餐饮服务与服务质量的回归系数为 0.009,相关系数的 sig 值为 0,通过显著性检验,由此可知,餐饮服务对服务质量产生正向的显著作用,与研究假设 2 一致。旅游景区的餐饮特色、价格及卫生状况与景区服务质量有直接相关性。

3. 旅游交通与服务质量呈显著正相关

从回归结果来看,旅游交通与服务质量的回归系数为 0.113,相关系数的 sig 值为 0,通过显著性检验,由此可知,旅游交通对服务质量产生正向的显著作用,与研究假设 3 一致。旅游交通的便捷性、舒适性、安全性、线路合理性与景区服务质量有直接相关性。

4. 娱乐体验与服务质量呈显著正相关

从回归结果来看,娱乐体验与服务质量的回归系数为 0.029,相关系数的 sig 值为 0,通过显著性检验,由此可知,娱乐体验对服务质量产生正向的显著作用,与研究假设 4 一致。娱乐项目种类、娱乐体验效果、娱乐设施安全性与景区服务质量有直接相关性。

5. 商品购物与服务质量呈显著正相关

从回归结果来看,商品购物与服务质量的回归系数为 0.017,相关系数的 sig 值为 0.001,通过显著性检验,由此可知,商品购物对服务质量产生正向的显著作用,与研究假设 5 一致。购物环境、商品特色、商品价格、商店信誉、市场秩序与景区服务质量有直接相关性。

6. 公共信息服务与服务质量呈显著正相关

从回归结果来看,公共信息服务与服务质量的回归系数为 0.001,相关系数的 sig 值为 0.003,通过显著性检验,由此可知,公共信息服务对服务质量产生正向的显著作用,与研究假设 6 一致。政府旅游政务网站建设、企业旅游信息网站建设、咨询设施(如游客中心)、咨询平台(如旅游服务热线、旅游投诉电话等)与景区服务质量有直接相关性。

7. 景区人员服务与服务质量呈显著正相关

从回归结果来看,景区人员服务与服务质量的回归系数为 0.090,相关系数的 sig 值为 0,通过显著性检验,由此可知,公共信息服务对服务质量产生正向的显著作用,与研究假设 7 一致。服务态度、服务效率、服务水平、服务人员形象与景区服务质量有直接相关性。

8. 旅游安全监测与服务质量呈显著正相关

从回归结果来看,旅游安全监测与服务质量的回归系数为 0.019,相关系数的 sig 值为 0,通过显著性检验,由此可知,旅游安全监测对服务质量产生正向的显著作用,与研究假设 8 一致。公共安全机制(如旅游应急预案)、公共安全服务设施(交通、游乐、消防安全设施)、消费环境监测(旅游交通、酒店及景区的安全监测)、消费权益保护(如旅游投诉处理)与景区服务质量有直接相关性。

(二) 管理建议

国务院发布的《"十三五"旅游业发展规划》明确指出,"以转型升级、提质增效为主题,以推动全域旅游发展为主线"。国家旅游总局发布的《2017 全域旅游发展报告》指出,全域旅游将成为中国旅游发展新道路、区域统筹发展新方案、生态保护新格局。

本文通过对苏州旅游景区服务质量的研究,提出以下几点管理建议:

1. 提高景区特色旅游体验

旅游景区需要根据景区的特色定位和丰富的区域资源,改善旅游环境,加强与科技、文化、体育、教育等产业的融合,设计特色旅游线路产品。在景区娱乐体验方面,在保证项目设施安全性的前提下,对娱乐项目种类根据游客需求进行创新,满足游客的多种需求。另外,在景区的特色产品和购物环境等方面,进行标准化、规范化管理,营造良好的市场秩序,为游客提供特色化旅游体验。

2. 加强基础设施投入

根据游客的需求,对景区的指引、标志、垃圾桶、道路、游客服务中心、厕所、停车场、餐饮、酒店等配套基础设施不断完善,为游客提供便捷、安全和人性化的景区服务。另外,为了打造全域旅游和智慧旅游的旅游新格局,景区应建立景区的智慧旅游系统,包括游客服务系统、景区管理系统和旅游产品系统这三个维度,为景区的信息化管理提供基础的通信、无线基站、中继设备、计算和服务中心以及相关配套设施的支持。

3. 实现服务创新

随着智慧旅游景区的建设,旅游景区应对服务进行创新和提升。在景区人员服务方面,利用信息化,提升服务能力,加强景区人员与游客间的互动,及时为游客提供高效、便捷服务。在智慧旅游服务平台上,景区可为游客提供网络预订或自助售票、自助电子导游、虚拟景区游览、电子地图、在线咨询等服务,实现服务人性化、智能化。在旅游公共安全、消费环境、消费权益保护等方面,实现及时监督和跟踪。

参考文献:

[1] 陆霖.旅游景区服务质量管理及其实证研究[M].北京:北京交通大学出版社,2016.

[2] 王颖凌,刘沅,肖晓春.基于游客感知的海南旅游公共服务质量提升研究[J].西南大学学报(自然科学版),2014(12):135-140.

[3] 秦远好,刘德秀.城镇居民对国内旅游服务质量感知评价研究[J].西南大学学报(自然科学版),2015(4):47-54.

[4] 徐荣林,王建琼.基于员工视角的景区旅游服务质量实证研究[J].旅游科学,2016(4):86-94.

[5] 雷红霞.我国旅游景区服务质量提升策略研究[J].江西社会科学,2016(4):222-226.

[6] 赵艳林,毛道维,钟兰岚.民族村寨旅游服务质量对游客行为意愿的影响研究——满意、不满意的中介作用[J].四川师范大学学报(社会科学版),2016(4):80-89.

[7] 陈炜.民族村寨旅游服务质量游客满意度评价指标体系的构建及应用——以柳州三江程阳侗寨为例[J].社会科学家,2016(1):97-101.

[8] 耿裕清,吴泗宗.民族旅游服务质量满意度与重要性评测与研究[J].贵州民族研究,2016(3):171-175.

[9] 雷红霞.我国旅游景区服务质量提升策略研究[J].江西社会科学,2016(4):222-226.

[10] 王静,王玉霞.北京博物馆文化旅游服务质量提升研究[J].北京联合大学学报(人文社会科学版),2017(3):26-30.

[11] 陈喆,翁美莹.景区服务质量研究述评[J].特区经济,2017(4):116-118.

[12] 姜烛,刘力真.旅游服务质量信用评价模型及实证研究——以旅游景区为例[J].标准科学,2017(7):81-84,95.

(胡　菊,魏文斌,雷星星)

苏州市全域旅游实践与发展研究

"全域旅游"的概念于 2016 年被提出,并作为国家"十三五"旅游业发展规划的重要内容被提升为国家战略。全域旅游的具体内容是指"一定区域内,以旅游业为优势产业,以旅游业带动促进经济社会发展的一种新的区域发展理念和模式",具体包括全域优化配置资源、全域按照景区标准建设、全域协调管理旅游工作、全域发挥"旅游+"功能、旅游成果全民共建共享。全域旅游对新形势下旅游业乃至国民经济增长都起着突出的作用。在国家旅游局公布的第一批全国 262 家全域旅游示范区创建单位名单中,苏州是江苏省 8 家单位中唯一的地级市创建单位,不仅因为整个苏州大市范围内旅游资源充裕,更侧面反映了旅游业在苏州市未来经济发展中的巨大潜力。苏州历来是中外游客向往的旅游目的地,获评中国"一带一路"旅游推广城市,入选"中国国际特色旅游目的地"创建城市名单,作为全国首批全省唯一的"国家全域旅游示范区",苏州再次踏上了转型发展的新征程,开启了全域旅游的新探索。

一、苏州市发展全域旅游的实践

苏州市旅游局围绕市委、市政府中心工作,率先实施全域旅游战略,着力提高旅游产业发展综合协调能力,积极提升旅游市场综合监管水平,突出推出旅游业融合发展和新业态培育,创新开展境内外营销宣传,全力打造苏式服务新体系。苏州扎实推进"全域旅游"工作过程中,把苏州全域作为最大的景区、最美的旅游目的地加以打造。全市各行业积极融入,各部门齐抓共管,全城居民共同参与,全面满足游客的全方位体验需求,使苏州率先打造了涵盖下属各县级市的全国优秀旅游城市集群,在游客满意度方面也始终保持在全国前列。与此同时,苏州也以融合、创新为主线,推进全域旅游工作,既为旅游及相关产业和领域提供扩容、升级、增值的空间,同时也扩容、升级和增值旅游业自身,有效推动城市"供给侧"改革。这种"融合"主要体现在三个方面。一是加速旅游与民生资源整合,使苏州城市"全域"成为市民和游客"主客共享"的空间。苏州近年成功创建的国家古城旅游示范区、国家商务旅游示范区,既是高品质的生活工作区,也是开放型、特色明显的旅游区。近年来苏州建设的全国领先的旅游厕所、咨询服务、交通等旅游公共服务体系,也广被市民点赞。二是使城市服务与管理在旅游上集中匹配,使旅游业成为城市产业中"高标准、高质量"的代名词之一。将开展全国智慧旅游试点城市工作与"智慧苏州"建设同步,并在底层数据架构与应用操作层面无缝对接。在打造旅游消费放心行业实践中,旅游业成为苏州创建全国消费放心城市的重点领域与标杆行业。三是从加速助推城市转型的高度,主动带动涉旅业态创新,统筹区域产业布局。

在推动城乡一体化发展上,苏州积极发挥乡村旅游综合发展的示范作用,做强、做优,做全国工农业旅游示范点,成功打造了"经济强、环境美、旅游靓、百姓富"等一体化发展新典型;在推动"文化苏州"的全球表达上,挖掘并实现了古城文化、传统工艺、传统曲艺等"绝活",彰显了城市的文化特质;在生态文明建设上,通过在全国率先推进国家、省、市三级旅游度假区体系建设,既留住了绿水青山,又使江南水乡的生态优势效应凸显;在城市文明建设上,苏州成功打造的全国地级市排名前列的5A级景区、五星级酒店、五星级旅行社等高品质服务载体,成为提升城市文明程度的重要力量。

苏州市委、市政府高度重视旅游产业发展,提出建设国际文化旅游胜地的宏大目标,实施了全域旅游战略、旅游服务国际化战略等战略措施,大旅游的格局初步形成,旅游业逐步成为城市支柱产业。苏州市政府根据各旅游度假区景点的分布,分别定位为文化旅游、商务旅游、养生旅游、体育旅游、乡村旅游、休闲旅游、水乡旅游、露营旅游和湿地旅游,各景点既差异化发展又功能互补,共同构建了苏州大旅游的蓝图,成为苏州旅游产业新的亮点和新的增长点。

(一)做好"旅游+"产品线路

1. 文创+旅游

苏州博物馆作为世界级大作,在艺术环境中逐渐形成其独特的品牌和风格。

以文徵明为主题的"衡山杯"既实用,又有文化气质,深受游客的喜欢,同时彰显苏州全域旅游中"文化+旅游"融合发展的特色。

狮子林与苏州民俗博物馆已形成互通,狮子林游客可进入民俗博物馆参观,再凭借打在手上的特别印章返回狮子林继续游览。实现了文旅融合互通的新模式,是苏州旅游业在"旅游+文化"方面的新探索。

夜游网师园是苏州创新旅游产品的标杆项目,是2016年入选的十大创新旅游产品之一。

平江路是苏州著名的全国历史文化名街,也是苏州知名度最高的开放式景区之一。同时,也是苏州古城河街并行的双棋盘格式中典型的代表,是苏式风情的集中体现。姑苏区和苏州市规划局对平江片区进行了"城市设计",使其成为苏州古城风貌的缩影。

2. 旅游+体育

环古城河健身步道建成以来,已经成为游客了解苏州古城文化的重要项目,是"旅游即城市,城市即旅游"新格局的重要组成部分。苏州市旅游局还为游客特意绘制了环古城河步道手绘游览图,涵盖步道周边景点、厕所、旅游咨询中心、停车场、地铁、公交等信息。

3. 旅游+休闲

吴中区将菱湖渚公园升级为园博苏州园,太旅集团打造了3.0版的太湖旅游小镇——沐春园休闲旅游区。沐春园内还引进了直升机低空观光项目,为广大游客提供"大美太湖"观光线以及太湖游船观望体验项目。

4. 旅游+商业

月光码头是金鸡湖景区的核心区域之一,是"旅游+商业"的典范。月光码头紧临苏州文化艺术中心、苏州博览中心以及苏州诚品书店、圆融商圈,除自身引进了高端休闲娱乐业态外,还是园区文化、艺术、商业、娱乐、旅游的交汇点。

苏州摩天轮主题公园位于苏州工业园区金鸡湖东岸,文化水廊景观区域,现代休闲广场南侧,园内建有世界上最大(直径为120米)的水上摩天轮及多种配套游乐设施,是集观光、休闲、娱乐于一体的景点。

苏州诚品生活是大陆首家也是目前唯一的一家诚品书店,目前已经成为苏州文化、创意、娱乐休闲的集合地,同时也是不少自由行来苏游客必到的目的地,俨然已经成为一座旅游地标。

苏州奕欧来购物村是苏州全域旅游战略中"旅游+购物"的重要组成部分。位于工业园区阳澄半岛度假区的奕欧来,与重元寺、华谊兄弟电影世界、环阳澄湖自行车道及众多星级度假酒店一道组成了集旅游六要素为一体的旅游度假综合体。

5. 旅游+民宿

吴中区森林的秘密主题度假村、相城区村上湖舍民宿、常熟虞山尚湖度假区虞山人家民宿,是近年来苏州涌现的一批精品民宿。苏州市旅游局借助创建全域旅游示范区的契机,出台乡村旅游民宿规范发展指导意见,开展旅游精品民宿评选,这些举措都推动了民宿发展。这也是苏州全域旅游战略中"借鉴国内外成熟旅游目的地的先进经验,科学发展、合理布局彰显'苏式生活'魅力的'分散型精品住宿'"的重要探索。村上湖舍由建筑师、媒体人、设计师、旅游达人共同发起,成立于2015年,位处阳澄湖生态休闲旅游度假区核心部位——美人腿半岛清水村刘家庄十字浜。湖舍配套餐厅包厢,可以看湖景、闻花香、滨水私密,犹如置身桃花源之中。

6. 旅游+咨询

目前苏州共建有三级咨询服务点226家,包括一级服务点4个、二级服务点10个和三级服务点212个,遍及全市重要景点景区、度假区、文化旅游街区,每年为2 000多万游客提供旅游咨询服务。

常熟市旅游集散中心位于该市海虞北路58号常熟市客运站旁,主要为市民与游客提供旅游咨询和投诉受理、年卡办理、票务预订、特产销售等服务。

位于东山景区的东山二级游客中心除了为游客提供传统旅游咨询服务之外,同时还兼具若航"低空飞行"站点、"苏州好行"东山专线接驳站点、太湖驿站自行车租赁站点、电动汽车租赁站点以及游船码头、民宿、咖啡馆休憩等多项功能,是苏州全域旅游建设中探索咨询中心功能多样化的先驱。

7. 旅游+交通

"苏州好行"是苏州市旅游局与苏州市交通局联合打造的旅游交通直通车,目前包括古城区内三条环线和古镇专线以及景区专线。目前"苏州好行"在古城外设有多个旅游交通换乘中心,对接各类散客服务,有效遏制了"黄牛""黑导"。

环古城河游船是苏州"旅游+交通"的特色项目。苏州在创建全域旅游示范区的过程中,积极探索苏州特色的水上旅游交通新方式,贯通环城河旅游线路,与交通枢纽对接,并研究将古运河与金鸡湖互通,让游客更直观感受"东方水城"的魅力。

(二)全域优化旅游服务,推进公共服务设施建设

苏州市启动"厕所革命",重点推进旅游厕所建设提升,同步推进公共停车场建设、无线 WiFi 全覆盖、综合性游客服务中心建设和旅游交通指示牌建设,努力优化全市旅游公共服务体系。

1. 推进"厕所革命",让游客舒心

进一步优化全城的厕所布点,新建一批旅游厕所,改建提升一批旅游厕所,强化无障碍设施等基本配置,加强管理,保证游客使用方便、干净卫生。重点推进城乡全域厕所革命并实施厕所革命三年行动计划,连续两年获评厕所革命创新城市。此外,苏州市旅游局还为游客提供"找厕所"App 和旅游厕所信息化管理平台,让游客用手机就可以找到最近的厕所。

2. 完善交通指引服务,让游客顺心

进一步完善道路交通指引标识,在城市主干道上增设了一批旅游景点交通指示牌;4A 级以上景区内部指示牌使用中、英、日、韩四种语言标识。近几年来,苏州每年用于旅游交通标识系统的建设维护费用超过 1 000 万元,完成新建、改扩建旅游景区停车场 28 处。

3. 升级智慧旅游服务,让游客省心

建设了景区游客流量实时监控系统,开发了多款旅游 App,扩大免费 WiFi 覆盖范围,实现 3A 级以上景区无线 WiFi 全覆盖。启动智能停车管理系统建设,加强旅游电子商务平台的建设。

4. 推出多样化便民惠民服务,让游客欢心

增加免费景点和文博场馆的开放数量;推进全市综合性游客服务中心建设;加快临时停车场的布置,利用热门景点附近的空闲场地为游客提供停车服务。

(三)全面整合营销力量,整体推介苏州旅游形象

继续做大做强现有的旅游活动,如中国国际纳米技术产业博览会和金鸡湖国际马拉松比赛等主题旅游会展活动;继续整合苏州市旅游局、市委宣传部、市局和景区的宣传、营销力量,加强与外办、侨办、台办、文化、商务和体育等部门联

动,形成苏州旅游形象推广整体合力,定期在北京、上海、广州、深圳等重点客源地召开专题旅游推介会;加强与长三角地区重点旅游城市和国内其他重要旅游区域的合作,互送客源;与我国香港、台湾等地以及新加坡等境外重点地区结成联盟,共同开展旅游促销活动;加强与国内外知名旅游网站和知名媒体的合作,积极宣传推介苏州旅游。

二、苏州在发展全域旅游过程中存在的问题

积极推进旅游业的发展,建设一个大型的旅游产业格局,在这方面,苏州市取得了一定的成就,但也存在一些亟待解决的问题。

(一)统筹管理旅游产业的机制还未确立

苏州景点景区分布分散,各主要旅游景点依然分属多个部门管理,多头管理问题依旧复杂,未能形成统一管理、统一营销的有利机制。旅游市场主要还是依靠市旅游局来管理,与市场监管、物价、卫生、公安、安监等部门的联合执法、联合检查较少,须建立齐抓共管旅游市场的有效机制。

(二)旅游产业与其他产业融合发展的格局还未形成

当前苏州市旅游产品以观光类旅游产品为主,休闲类旅游产品为辅,主要还是依靠传统园林。旅游产业与文化产业的融合不深,苏州市打造了许多文博场馆,但真正面向游客开放、游客知晓度高的文博场馆屈指可数。旅游产业与休闲观光农业的融合不深,苏州市的乡村旅游点建设、农家乐建设整体层次不高,优质乡村旅游点缺乏。旅游产业与工业的融合不深。旅游产业与餐饮服务业的融合不深,苏帮菜其知名度、美誉度始终和川菜、粤菜美食相差很远。

(三)智慧旅游服务体系不完善

苏州市是全国首批智慧旅游试点城市,在智慧旅游方面也做了大量的工作。例如,部分景区安装了游客人脸识别系统,实时监控游客流量;开发了自助语音讲解系统;实现票务系统与OTA(在线旅行社)及分销商系统互通互联,并可通过OTA渠道、分销渠道、人工售票窗口、自助售票一体机、支付宝、微信、摇一摇、闪付等多种方式进行购票。然而,苏州全域的智慧旅游体系建设尚处于起步阶段,信息化应用水平总体相对较低。目前,苏州市缺少资源互通共享的旅游云数据计算中心,缺少智慧旅游一体化管控平台,信息共享服务有待提升,现有市内酒店、温泉、娱乐、餐饮等单位还处于每家系统独立运营的状态,不能实现互通互联。智慧管理服务体系还不完善,对大景区内车辆、导游、游客、工作人员等无法

实现全覆盖、可视化、动态的监控与管理。目前已建立的电子商务平台功能还不够完善,给游客的体验度不高,相应的通过票务系统、电子商务平台获取的游客相关数据也较为匮乏,无法深度挖掘分析旅游热点和游客兴趣点,尚未建立起一套完整的目的地营销系统。

(四)旅游公共服务水平参差不齐

4A级以上旅游景区的配套设施、配套服务比较完善,一般景区景点及乡村旅游点的配套设施、配套服务差强人意。纳入旅游行业监管的单位服务水平相对较高,但一般社会企业旅游接待能力和水平有待提升。

三、苏州市发展全域旅游的思考与建议

(一)构建统一管理的旅游管理机制

深入推进旅游行政管理体制改革,充分发挥相关单位的统筹协调职能。继续推进与公安、市场监管、物价、卫生等部门的联合执法、联合检查,真正形成齐抓共管旅游市场的有效机制。深入推进旅游市场改革,推进旅游景点经营权与所有权的分离,组建统一经营、统一管理、统一营销的旅游产业集团,打造苏州旅游产业的"航空母舰"。深入整合全市旅游营销力量,形成统一营销、整体推介的合力。

(二)依托"旅游+"构建大旅游产业

深入推进旅游产业与文化产业融合,坚持把文化作为苏州旅游的核心要素来打造,探索在对外窗口区域设立非遗文化表演展示区,丰富文化展示方式。推进文化休闲区域建设。对全市主要文博场馆进行旅游化改造,完善讲解、体验等功能,面向游客适当免费开放,并对古城内文物故居、古木名树等实施文化解读。深入推进旅游产业与休闲观光农业融合,对全市的乡村旅游点和休闲农庄进行评星定级,指导其提档升级,重点培育一批五星级乡村旅游区,重点打造一批旅游特色小镇。深入推进旅游产业与工业的融合。深入推进旅游产业与餐饮服务业融合,大力宣传苏帮菜,大力推广苏式美食,吸引更多游客品尝。

(三)构建区域联动发展旅游产业的大格局

结合生态中心建设,以旅游度假区为主要载体,推动区域重大旅游项目建设,做大旅游发展增量。各县(市、区)要依托现有基础和特色,分别建设若干重大旅游项目。加快发展乡村旅游,与城区旅游形成错位发展与互补效应,按照

"一镇一特色"的思路,如高新区的苏绣文创生态旅游小镇,相城区葫芦岛帐篷客小镇,吴江松陵旗袍小镇,吴中区舟山核雕小镇、旺山村、蒋巷村、永联村等旅游特色小镇村,推动乡村旅游区域化、规模化发展。

(四)推进旅游公共服务全域化、一体化

推进宜游城市建设,以综合性游客服务中心为突破点,实现全域公共服务体系的统一化、联动化发展。将游客服务中心作为展示全市旅游形象的重要窗口和串联县域旅游的交通集散换乘中心。着力构建完善的多语种指引指示系统,打造多语种的旅游专业服务和志愿者服务队伍。深入推进城市公共区域的"旅游厕所革命",加快公共休憩设施和无障碍设施建设,营造温馨舒适的城市公共空间。

(五)搭建智慧旅游大平台大系统,提高旅游产业科技含量

深化智慧旅游建设,依托大数据平台,实施智慧景区、智慧酒店、智能停车和游客行为分析系统建设。重点推进全域旅游"一票通"系统建设,深度整合全市"景点+酒店+餐饮+演出+娱乐"等旅游相关资源,实现游客一票畅玩所有景点,使用微信一键购买超值套餐,一键搞定吃住行游购娱,一个二维码畅游苏州全城。如何提高外来旅游者的便利程度是提高旅游满意度进而提高城市美誉度的重要课题,尤其是如何借助于现代信息技术手段来为旅游者的旅行消费提供便利更成了城市必须关注的问题。也正是基于这种市场化的需求,很多城市的信息化、智慧化发展往往源于旅游发展的不断推动。苏州亟须从"全过程"的理念出发,优先做好两个方面的工作。一是开发智能终端应用,完善智慧化旅游。随着4G业务和智能手机的WiFi点的布局完成,以及手机接收视频、音频等互联网资源功能的完善,手机作为智慧化旅游终端的作用将日益凸显。苏州已经确立了智慧旅游的发展思路,下一步可以借鉴其他旅游城市的经验。未来应该让智能手机能自动接入在线定位系统,自动生成导航路线,从而给旅游者提供更便利、全方位的旅游体验。二是加强在线声誉监测,完善精细化管理。随着越来越多的人通过网络与他人分享自己的旅游体验,随着越来越多的旅游者通过网络来获取旅游目的地相关信息,在线评论已经成为目的地声誉的重要影响因素。如果旅游目的地能够对有关自身的在线评论进行有效的数据挖掘,必然有助于明确旅游目的地产品改进的方向,提高旅游目的地营销的效果。未来的目的地评论将会更加方便,移动点评、随时随地的点评分享、基于位置的服务等方面的

深入应用将使得在线评论所衍生出来的目的地在线声誉管理的重要性日益凸显。

参考文献：

[1] 常洁,朱创业.浅议绵阳市安县罗浮山砾岩岩溶地貌区的地质旅游开发[J].资源与人居环境,2009(2):65-67.

[2] 杨宇,付敏,甘森.都江生活将会如歌似水——专访都江堰市政协副主席、规划管理局局长屈军[J].西部广播电视,2009(4):78-79.

[3] 王明儒,张景胜,李金.浪漫者大连:锁定全域旅游[J].城市住宅,2011(10):44-45.

[4] 黄平利,樊文斌.大连全域旅游规划探讨[J].山西建筑,2011(35):28-29.

[5] 毛溪浩.以风景桐庐建设为统揽 大力发展全域旅游[J].政策瞭望,2012(12):36-38.

[6] 厉新建,张凌云,崔莉.全域旅游:建设世界一流旅游目的地的理念创新——以北京为例[J].人文地理,2013(3):130-134.

[7] 吕俊芳.辽宁沿海经济带"全域旅游"发展研究[J].经济研究参考,2013(29):52-56,64.

[8] 吕俊芳.城乡统筹视阈下中国全域旅游发展范式研究[J].河南科学,2014(1):139-142.

[9] 樊文斌."全域旅游"视角下大连旅游专项规划探析[J].规划师,2015(2):107-113.

[10] 朱竑,贾莲莲.基于旅游"城市化"背景下的城市"旅游化"——桂林案例[J].经济地理,2006(1):151-155.

[11] 朱世蓉.以"全域乡村旅游"理念整合农村产业结构的构想[J].农业经济,2015(6):79-81.

[12] 厉新建,马蕾,陈丽嘉.全域旅游发展:逻辑与重点[J].旅游学刊,2016(9):22-24.

[13] 焦彦,徐虹.全域旅游:旅游行业创新的基准思维[J].旅游学刊,2016(12):11-13.

[14] 王国华.论全域旅游战略实施的路径与方法[J].北京联合大学学报(人文社会科学版),2017(3):12-18.

[15] 唐贤伦,陈品玉,殷红梅,等.我国供给侧结构性改革背景下的全域旅游发展理论体系研究[J].改革与战略,2017(9):67-70.

(胡兆欣,方　超)

苏州旅游目的地品牌营销策略研究

一、旅游目的地品牌营销概述

（一）旅游目的地

相较于"旅游城市""景区"等概念，旅游目的地的概念更具空间性。国内学者将旅游目的地定义为"实现旅游者旅游动机及其综合体验的空间区域。这个区域可以是一座城市、一个乡镇，也可以是一个景区等"。旅游目的地的空间性在于，它以特定的地域空间为依托，延伸至经济空间、文化空间、历史空间、心理空间。当这些空间的尺度达到一定范围，一个旅游目的地便诞生了。旅游目的地是城市旅游发展的深化和提升，它以鲜明的形象、独特的气质吸引着来此的游客，对城市旅游发展的重要性与日俱增。

（二）旅游目的地品牌

Keller 在《战略品牌管理》中提出，"地理位置同产品与人一样，可以品牌化"。旅游目的地的品牌是指"能激起旅游者的旅游动机和情感向往的个性特征"。一个旅游目的地品牌的直观体现是它的物质载体，即包含了名称、图案、口号、符号等元素在内的目的地标识。这些标识展示了旅游目的地的资源质量、文化底蕴、管理服务等内核。

当旅游市场日益壮大，各旅游目的地间的资源同质化现象随之产生。旅游目的地品牌化的必要性在于与其竞争者形成差异，增加旅游资源的辨识度。只有实现了品牌的核心化与特色化的转变，旅游目的地的品牌化才算完成。

（三）旅游目的地品牌营销

营销活动是旅游目的地为提高知名度，吸引旅游者停留、消费而采取的一系列活动。为了打开旅游市场,在激烈的市场竞争中生存,旅游目的地的管理者将营销视为一项战略任务。营销工作的好坏直接影响着目的地的竞争力。

旅游目的地营销已进入品牌营销时代。相比过去,品牌营销时代的旅游目的地管理者需要将目的地作为一个整体形象进行包装,充分考虑旅游目的地的品牌形象、品牌定位、品牌承诺、品牌信任和品牌资产。只有为旅游目的地找出一个能够引起旅游者情感共鸣、具有差异化个性的品牌核心价值,才能制订出一份更精准深入的营销策略。

二、苏州旅游的整体品牌营销策略

(一)苏州旅游的品牌口号及品牌定位

2017年3月,苏州市旅游局发布了苏州市委市政府签发的《关于实施全域旅游发展战略打造国际文化旅游胜地的若干意见》(以下简称《意见》)。《意见》旨在将苏州建设成为具有独特魅力的国际文化旅游胜地。其中第23条明确将苏州旅游目的地品牌整体定义为"人间天堂,自在苏州"。

"人间天堂,自在苏州"口号采用了两个四字偏正短语,其前后有着内部逻辑与联系,体现了苏州旅游目的地的品牌定位与品牌承诺。

"人间天堂"是苏州在中国地域文化体系中固有的形象,是中国人对苏州最原始、深刻的印象。"人间天堂"主要表现的是苏州秀丽的自然景色与人文的完美结合。在纷繁的中国旅游目的地品牌中,只有苏州和杭州拥有高度的"人间天堂"辨识度。地方俗谚"上有天堂,下有苏杭"最早的文字记载见于宋代文人范成大编撰的《吴县志》,迄今品牌知名度已累积800余年,显示出苏州"人间天堂"形象所具有的深厚的历史文化内涵。因此,"人间天堂"可被视为苏州旅游目的地的原始品牌。

"自在苏州"则显示出苏州旅游目的地管理者对当今旅游市场需求的认识。"自在"一词可被理解为悠闲、轻松、慢节奏、无拘无束。在快节奏生活的当下中国,旅游对一些旅游者来说并非是一件让人放松的活动。尤其在客流量较大的黄金周期间,景点内游客的高密度和景点间转移的高强度容易使人身心疲倦。"自在苏州"口号的提出所针对的即是这种现象。同时,苏州旅游资源的精神特质,例如著名的苏州园林,与"自在"旅游本身具有一致性,因此"自在"的品牌承诺较容易兑现。

"人间天堂,自在苏州"的口号体现了苏州形象的历史底蕴与当今社会需求的结合,营造了苏州独特的地方魅力,是地方文化的集中体现。

(二)苏州旅游的整体品牌营销策略

《意见》同时确立了若干条苏州旅游目的地的整体营销策略。其中第23条中指出,"实施国内旅游提升计划。各市、区旅游营销宣传的内容中必须有'苏州'字样及苏州旅游LOGO"。LOGO是旅游品牌的图形化表现,体现着品牌的个性。苏州旅游LOGO如右图所示。

第23条策略的提出体现了旅游营销学中"一致性和坚持不懈是目的地营销和品牌化取得成功的关键"的观点。旅游目的地通过一致的行动,使得苏州的品牌形象在旅游者心中不断得到强化,从而成功将苏州作为一个整体品牌营销。

《意见》同时提出了采取灵活的景区定价的营销策略,实行淡旺季票价和非周末促销价,并在一些节庆活动中扩大景区免费开放范围。灵活的品牌定价策略的目的是引导旅游者"错时错峰旅游消费"。错时错峰旅游的好处在于苏州能够抓住旅游市场中的长尾市场,在旅游淡季也能创造出可观的经济效益。同时,错时错峰旅游的旅游者避免了拥堵与高价,更能体会到苏州旅游品牌中"自在"的定位。这对提升苏州旅游品牌的满意度和美誉度至关重要。

此外,《意见》提出的创新营销策略还包括了大力推行城市智慧旅游和加强节事活动的海外营销。

(三)苏州旅游品牌营销经典案例

以苏州全域为整体策划的代表性品牌营销案例是每年一度的苏州国际旅游节。2016年4月18日,第19届"东方水城"苏州国际旅游节在太湖园博园开幕。旅游节推出了"百米长卷绘苏州""千言万语说苏州""万人狂欢闹苏州""全城美食大比拼"和"全民欢乐大比拼"五大系列活动,凭借惠及全民的促销与祝福征集的营销策略实现了有效的品牌传播。2017年4月22日,第20届苏州国际旅游节在盘门景区开幕,众多主题旅游活动将苏州国际旅游节的影响力推到了新高度。

苏州国际旅游节是《意见》中苏州旅游目的地品牌营销策略的集中展现。旅游节覆盖了苏州全境,将苏州的旅游资源进行筛选、整合,形成了多条主题性很强的旅游路线,体现了苏州全域旅游的战略思想。"美食比拼""集祝福"等活动采用了"撬动全民"的营销策略,在"线上+线下"推广的双重加持下,成功地扩大了旅游节在全国旅游市场中的影响力。由于苏州国际旅游节定期举办,苏州旅游品牌每年都能得到一次强有力的助推,使苏州旅游品牌得到全方位的传播。

三、苏州市A级景区的品牌营销策略

苏州旅游目的地的核心资源由地区内的各个旅游景点组成。一些知名度较高的景点,尤其是国家等级景区(以下简称A级景区),其本身也是一处旅游目的地。研究A级景区的品牌营销策略,有利于整体把握苏州旅游目的地的品牌营销情况。为了获取研究原始信息,本研究采用了对苏州A级景区管理单位进行问卷调查的方式。问卷分为三部分,第一部分为景区基本信息采集,第二部分为景区在品牌塑造和景区营销中所做的工作(多选形式),第三部分为景区特色营销活动。

截至2017年6月,苏州共有63家(68个点)A级旅游景区,其中5A级景区6家11个点,4A级景区36家,3A级景区17家,2A级景区4家。本研究从68个A级景区管理单位收回66份有效问卷,有效率为97%。

(一)苏州市A级景区的品牌营销策略

通过整理问卷可知,苏州A级景区普遍采用的品牌营销策略有以下三种。

1. 网络营销策略

本研究调查了苏州A级景区的网络营销情况。调查结果显示,86.4%的A级景区拥有至少一种自媒体社交平台(微信公众平台、微博或其他)。同样是86.4%的A级景区近三年来采取了互联网营销的策略(在自有社交平台、景区网站上传播或与其他社交平台、网站合作)。65.2%的A级景区近三年来宣传广告的渠道增多,而目前新的广告宣传渠道几乎全部属于线上渠道。

在网络时代,网络营销成了营销研究中的热点话题。随着互联网的普及以及信息技术的发展,"两微一端(微博、微信、新闻客户端)"正在蚕食着传统媒体的市场份额。在一份调查中,超过40%的游客以互联网作为获取旅游信息的主要渠道。在此背景下,绝大多数的A级景区开设了自己的社交账号并投入到网络营销的工作中。在"两微一端"上开展品牌营销的好处在于景区与旅游者的互动性强,宣传渠道扁平化,能够第一时间获取旅游者的反馈,同时网络营销也

与现代人的行为习惯相吻合。

值得注意的是,由于网络信息技术的不断发展,新的线上传播渠道会不断涌现。如果运营得当,新的营销渠道(例如直播)产生的传播效果甚至高于"两微一端"。网络营销策略和网络技术一样,日日新,需要运营人员及时把握。

2. 节事活动营销策略

旅游目的地的节事活动是指景区精心策划的、特定时期内的、定期举办的节日营销活动。节事活动具有极强的媒体导向性。旅游目的地通过创造层次高、影响力大的节事活动,能够在短时间内提升品牌效应的同时,产生经济效益的爆发式增长。

在调查中,91%的A级景区结合传统节事活动开展营销活动,78.8%的A级景区在举办大型活动或在传统节庆时推广品牌。苏州A级景区举办的知名度较高的传统节事活动有拙政园荷花节、天平山红枫节、虎丘艺术花会、寒山寺新年听钟声、平江路七夕文化风情节、同里油菜花节、阳澄湖蟹文化节等。

近年来,一批体育类的景区节事活动在苏州地区兴起。体育节事活动大体分为两类,一类是迎接社会公众参与的活动,另一类则是职业精英的赛事。前者的代表如金鸡湖马拉松赛、金鸡湖龙舟赛、大阳山跑山赛、太湖越野赛等。这些赛事群众参与性广,传播性强,对旅游者有强烈的吸引力。后者的代表则是"同里杯"中国围棋天元战、"兵圣杯"穹窿山世界女子围棋赛。这类比赛只有职业精英运动员参赛,主办方看中的是该体育项目的精神内核与景区品牌间的联系。因此,两家文化底蕴深厚的苏州A级景区不约而同地选择了传统文化中的围棋。

3. 联合营销策略

根据本研究调查,62.1%的A级景区近三年内增加了合作商,65.2%的A级景区近三年来宣传广告的渠道增多。A级景区的商业合作者大体可分为四类:服务游客者、营销游客者、广告商以及景区开发者。服务游客者包括酒店、交通公司、旅行社、餐饮店等。营销游客者主要由旅游代理商、会议参展商、团队/包价旅游商等组成。广告商包括传统媒体、互联网媒体、自媒体等广告运营商。景区开发者则是指当地政府和产业伙伴。

2014年,以"苏州乐园首届国际杂技马戏节"为契机,苏州乐园开始与旅游业巨头同程网开展深入合作。合作期间内,同程网深度参与苏州乐园欢乐世界的营销策略制订、现场演出内容策划及相关的市场推广活动。从此,同程网不再仅仅是苏州乐园的门票代理商,而且还是这家4A级景区的联合营销者。2015年,同程网全程策划了"苏州乐园第十九届国际啤酒狂欢节"。

联合营销策略有利于增强目的地的营销能力、降低营销成本以及均摊营销风险。同时,联合营销可以将旅游资源进行整合,最终提升旅游目的地的竞争优势和品牌影响力。

(二)苏州A级景区品牌营销中存在的问题

通过此次问卷调查,本研究也发现了一些A级景区在品牌营销过程中的问题。这些问题具有一定的普遍性。

1. 旅游资源同质化

之所以要将旅游目的地进行品牌化营销,是因为品牌能够增加一处旅游目的地的辨识度,使之与同类产品区别开来。如果经过一系列营销活动后旅游目的地的差别性没有提升,那么该旅游目的地的品牌营销策略是存在一定问题的。

将每一家A级景区作为一个旅游目的地考察,调查发现苏州旅游资源同质化的现象主要体现在古镇资源与园林资源两方面。

调查中,同里古镇的受访者认为"(景区)面临的最大问题是同质化竞争。周边周庄、西塘等古镇众多,景区特色差异不大"。锦溪古镇、千灯古镇的受访者坦陈江浙地区间古镇旅游竞争激烈。甪直古镇、木渎古镇的受访者认为自身品牌的知名度不高。同里古镇、甪直古镇、木渎古镇认为未来品牌影响力提升的途径是加大宣传力度。

在园林类景区受访者中,网师园的受访者认为"(苏州园林品牌)同质化现象较为严重,苏州园林品牌内容大同小异"。狮子林的受访者认为"需多方渠道加大景区品牌力的宣传推广,与同类同质景区差异化竞争,形成自己独有的宣传品牌"。

造成同质化竞争现象的原因在于景区最核心、独特的文化精髓没有被透彻挖掘,景区独有的营销点没有被充分利用。以千灯古镇为例,由于昆曲创始人明人魏良辅之故,千灯古镇被冠以"昆曲之乡"的名号。然而,无论是在千灯古镇的日常营销工作中,还是在特色化的节事活动营销工作中,围绕千灯"昆曲之乡"的营销缺失。在昆曲市场日趋火热、越来越多青年人关注昆曲的今天,这种营销缺失显得尤为可惜。一个古镇品牌营销较为成功的例子是木渎古镇。目前木渎的旅游宣传口号是"木渎古镇,乾隆六次到过的地方,中国园林古镇",可见景区将"乾隆皇帝"作为了品牌的核心卖点。每年5月至6月,木渎古镇策划皇家主题游览"御游节",加强品牌特性。由于乾隆皇帝被高度地影视剧化,接下来景区如果能抓住机遇,形成借势宣传,那么同简单地加大宣传投入相比,景区的营销工作肯定能够事半功倍。

2. 景区品牌营销工作未能以人为本

本研究针对A级景区的调查发现,48.5%的景区在过去三年增加了广告宣传的投入。然而在这些增加广告投入的景区中,75%的景区认为"宣传广告"或"运营成本"是景区存在的竞争劣势。这一数据说明景区增加的广告投入并未带来相应的经济效益。造成该现象的原因可能在于景区广告的质量不高,传播力度弱,卖点不清晰明确等。而根本上,这一现象揭示的是苏州A级景区营销人才稀缺的现状。

据问卷调查,在过去三年,只有31.8%的A级景区增加了营销人员的数量,16.7%的A级景区高薪引进了营销人才,18.2%的A级景区提高了营销人员的薪资水平。由此可见,当下苏州A级景区的营销部门的现状是:工资低,人才少。

另一个现象可作为苏州A级景区营销人才稀缺的佐证。尽管高达86.4%的A级景区拥有至少一种自媒体社交平台,然而一些景区依然认为自身信息平台的信息发布不及时。研究者随机关注了几家景区的微信公众账号,发现这些自媒体账号的普遍特点是内容质量不高,发布时间不规律,阅读量少,与用户的交互基本为零。这一现象说明景区缺乏专业微信平台的运营人员。景区尽管拥有社交平台账号,但是没有在移动互联时代享受到自媒体的传播红利。

营销人员的数量和素质是旅游目的地品牌营销成功与否的关键。在旅游行业,营销人员属于技术型人才。他们需要具有较强的市场洞察力、文案策划能力以及创新能力。在旅游人才市场上,优秀的营销人员属于紧俏的资源。

因此,加强营销人才队伍建设应当是苏州旅游目的地营销能力提升工作的重点。两条途径可以建设起一支强大的营销团队。第一条途径是引进人才。对于人才市场中的高端营销人才,苏州A级景区应表现出高竞争力。高薪并不会给景区的运营带来负担,因为营销人才所创造的效益将远大于他的薪资。人才建设的另一条途径是人才培养,增加对营销人员的业务培训,不断提升他们的业务素质和创新思维。同时完善人才薪酬保障体系建设,用激励机制体现对人才的尊重和重视。

3. 5A级景区的远端市场营销难题

苏州市共有11个5A级景区(点),其中3个景区在本研究调查中表示目前其品牌发展面临的最大问题是远端市场品牌吸引力不足。这3家5A级景区分别为拙政园、留园和周庄古镇。周庄古镇的受访人认为"(周庄的)品牌国际化推进有些缓慢,在海外品牌推广的过程中,有热点事件,但延续性不够,没有形成完整的品牌推广链条"。留园的受访人表示其远端市场品牌宣传吸引力不足。拙政园面临的问题与留园相同。

景区的远端市场营销应当依托高一级旅游目的地的营销策略,形成统一营销的格局。近年来,随着苏州市旅游局一系列海外创新营销策略的推出,"苏州"品牌在海外市场有了一定的知名度。这些创新性的营销策略包括建设全英文官方网站、积极运营Facebook和Twitter社交账号、与欧美消费者最常用的旅游网站TripAdvisor开展战略合作等。2015年3月11日,国际顶级奢侈品牌Armani的创始人乔治·阿玛尼先生驾临拙政园,在一场新品发布会上发布了名为"苏州·牡丹"的香水新品,引起了世界轰动。

"苏州"品牌的海外推广体现的是政府意志。依托在"苏州"品牌下统一营销,苏州的景区将享受到品牌传播的红利。在此基础上,景区可以再根据自身特点、文化内核,打造神秘、独特、吸引力强、海外游客接受度高的"域外风情"。周庄的受访者如此描绘周庄古镇未来的国际化营销战略:"进行品牌全球化推广,深层次发掘和挖掘自己独有的精髓,理解自己独有的品牌核心价值,加强推广力度,加快推广脚步。树立全球品牌战略意识,具体操作与规划同步进行。"

四、苏州旅游目的地品牌营销的发展方向

在上述问卷调查结果分析的基础上,本研究总结了苏州旅游目的地品牌营销的以下几点发展方向。

(一)景区节事活动品牌化营销

调查显示,91%的苏州A级景区结合传统节事活动开展营销活动。其中以木渎古镇、虎丘为代表的景区全年各个时段都有节事活动,景区的整体营销规划可以细分为几个节事活动的营销计划,这给节事活动的品牌化带来了契机。节事活动的品牌化策略要求营销人员具有良好的事件营销能力,能够针对节事内容的区别瞄准需求不同的消费者。例如针对本地居民的节事活动,要以民俗事件为主,注重当地消费者的情感营销。

节事活动品牌与景区品牌的关系是子品牌与品牌的关系。节事活动品牌化有利于占领旅游市场的细分领域,形成节事活动的差异化。子品牌影响力的增长最终将带动景区品牌知名度的提升。

(二) 旅游目的地产品的个性化营销

在消费时尚的当下,消费者越来越追求个性化、情感化的商品,而不再满足于一般的大众化商品。由于消费者对符合自己个性的、私人化的产品具有强烈的购买意愿,越来越多的企业开始为消费者量体裁衣,按照顾客的特殊要求制作个性化的产品。同其他种类产品一样,旅游产品也可以进行个性化营销。

在苏州旅游目的地个性化营销方面,拙政园已经走在了前列。2015年,拙政园推出了"私人定制"体验活动,即在一个闭园的时间段(早晨6:30),游客私享拙政园的美景。与此同时,拙政园还会为每位购买"私人定制"服务的游客指派一名专属金牌导游。传统的导游模式是游客跟着导游规划好的路线行进,而"私人定制"服务中的导游则是跟着游客走。因此游客可以随心所欲地游览,体验到"既贪恋城市生活,又伪托寒素,向往山林野趣"的园林精神内核。

(三) 苏州园林统一营销,错位发展

"苏州园林"是"苏州"旅游品牌下知名度最高的子品牌。苏州现存古典园林60余处,其中对外开放的19处。以"苏州园林"为品牌进行统一营销,有利于整体品牌影响力的提升,带动单一园林品牌的知名度增长。统一营销后,各园林的营销部门应避免出现园林同质化竞争的现象。各园林应充分挖掘自身特色,做到错位发展。《关于实施全域旅游发展战略打造国际文化旅游胜地的若干意见》中提出要"做热偏冷园林",苏州非A级景区的中小园林将迎来发展机遇期。"偏冷园林"应结合自身特点推出一系列高端私人化服务,吸引那些不堪大园林拥挤的消费者,在雅致幽静的环境中,让游客真正体会的苏州的"自在"。

参考文献:

[1] 凌常荣.旅游目的地开发与管理[M].北京:经济管理出版社,2013.

[2] Kevin Lane Keller.战略品牌管理[M].卢泰宏,译.北京:人民大学出版社,2009.

[3] 徐惠群.旅游营销[M].北京:人民大学出版社,2009.

[4] 辛璐琦,王兴元.旅游目的地品牌形象识别要素对游客行为意愿的影响机制研究——以品牌认同为中介[J].商业经济与管理,2016(1):88-97.

[5] 程德年,周永博,魏向东.旅游目的地意象固化与更新的动力机制研究——以苏州为例[J].旅游学刊,2017(2):42-52.

(尹 璨)

关于发展房车旅游
创苏州全域旅游新品牌的思考

房车旅游是一种现代旅游休闲方式,是当前中国发展全域旅游的重要抓手,也是从传统的"观光旅游""景点旅游"向"休闲旅游""全域旅游"升级的增长点与动力。苏州作为拥有 70% 的太湖及尚湖、阳澄湖等众多湖泊的旅游城市,其自然环境对发展房车旅游产业有着得天独厚的优势,它是未来创苏州全域旅游新品牌的一个重要途径。未来在发展苏州全域旅游的过程中应当从投资政策、房车研发、房车租赁、营地建设、配套服务等各个方面对发展房车旅游实行统筹规划,通过发展房车旅游创苏州全域旅游的新品牌。

一、国外房车产业发展简介

房车起源于美国,早在第一次世界大战结束后,许多美国人利用汽车开启了露营生活,房车便应运而生,被称为 mobile home(移动房屋)。第二次世界大战结束后,特别是 20 世纪 50 年代,新一代的房车迅速涌现,房车变得更大、更舒适,同时价格也变得便宜起来,慢慢进入中产阶层家庭。在美国开始出现了很多人利用房车长期度假而不是旅游,逐渐地,房车旅行在美国形成了特有的房车文化。

在人们眼里很会享受生活的欧洲人也是如此。由于欧洲房车产业发展比较早,无论是房车制造还是房车营地及其他配套服务都相对成熟。欧洲各国不仅经济发达而且更注重生活品质。人们将相当多的时间用于旅行和度假,而游艇、私人飞机、房车并称为三大休闲工具。相对于前两项而言,房车更为普及,除少数家庭拥有自己的房车外,一般中产家庭会通过租赁方式来满足度假需要。在这些国家的高速公路两侧,人们常可以看见一大片自行式房车或拖挂式房车停放在场内,实际上这是房车租赁公司的专用停车场。可以说,房车在欧美国家不仅仅是一种交通工具,还是一种生活方式,也是一种生活态度,更是一种旅游文化。

欧洲房车制造商协会统计数据显示,欧洲主要国家2016年底注册房车数为:德国139.5万辆,法国130.8万辆,英国80.1万辆,荷兰55.5万辆,西班牙36.3万辆,意大利27.1万辆,而整个欧洲房车总数约577万辆。

房车需要有房车营地提供电源和水源及他配套服务,在房车营地建设上,据意大利房车网站campercontact.com统计,欧洲目前有将近2万个房车营地。其中,法国约4 963个,德国约4 553个,意大利约3 915个,荷兰约1 264个,西班牙约1 006个。

在房车销售方面,根据21世纪房车网提供的数据,2009—2011年欧洲各国房车销售情况为:瑞士的房车销售增长值最高,销售3 435辆,比上一个统计周期增加22%;瑞典6 450辆,增加15.4%;挪威4 453辆,增加13.3%;德国31 549辆,增加11.1%;奥地利、比利时、法国均有小幅度增长。

房车产业给欧美国家带来了巨大的经济利益。以德国为例,德国是欧洲房车露营发展最快的国家,房车露营已成为德国的一项支柱经济。据统计,德国有1 300万人在房车里度假,房车和露营每年总消费为100亿欧元,其中39亿欧元为停靠地花费,31亿欧元为路途花费,30亿欧元为车辆和装备花费。欧洲最大的汽车协会(也是德国最大的交通协会)——全德汽车俱乐部(Allgemeiner Deutscher Automobil Club,ADAC)总部位于慕尼黑,是一家企业化运作、非营利性、混合性的法人组织,现有超过1 800万会员,在世界上仅次于美国汽车联合会(AAA),是世界第二大汽车协会。该俱乐部围绕超大数量的会员需求,系统地搭建服务平台而形成大型的服务企业,在欧洲独家占有该行业的市场。2016年德国房车总销量为54 883辆,比2015年增长了16.4%;自行式房车销量达到35 135辆,比2015年增长了23.9%。除了12月份以外,其他所有季度房车销量和月份房车销量都达到了空前的高度。2016年德国自行式房车销量达到德国历史销量最高。2016年德国拖挂式房车销量达到19 745辆,比2015年增长了5.1%,连续3年保持增长,2016年前三个季度的拖挂式房车销量均高于

2015年。

二、中国房车产业的发展概况及现行政策

相比欧美房车旅游的发展,中国的房车旅游起步很晚。直到1999年,由葛优拍摄的贺岁电影《不见不散》才将房车带进普通百姓的视野中。自2001年中国首辆自主知识产权的自行式房车下线,此后中国房车产业在摸索中不断前进,10余年来,中国房车行业形成了一定规模,房车销售以企业自主营销为主,形成了生产—销售—运营—露营地—俱乐部—会员为一体的完整产业链。尽管如此,它与房车产业成熟的欧美国家相比差距很大。根据中国房车露营联盟提供的数据,到2013年,中国拥有的房车仅15 000辆,营地500个,而美国是房车992万辆,营地16 500个,德国是房车152万辆,营地3 600个,与其他欧美国家相比也有着巨大的差距,就连与国土面积很小的日本、韩国相比差距也十分明显。

改革开放三十年来,中国经济发生了翻天覆地的变化。在这样的背景下,国内房车市场增长较快,2012年国内房车市场销量约为2 000台,比上年增长了约40%,2013年国内房车市场销量约为5 000台,比上年增长约150%。2014年我国房车销量约10 020辆,行业销售市场规模约40.08亿元。2015年我国房车市场销售超过1.5万辆目前国内房车产品的主要消费群体还是房车营地租赁公司及大型私营企业。房车旅游产业初期发展也已见规模,北京、海南等地多建有房车小镇。作为新兴产业,国内房车露营地主要集中在环渤海经济圈、长江三角洲经济圈、珠江三角洲经济圈和两条精品旅游线上。

在政策支持层面,2009年12月国务院出台的《关于加快发展旅游业的意见》首次提出"把旅游业培育成国民经济的战略支柱产业",把旅游房车等纳入国家鼓励类产业名录,"旅游房车"与"露营"第一次正式进入人们视线,引起了各界的广泛关注。

近年来,我国从国家层面加强了对房车产业的引导,各种利好政策纷纷出台。据中国报告大厅发布的《2016—2021年房车行业深度分析及"十三五"发展规划指导报告》,从2014年起,国家就出台了一系列政策推动旅游业的转型升级,房车、自驾游也成为旅游业新的增长点。

2014年8月22日,国务院发布了2014年第31号文件《关于促进旅游业改革发展的若干意见》(以下简称《意见》),引起了全社会的巨大反响。《意见》在大力推动常规旅游的同时,还明确指出要积极发展休闲旅游度假,并首次将房车露营产业提升到国家层面,《意见》明确强调"建立旅居全挂车营地和露营地建设标准,完善旅居全挂车上路通行的政策措施"。

2014年10月29日,李克强主持召开国务院常务会议,部署推进消费扩大和升级,促进经济提质增效,重点推进六大领域消费,其中之一就是"升级旅游休闲消费,落实职工带薪休假制度,实施乡村旅游富民等工程,建设自驾车、房车营地"。

2015年7月,国务院常务会议审议通过了《关于进一步促进旅游投资和消费的若干意见》,旨在进一步促进旅游投资和消费,充分发挥其在稳增长、促改革、调结构、惠民生中的积极作用。该意见提出了6个方面、26条具体政策措施,以充分挖掘旅游投资和旅游消费增长潜力。包括房车露营地领域在内的十大领域将成为未来中国旅游投资热点。

2015年11月,国务院办公厅印发了《关于加快发展生活性服务业促进消费结构升级的指导意见》,其中明确提出:"引导健康的旅游消费方式,积极发展休闲度假旅游、研学旅行、工业旅游,推动体育运动、竞赛表演、健身休闲与旅游活动融合发展。适应房车、自驾车、邮轮、游艇等新兴旅游业态发展需要,合理规划配套设施建设和基地布局。"

2016年召开的全国两会上,国务院总理李克强在做政府工作报告时强调指出,要增强消费拉动经济增长的基础作用,"落实带薪休假制度,加强旅游交通、景区景点、自驾车营地等设施建设,规范旅游市场秩序,迎接正在兴起的大众旅游时代"。

2016年9月,国家旅游局联合六部委联合下发《关于加快推进2016年自驾车房车营地建设的通知》。

2016年11月,国家旅游局会同国家发改委等多个部门联合印发《关于促进自驾车旅居车旅游发展的若干意见》。各省也纷纷发布房车营地建设"十三五"规划,出台对房车产业的扶持政策,加大扶持力度。苏浙沪皖三省一市旅游局联合签署了《共同推进长三角休闲度假旅游发展合作协议》,并发布《长三角房车旅游大纲》,到2020年苏浙沪皖三省一市将建成250个房车营地组成的房车服务设施网络。作为一级节点城市的南京将建设20个营地,苏州、无锡、常州分别建设15个营地,南通、泰州、盐城、淮安、徐州等城市分别建设5个营地,力争到

2020年,整个长三角区域形成400~500家不同等级、不同类型、设施完备、服务规范的营地规模。

除以上这些之外,国家为引导发展新的旅行方式,改变了过去的一些管理规定。如公安部交管局于2015年4月正式下发《关于规范旅居挂车上路通行的管理工作通知》,针对旅居车特别是旅居挂车面临着正常通行受限、受阻等问题,提出"旅居挂车与其他载货挂车在乘坐人数、运载质量、行驶路线、运行规律等方面有着本质区别,小型载客汽车牵引旅居挂车不属于全挂拖斗车",并要求各地公安机关交通管理部门要准确理解"全挂拖斗车"的定义概念,抓紧纠正违反《道路交通安全法》有关规定限制旅居挂车通行高速公路的错误做法;同时,要"按照区别对待、分类管理的原则,进一步细化城市道路通行管理措施,结合本地道路交通状况和旅居挂车通行需求,制定旅居挂车分时分段进入城区或在城市快速路、高架路及主要桥隧上通行的规定,切实保障旅居挂车的通行权利"。

三、加快发展苏州房车旅游业的必然性

房车旅游是旅游业发展到一定阶段的产物,它的发展往往与经济发展、自然环境密切相关,而苏州作为中国重要的旅游城市,在发展房车旅游上无论是从经济发展、自然环境的角度还是在产业政策要求上都有其必然性,具体体现在三个方面。

一是从经济发展角度看。苏州虽然是一个地级市,但它却是中国经济最活跃的城市之一。2016年苏州GDP突破1.5万亿元,位列全国第7位,人均GDP14.5万元,按全年平均汇率折合达到了2.2万美元。2016年全年实现一般性公共预算收入超1700亿元,其中财税收入超1500亿元。经济学告诉人们,经济持续增长到一定程度,必然带来许多投资热点,它是由市场这只无形之手决定的。事实上,北上广一些房车产业的先驱者们近来已经来苏州考察咨询,以争取早日获得房车营地的建设许可。到2017年上半年,只要在"企查查"App查询系统上输入关键词"房车",就可检索到苏州在经营范围中有房车项目的企业已达33家,几乎涵盖了房车制造、房车营地管理及其他房车文化等各个领域。其中,有中欧房车租赁有限公司等19家房车租赁类企业,有苏州凯普房车露营管理有限公司等5家房车营地管理类企业,还有苏州市天乐房车制造有限公司等4家房车制造类企业。上述数据中还不包括在民政部门注册的房车文化类俱乐部。从这些数据看出,投资商们已经捷足先登将苏州视为房车产业的投资热点之地。

二是从自然环境角度看。苏州辖区面积虽然只有8 488平方千米,但其中水域面积就占了42.5%,另外丘陵山地占2.7%。苏州湖泊资源丰富,除了人们比较熟悉的太湖、阳澄湖、尚湖、金鸡湖、独墅湖外,还有石湖、同里湖等数不胜数。同时,苏州还有许多具有江南特色的乡村,或依山或傍水。独特的自然环境使苏州成为建设房车营地发展房车旅游业的绝佳之地。根据房车营地所在地的环境划分,房产营地可分为六种类型,即山地型房车营地、海岛型房车营地、湖畔型房车营地、海滨型房车营地、森林型房车营地及乡村型房车营地。除了山地型房车营地、海岛型房车营地、海滨型房车营地、森林型房车营地完全不适应苏州的自然环境外,苏州在建设湖畔型房车营地与乡村型房车营地方面有着独特的自然环境优势。湖畔型房车营地就是临湖而建的露营地,要求湖泊具备一定的规模,它没有大海的波涛汹涌与澎湃,湖水大部分时间保持宁静状态,湖畔营地更多体现的是祥和、宁静,人们在这里可以进行垂钓、划船、划皮筏、划独木舟等活动。地处苏州北太湖已经投入使用的太湖一号房车露营公园就是一个很好的案例。而乡村型房车营地往往与乡村连成一体,乡村里的生活服务设施,如商店等可供露营地使用,人们在这里可以静享乡村独有的休闲、舒缓的生活,感受淳朴的民风与独特的习俗。这样的营地完全可以与苏州的乡村游建设结合起来。

三是从利好政策角度看。首先,在发展房车旅游本身的政策上,通过上述的介绍不难看出,自2014年以来在不到3年的时间里,国家相关部门就出台了一系列发展旅游业的政策措施。在这样的大背景下,从国家层面到各省、市都先后出台了鼓励支持各地发展自驾车、房车旅游的政策。苏浙沪皖三省一市旅游局联合签署了《共同推进长三角休闲度假旅游发展合作协议》,并发布《长三角房车旅游大纲》,根据这一发展规划,在未来的三年中苏州将发展5个房车营地,与长三角区域的其他城市共同形成拥有400~500家不同等级、不同类型、设施完备、服务规范的营地的房车运营网络。其次,从国家支持鼓励发展制造业、新能源等利好政策看,苏州在汽车制造业特别是新能源汽车制造业方面已经有一定的基础,目前苏州已经出现一批房车研发、改造及配套设施等产业相关的企业,这都为房车制造业打下了基础,只要各方面资源配置符合市场需求,苏州生产出具有自主知识产权且适合中国百姓的小型房车不是件难事。最后,从《苏州市旅游业发展"十三五"规划》看,规划明确要求建设苏州自驾游基地体系。具体来说就是进一步展开有条件景区的自驾游基地建设工作,争取"十三五"期间逐步将自驾游基地推广到苏州全域,实现数量翻番、服务升级的阶段目标,既缓解古城核心区的出行压力,也有利于房车游、木屋游、帐篷游等小团化、家庭化出游的游客增长。同时,自驾游基地有助于解决游客停车、就餐、临时休息、游线导引、应急救助等需求。下一步通过发展自驾游、房车游促进苏州全域旅游,其重点工作就是释放政策红利落实规划。

四、发展苏州房车旅游业的几点建议

房车作为起源于游牧文化的一种旅游形式在欧美已经形成比较完善的产业体系与消费市场。尽管在中国特别是在苏州刚刚起步,且是小众文化,但历史经验提醒人们,中国拥有巨大的市场吸引力,什么样的新型业态只要符合市场需求,其发展速度将会超出人们的预期。但另一方面,房车旅游作为诞生于游牧文化的一种生活方式,是否会被以农耕文化起源为主的中国多数人所接受,这有待市场发展的检验。因此,必须科学论证科学规划,在完善供给侧的同时科学引导市场发展,免得一哄而上以致市场混乱。在未来发展苏州房车旅游的过程中要吸取国外及国内其他城市的成功经验,根据苏州的实际打造苏州房车旅游品牌,为此提出以下几点建议。

一是加强顶层设计统一规划。高尔夫球场、保龄球馆这些项目的建设过程至今都给苏州人留下了深刻的印象。前者是各地作为引进项目纷纷上马,乱占耕地,中央清理后至今还有很高尔夫球场(馆)荒废着。后者更是热了一阵便相继倒闭。因此,如今发展房车旅游必须加强顶层设计统一规划,切不可为了政绩,各地盲目上项目。特别是占地很大的房车营地建设,要科学论证,相关部门要组织规划专家、业内专业人士在大市范围内从选址到定位统一规划,万万不可各地想上就上。根据苏州的实际情况,建设5个房车营地已经足够,多了势必造成需求不足,经营亏损则在所难免。在房车制造业等产业方面也要提前进行顶层设计,不能在市场形成并已出现混乱时再来整治。总之,发展房车旅游的原则应当是"规则在先,游戏在后"。

二是房车建设用地集约化。房车营地建设必然涉及土地资源,而我国土地虽然辽阔但可耕地少,对于一个拥有14亿人口的大国,保护耕地是国家的基本国策。为此，2016年11月国家旅游局会同发改委、工信部、公安部等11部委联合印发的《关于促进自驾车旅居车旅游发展的若干意见》中就明确了房车营地的用地政策："自驾车旅居车营地项目建设应该符合城乡规划、土地利用总体规划、自驾车旅居车营地建设规划、自驾车旅居车营地建设与服务规范，依法依规使用土地，不得占用基本农田，不占或者尽量少占耕地。"苏州是一个寸土寸金之地，不可能将基本农田用于营地建设。因此，进行房车营地建设时应注意以下几点：一是根据苏州的实际需求营地建设面积不宜过大。二是在已经建成的沿湖休闲景区或较大湿地公园内开展内部服务功能调整，将原有的服务区域改建成房车营地，尽可能不占用或少占用生态用地等非建设用地。三是如果建设乡村型房车营地，尽可能采用集中式布局或树枝式布局，增加对"边角料"土地的利用。

三是房车营地定位科学性。随着汽车进入寻常百姓家，虽然中国的房车旅游未形成气候，但汽车自驾游规模已相当惊人。出于房车旅游的成本考虑，这一状态在中国未来很长时间里仍将保持。普通汽车的自驾游与房车旅游在营地需求上相比，除住宿需求有差异外，其他则是相同的。因此在房车营地建设定位上必须考虑到满足普通汽车的自驾游需求，即在房车营地建设时要考虑功能的综合性。一是除了满足湖畔型房车营地或乡村型房车营地的一般功能外，应当增设经济性客房，以满足自驾游游客的需求，同时也可满足开房车旅游但房车床位不够时的需求。二是对乡村型房车营地也可以通过搭建平台，以共享经济方式将乡村民宿作为自驾游游客的客房。三是营地可以作为特定游客的集散中心，通过营地平台串联起周边的景点旅游、休闲旅游、乡村旅游、文化旅游。

四是完善房车租赁市场维护。苏州虽然已经出现中欧房车租赁有限公司等19家房车租赁企业，市面上也出现了不少租赁的房车，但真正从事房车租赁的企业并不多，尚未形成一定规模，市场还处于自由发展阶段。因此尽早建立起房车市场秩序很有必要。一是本着"宽进严管"的精神，由市旅游局牵头，建立起房车租赁准入、价格指导、安全监管、治安管理、保险等相关制度。二是引导市场科学发展。房车旅游已是欧美国家一些人群的生活常态，而在中国短时期内更多的只是满足一种体验。因此租赁市场应当是满足少数人的生活方式需求，而多数人只是偶尔为之的体验式消费，这样的定位可以避免房车租赁市场盲目发展导致的过度饱和。三是落实"落地自驾"的方针。在苏州作为旅游目的地的基础上,引导外地游客参与苏州辖区范围内及周边城市的房车旅游,同时积极培育由本市游客参与的体验式房车旅游市场。

  五是加强纯电动房车研发。在全球加强环境保护的大背景下,发展清洁能源已成为国家战略。制造纯电动汽车无疑符合这一发展战略。电池本身的体积与重量决定了发展纯电动大、中型客车比发展纯电动小型家用汽车更具有优势,纯电动大型客车的使用已经证明了这一点。一方面,中国的农耕文化决定了开展超长途房车旅游的只会是极少数人群,房车旅游短时期内不太会成为人们的生活态度,只会定位在体验式房车旅游上。因此,纯电动房车 300~500 千米的续航距离一般都能满足其需求,而营地可设立电动汽车充电桩来满足其电力补给。另一方面,由于纯电动房车使用成本相对较低,加之长距离续航毕竟受到制约,正好能吸引本市游客体验在苏州大市范围内或周边其他城市的房车旅游。苏州在生产制造大、中型纯电动客车方面已经有了良好基础,房车上的普通电器设备如空调、电磁炉、电视机若长时间使用则必须依靠营地外接电源,所以房车相对普通汽车而言并无更多的科技含量,在投入一定的力量后就能研发出具有自主知识产权的纯电动房车。

(洪　海)

建设特殊供电系统
探索旅游食品安全新途径的思考

苏州作为一个经济发达的地级市又是一个旅游大市,旅游服务新形式与新业态也常常走在前列。每当双休日或其他法定假日以及重大节庆活动时,在苏州工业园区金鸡湖畔、独墅湖、高新区水上乐园等苏州一些重要游乐休闲场所,人们总能看到许多涂着卡通画的食品制售专用车(以下简称食品专用车)。车上主要制作并销售冰激淋、各类饮料、汉堡热狗或其他小吃,它的出现深受游客特别是儿童的喜爱。食品专用车经常也会在晚上出现在独墅湖图书馆这类大学生比较集中的地方,以满足大学生晚间的消费需求。这种流动的食品专用车最早出现在欧美等发达国家,随着中国经济的发展,近年来在中国沿海一些经济发达城市也开始陆续出现,在福建等地还出现了一批专门改制与销售这类食品专用车的企业。苏州作为中国经济最活跃的城市之一,同时又是旅游城市,也很早出现了这种食品专用车,且呈现出由苏州市区向各县区发展的态势。食品专用车的出现不仅为游客带来了便捷,同时也由于其现代时尚的外观成为城市一道靓丽的风景线。然而从食品安全角度而言,由于中国对这类食品制作销售方式的监管还处于起步阶段,各方面问题颇多。笔者以苏州地区为例,仅以这类食品专用车能源供应方式为切入口并延伸到一般流动食品制售网点的食品安全环境,就建设电力特殊供给系统探索旅游食品安全新途径作几点思考。

一、建设城市电力特殊供给系统的现实意义

人们对食品安全制定的标准是随着经济的发展不断提升的,必然会从满足

于无毒无害发展为追求保质保鲜。食品的保质保鲜受到时间、湿度与温度制约,尤其是新鲜的农副产品与现制现售的食品。在现代社会,食品要做到保质保鲜很大程度上离不开电力的支持,因此,为食品车(摊)建设城市电力特殊供给系统有着十分重大的现实意义。

一是有利于为食品的保质保鲜提升食品安全标准。食品安全已经成为当今中国市场秩序监管中的重点之一。无论是国家食品安全标准制定还是基层一线食品安全监管,处处体现了国家对食品安全的重视。然而,目前这种食品安全更多体现在无毒无害层面,这与发达的欧美国家还有很大差距。新鲜农产品保鲜贮藏的最适宜温度是零度左右,根据这一要求,欧美超市中新鲜农产品主要存放在特制的低温冷藏货柜中,确保了农产品接近刚采摘时的鲜活状态和品质。而中国超市中新鲜农产品大部分则是放在常温货柜中。欧美国家不仅在超市里对新鲜农产品实行保鲜贮藏,即便是商场以外的流动食品车(摊)也做到了保鲜贮藏。笔者在法国见到道路边专售新鲜农产品的流动食品车,其农产品同样摆放在特制的低温贮藏柜中。满足这一条件的电力则来自路边的供电桩。其实这种供电桩不仅在巴黎与里昂这样的大城市中有,即便在一些小镇里同样随处可见,有些就安装在供人们休息的公园石凳下,使用十分方便。法国这种特殊的电力供给系统满足了各种流动食品车对电力的需求。由此可见,目前在中国一些经济发达的城市中率先为流动食品车(摊)建设城市电力特殊供给系统将促进中国食品安全标准从无毒无害到保质保鲜的提升。

二是有利于食品安全由单一管制到监管服务并举。食品安全监管的目的只有一个,就是为了食品安全,实现这一目标的途径是多元化的,并非只有传统意义上的监管这一条路。尽管食品安全的指标名目繁多,但其中有很多指标都是与存放条件密切相关的,如温度、湿度等。例如,由工厂统一配送的早点出厂前是合格的,但由于露天摆放特别是在炎热的夏季则很容易变质。随着科技的发展,要满足食品安全存放的条件往往离不开电力的供给。流动食品车(摊)也是如此,但正因为其流动性,造成了电力供给的难度。如果为流动食品车(摊)建设特殊的电力供给系统,则在一定程度上为其制售的食品提供了安全保障。通过电力供给系统的完善促进食品安全,在食品安全监管上从单一的管制到服务与监管并举,这对于提升中国食品安全水平无疑有着积极的意义。

三是有利于增强城市服务功能,促进旅游水平提升。城市服务功能是否强大直接决定了这个城市居民生活的方便程度,同时也决定了对外来游客的吸引力。苏州作为旅游大市,不仅有古典园林也有现代化的圆融广场以及金鸡湖、太湖、环古城护城河等休闲场所,同时还建设了大大小小的湿地公园。为避免过度商业化,景点规划对商业网点布局必定有所制约。加之有些景点本身带有很强的季节性,如冬季的湿地公园吸引游客就很少,这就使得经营者以流动食品车(摊)的方式开展经营活动是最经济的。以流动食品车(摊)方式经营,即便在巴黎这样的国际大都市,大街小巷都随处可见。由于欧美国家为这种食品车(摊)提供了电力供给,因此其食品不仅制作时有能源保障,同时贮藏保鲜也获得了便利。苏州是中国经济最活跃的城市之一,市委、市政府出台的《关于促进苏州市旅游业改革发展的实施意见》(苏委发〔2015〕31号)中提出了"打造国际化全域旅游目的地"的战略目标,为实现这一目标,理应在提升城市服务功能方面率先一步,提升苏州市旅游接待水平。2016年底国务院印发的《"十三五"旅游业发展规划》(国发〔2016〕70号)中明确了未来五年旅游业发展的四大目标之一就是国际影响力大幅提升,入境旅游持续增长,出境旅游健康发展,与旅游业发达国家的差距明显缩小。为流动食品车(摊)建设城市电力特殊供给系统,这不仅是与发达欧美国家在城市基础设施上接轨的问题,也是实现上述这一目标的措施之一。

二、当前流动食品车(摊)电力供给现状与成因分析

本文以苏州市城区及周边主要景点为例,对不同的类型的苏州流动食品车(摊)电力供给的现状做了调查,大致可分为三种情况。

一是典型的食品专用车。这种车以依维柯原车为平台改制而成,外观时尚,富有现代感。制售的食品以汉堡、冰激淋等为主。原先苏州工业园区有一家公司制企业专门经营这种食品专用车,现在已经全部改为个人经营,苏州市城区大约有30余辆,经营地点以金鸡湖、独墅湖及太湖等景点为主。由于国内城市没有为这类食品专用车提供电力支撑,所以车上都配有专门的小型发电系统。据观察并经向业主了解,这类食品专用车在秋冬季气温较低时,小型发电系统只有在制作食品或需要保温时才启动。到了晚上,车内照明在发电系统关闭时则利用电瓶来解决。即便这样节省,仅电力费用一项就占经营收入的10%左右。食品专用车的经营者表示,如果有城市供电系统支撑,其费用将会大大降低。

二是相对固定的食品车(摊)。这类流动食品车(摊)有相对固定的经营地点,根据市政府的规定每天都有固定的经营时间。以放心一百早餐点为代表的一些经过登记注册的流动食品车(摊)就属于这一类型。以放心一百早餐点为例,这种食品车是依靠人力推动的专用食品车,它们每天定时定点经营,经营项目以为市民提供早餐为主。食品由苏州一百放心早餐工程有限公司统一提供。部分食品现场制作或保暖所需能源有的是与附近商店协商,由商店有偿提供临时的电源,而有的则自带液化气瓶,这本身就带来了很大的安全隐患。食品的保温多数情况下采取电力或液化气加热方式,而夏天则将食物直接露天存放,或采取原始的棉被保温方式。因此,气温炎热时常有顾客反映连一百放心早餐摊的食品都时有变质的迹象。这种保温方式使得进入夏季后经营者常因变质而丢弃食品,损失自然难免。

三是其他流动车(摊)。这类流动食品车(摊)不同于上述的食品车(摊),它们既无固定地点也无相对固定的营业时间。个体经营的流动食品车(摊)往往随人流聚集而出现。苏州城区各大街小巷有之,双休日各主要景点周边有之,城市夜间的大排档有之。其供应的食品种类较上述两类食品车(摊)更加丰富。其能源的取得方式与上述相对固定的食品车(摊)基本相同。

笔者认为上述现状缘于三个方面的空缺。首先是法律法规的空缺。对流动食品车(摊)的电力供给在相关法规上本身就是空缺。城市建设中如何配置特殊供电系统、这类食品车(摊)的食品制作及电力取得无法获得法规层面上的标准。其次是基础设施的空缺。正是由于相关法规的空缺,加之经济发展的程度原先并无这方面的需求,城市建设规划中就没有这方面的考虑。所以即使是北上广这样的一线城市也没有建设这种设施,苏州这类城市更无从谈起。最后就是市场监管的空缺。传统的流动食品车(摊)理论上属于工商、市场监管部门监管领域,但这类经营者的流动性特点给监管增加了很大难度,造成监管实际上的空缺。至于新型的以机动车为平台的食品车,作为一种新生事物,对其监管的方式目前也在探索之中。

三、建设城市电力特殊供给系统的对策建议

食品安全事关民生,对于来苏游客而言,流动食品车(摊)的食品安全关系苏州旅游的品牌。因此,像苏州这样经济较发达的城市,在食品安全监管上更应

当率先向欧美国家学习,逐步将食品安全的标准从无毒无害提升到保质保鲜。这将有助于苏州早日实现《关于促进苏州市旅游业改革发展的实施意见》中提出的"打造国际化全域旅游目的地"的战略目标。对此,笔者就为流动食品车(摊)建设城市电力特殊供给系统提出五点建议。

1. 理念达成共识

食品安全事关民生,它必然是政府社会管理的重点之一。一方面,随着经济与科学的发展,人们对食品安全的标准会不断提高,势必从无毒无害提升为保质保鲜。像苏州这样经济发达的城市,在城市硬件建设上与欧美发达国家差距日趋缩小,在城市管理特别是食品安全监管上也应当接轨。另一方面,从监管角度讲,流动食品车(摊)的客观存在已是不争的事实,特别是以汽车作为平台的流动食品车在旅游城市的出现已经成为趋势,而各方面的服务与监管却是空白。再者,从城市形象上讲,以汽车为平台的流动食品车及其他食品流动车(摊)只要管理好,不仅会给游客带来良好的服务,也会给旅游城市带来不一样的风景。因此,政府各部门要从以上三个方面提高认识,在积极为流动食品车(摊)建设城市电力特殊供给系统这个问题上形成共识。《"十三五"旅游业发展规划》中对旅游业未来五年的发展无论是在投资还是缩小与欧美国家差距上都有了明确规划,为流动食品车(摊)建设城市电力特殊供给系统无疑是实现这一目标的有效途径。

2. 完善法律法规

流动经营一直是监管的一个难点,尽管对此类经营者管理的规制散见在一些法律法规中,但总体上是不够完善的。像苏州的"一百放心早餐"、厦门的"早花早餐"这类已经纳入规范管理的流动食品车(摊)都是以政府文件加以规范的。因此,建议立法部门针对流动食品车(摊)的管理尽快完善法律法规。笔者认为,这类法律法规要包含三个方面的内容。一是针对流动食品车(摊)的管理方面的规制,如经营地点、时间、食品安全标准等等。二是要对流动食品车(摊)能源供给从法律层面加以明确,改变目前由经营者自行处理的局面,最大限度降低污染与安全隐患。三是对城市电力特殊供给系统及以汽车为平台的流动食品车的制造两个方面都要制定国家技术标准。一方面,流动食品车要符合食品制作的安全标准;另一方面,统一标准也是适应城市特殊供给系统的需要。

3. 完善城市规划

目前对电信、电视线路网点在城市建设与改造中都实行统一规划,随着新型能源汽车的出现,新能源汽车的供气站、电动汽车取电桩也纳入城市建设规划。《"十三五"旅游业发展规划》中要求加快发展自驾车旅居车旅游,这本身也要求建设特殊的供电系统。因此,从发展旅游业的角度出发,未来五年的城市建设过程中无论是改造或是新建,都应当将流动食品车(摊)的电力供给点纳入建设规划中。城市规划、电力、旅游监管部门应当认真领会《"十三五"旅游业发展规划》,科学规划城市未来电力供应系统,提升城市服务功能。像苏州这样的城市,为流动食品车(摊)建设城市电力特殊供给系统可以分三步走。第一步是在完全新建的开发区或旅游景区进行建设。由于全部是新的规划,建设起来相对容易。第二步是在已经建成的开发区或新城,如工业园区、高新区等地进行建设。在这些地方建设城市电力特殊供给系统相对老城区而言,由于城市建设过程的规划已经考虑到很多现代服务元素,改建过程中的规划要简单些。第三步则是在老城区进行建设。老城区受到历史名城保护规定的制约,加上老城区规划本身与现代城市规划要求有一定差距,城市电力特殊供给系统在规划、选点、建设等各个方面要复杂些。

4. 加强协同监管

商事制度改革后放宽了登记条件,流动食品车(摊)作为经营地点注册已经没有障碍。问题是其经营的流动性给监管工作带来了特殊性。笔者认为,要解决这一问题,可以从三方面入手。一是从监管制度设计上确定这种流动必须是相对的,经营地点要从有利于经营和便于监管两方面统筹考虑,还要考虑经营点设置不能妨碍利益相关人的权益,以获取经营者、监管者、利益相关人之间博弈的"正和"结果。二是建立流动食品车(摊)经营信息公示平台。这个平台用于信息的共享与互动,让市场、消费者、竞争对手等社会各个方面共同监督经营者的经营行为。三是建立以经营者"自证合规"为主导的监管模式。经营者通过"自证合规"并将过程信息予以公示,从而证明自身的行为符合法律规定。凡经营者不能做到"自证合规"的经营行为,监管部门则依法监管。这样既可以降低监管的行政成本,也可以提高监管的效能。

5. 搞好先行试点

中国地域辽阔,经济发展东南西北差别很大,为食品流动车(摊)建设城市电力特殊供给系统不可一刀切,必须搞好先行试点。在苏州这样基础设施总体比较好的城市也是如此。例如,可以先在圆融广场、金鸡湖畔、北太湖休闲区及一些湿地公园中选择一两个点开展试点。试点过程中,并不是只有科学选择与建设供电桩为流动食品车(摊)提供电力服务一项工作,而是规划、供电、城管、工商(市场监管)等职能部门要加强协同,根据各自职能同步实施相关措施,只有这样才能营造出更好的食品安全环境。在试点取得经验的基础上,扩展到试验点周边或其他类似景点,最后在整个苏州市展开特殊供电系统的建设工作。

参考文献:

[1] 国家工商行政管理总局国际合作司. 主要国家(地区)市场监管机构和制度研究丛书[M]. 北京:中国工商出版社,2016.

[2] 国务院关于印发"十三五"旅游业发展规划的通知,国发[2016]70号.

[3] 洪海. 法国见闻带给工商行政管理博弈的启示[J]. 工商行政管理,2013(11):76-77.

[4] 国家工商行政管理总局外商投资企业注册司. 企业信息公示制度法规汇编及有关问题解答[M]. 北京:中国工商出版社,2014.

[5] 国家工商行政管理总局企业注册局. 注册资本登记制度改革法律法规汇编[M]. 北京:中国工商出版社,2014.

(洪 海)

案例篇

留园寻梦
——留园景区历史及其品牌建设

一、苏州留园历史

苏州留园以园内建筑布置精巧、奇石众多而知名,与苏州拙政园、北京颐和园、承德避暑山庄并称中国四大名园。留园始建于明代万历二十一年(1593),为太仆寺少卿徐泰时的私家园林,时人称东园,其时东园"宏丽轩举,前楼后厅,皆可醉客"。园中瑞云峰"妍巧甲于江南",系由叠山大师周时臣所堆之石屏,玲珑峭削"如一幅山水横披画"。今中部池、池西假山下部的黄石叠石,可能为当年遗物。

泰时去世后,东园渐废,清代乾隆五十九年(1794),园为吴县东山刘恕所得,在东园故址改建,于嘉庆三年(1798)始成,因多植白皮松、梧竹,竹色清寒,波光澄碧,故更名"寒碧山庄",俗称"刘园"。刘恕喜好法书名画,他将自己撰写的文章和古人法帖勒石嵌砌在园中廊壁。后代园主多承袭此风,逐渐形成今日留园多"书条石"的特色。刘恕爱石,治园时,他搜寻了十二名峰移入园内,并撰文多篇,记寻石经过,抒仰石之情。嘉庆七年(1802),著名画家王学浩绘《寒碧庄十二峰图》。

咸丰十年(1860),苏州阊门外均遭兵燹,街衢巷陌,毁圮殆尽,惟寒碧山庄幸存下来。同治十二年(1873),园为常州盛康(旭人)购得,缮修加筑,于光绪二年(1876)完工,其时园内"嘉树荣而佳卉茁,奇石显而清流通,凉台燠馆,风亭月榭,高高下下,迤逦相属"(俞樾作《留园记》),比昔盛时更增雄丽。留园因前园主姓刘而俗称刘园,盛康乃仿随园之例,取其音而易其字,改名留园,取留于天地之间、长留美景之意。盛康殁后,园归其子盛宣怀,在他的经营下,留园声名愈振,成为吴中著名园林,俞樾称其为"吴下名园之冠"。

20世纪30年代以后,留园渐见荒芜。1953年苏州市人民政府决定修复留园,并延请了一批学识渊博的园林专家和技艺高超的古建工人从事修复工程。经过半年的修整,一代名园重现光彩。1961年,留园被国务院首批列入全国重点文物保护单位。20世纪90年代,又修复了盛家祠堂和部分住宅,使原来宅、园相连的风貌进一步趋向完整。

留园为中国大型古典私家园林,代表清代风格,园以建筑艺术精湛著称,厅堂宽敞华丽,庭院富有变化,游人可"不出城郭而获山林之趣"。其建筑空间处理精湛,造园家运用各种艺术手法,构成了有节奏有韵律的园林空间体系,成为世界闻名的建筑空间艺术处理的范例。现园分为四部分,东部以建筑为主,中部为山水花园,西部是土石相间的大假山,北部则是田园风光。

1997年12月,作为苏州古典园林的典型例证,经联合国教科文组织批准,留园与拙政园、网师园、环秀山庄共同列入《世界遗产名录》。2010年4月,留园荣膺国家5A级旅游景区称号。

二、留园的品牌建设

(一)积极推进"园林静好"项目

留园景区在苏州市旅游局与园林局的指导帮助下,经过精心筹划准备,于2015年4月起试行"园林静好"服务项目。园林静好,"静"体现在安静舒适的园林游览环境;"好"体现在讲解服务的质量保证和形式丰富;"静好"具体表现在游客体验度的最佳化。为了做好留园"园林静好"工作,管理处多措并举,一方面定岗定人禁止团队使用扩音设备,并免费向团队导游提供无线讲解设备,全力提高团队游客的服务水平;另一方面克服困难,积极整合景区自身的硬件资源,将原来分散的游客中心、导服集散中心,通过改造、搬迁等办法,集中到检票入口处旁,形成了一个综合功能更为强大的游客服务中心,大大提高了导游和游客借用、租赁导游器以及等候讲解服务的便捷度和体验度。为了让更多的游客得到服务,景区增招导游、增设引导服务、增加讲解服务班次,由原来的半小时一班提高到每十五分钟一班,讲解密度倍增,讲解服务覆盖率节节攀升。同时,在人工服务以外,还有智能手机自助电子导览软件、自助电子语音导览器和留园微信公众号平台定位导游等方式,采用多层次、多渠道、多手段向不同层次、不同需要的游客提供讲解服务,通过各种形式的讲解服务覆盖,以良好的游览体验度树立留园的游览口碑,以良好的游览口碑培育未来的游客市场。

"园林静好"项目自推出至今,已经有9 000多批次的旅行社团队使用了园内提供的免费无线讲解系统,服务群体超过25万人次。散客接受免费、收费讲解服务25 000多批次,近40万人次,游客满意率超过99%;电子导游讲解器租用、导游软件下载点击及微信导游服务多措并举,各种形式的游客讲解服务覆盖率超过22%,园内噪音得到明显改善,一改往日景区内电子噪音此起彼伏的局面。现今即使导游用一般交流的嗓音力度进行讲解也能够使每一位游客清晰地听见,游客交流时也自然而然地降低了音量,"园林静好"项目取得了实效。

另外,留园也在积极探索信息时代下新兴科技手段在园林宣传推广方面的应用。2015年留园实现了全园范围内的无线网络覆盖和留园微信公众号(LYDAOYOU)高密度运营,以新科技手段力争让每一位使用智能手机的游客都能够成为留园的微信拥趸,以微信公众号为载体深度挖掘留园深厚的历史和文化底蕴,以精彩有料、可读性强的留园文化宣传软文吸引粉丝、提高游客黏性。目前,园内平均每天有200人次左右使用留园提供的免费无线网络,不少游客在留园走廊边、亭子里、葡萄架下、茶室中坐下休憩时,一边享受园林静谧的氛围,一边打开手机了解留园深厚的文化和历史底蕴,甚至竞相传看,起到了树立留园品牌形象、推广景区和培育潜在市场的效果。

"园林静好"项目实施至今已经两年多了,在这段时间里园林管理者也在经常思考,如何更好地为游客服务,把服务更全面周到地覆盖到更为广泛的游客身边。在实际操作中发现主要有两个方面问题:一是人的问题,员工对传统文化的认知度参差不齐;二是覆盖面还不够广泛,淡季的时候游客稀少,旺季的时候讲解员供不应求。还有些游客不了解园林的服务,既不想跟着讲解员一起走,也不想付费,同时又希望得到讲解服务。针对在实践过程中发现的问题,留园一方面在员工素质上下功夫,加强讲解员队伍建设,组织园林权威专家对讲解员进行专题培训,提升他们的文化素养和岗位技能,同时招聘更多热心园林事业的人才加入讲解员队伍。另一方面考虑在智慧旅游上下功夫,在硬件上加大投入。因此园林管理者设想将"园林静好"项目升级到2.0版本,从智慧旅游的角度把服务提升到一个新的高度。同时,设想再次投入大量的人力物力把景区内所有景点介绍和背景资料进行优化整合后录入数据库,优化公众号服务界面,完善景点介绍牌的功能,提供多种语言文字方案,将简单平白的文字介绍转变为有声有色的多媒体介绍,方便游客通过微信扫二维码、提问等方式与主办方形成互动,将景点介绍以语音、音乐、图片和文字的方式通过二维码部署全方位推送到游客手中。通过这种方式,既可以弥补目前讲解员供不应求和流动性大的问题,同时也让未能及时获得讲解服务的游客能够方便快捷地获得景点信息,让每一位游客能够了解园林、欣赏园林,体验真正的园林文化,达到推广园林文化和提升留园知名度的目的。

(二)举办"我们的节日——留园寻梦"特色活动

首届"留园寻梦"活动于2014年9月6日如期揭幕,并于11月2日圆满结束,整个活动经前期方案策划、中期活动筹备及后期活动实施三个阶段,以"游中华家居第一园、赏苏州文艺三朵花"为主题,通过艺术表演、工艺展示、场景布置、服装道具、演员互动等元素,精心策划,合理布局,有效串联,无缝衔接,充分展示古人慢生活情调与吴文化风韵场景,营造深厚的文化氛围,让游客进入留园就仿佛置身世外、穿越历史、走入梦境,在欣赏留园自然美景的同时感受到浓厚的人文景致。节目类型主要有:昆曲、苏剧,其中新编苏剧《宣怀回乡》是为"留园寻梦"活动量身定制的小折子戏;评弹表演,以女子群唱的形式向游客展示;吴地歌舞秀《烟雨江南》,在冠云峰环岛搭建演出舞台,是此次"留园寻梦"活动的亮点。

2015年的"留园寻梦"活动举办日期提前至清明节期间,活动举办时间为2015年4月4日至5月17日。活动紧紧围绕"春"元素挑选节目内容、设计演出环境,活动中加入了锡剧。昆曲于2001年被纳入首批世界级人类非物质文化遗产名录,而苏剧、锡剧也是国家级人类非物资文化遗产,苏剧、昆曲、锡剧作为非物质文化遗产与作为物质文化遗产的留园结合,一动一静,互相映衬,相得益彰,产生了极佳的艺术效果。活动中取消了核雕表演,加入了缂丝(世界级人类非物质文化遗产)和花艺表演。缂丝是一门古老的手工艺术,它的织造工具是一台木机,包括几十个装有各色纬线的竹形小梭子和一把竹制的拨子。织造时,艺人坐在木机前,按预先设计勾绘在经面上的图案,不停地换着梭子来回穿梭织纬,然后用拨子把纬线排紧。织造一幅作品,往往需要换数以万计的梭子,其花时之长、功夫之深、织造之精,可想而知。活动中把缂丝木机搬到园内展示表演,令游客惊喜连连、叹为观止、流连忘返。

2016年的"留园寻梦"活动举办日期为2016年3月26日至5月2日,此次活动最大的亮点是与专业团队合作,其中15名演员有专业演员资格证。在艺术表演类方面主要有"姑苏文艺三朵花"昆曲、评弹、苏剧表演和锡剧表演,让游客在留园能够欣赏到更多的具有江南特色的地方戏剧。同时,为"留园寻梦——春之乐章"量身定制的苏剧折子戏《盛宣怀与留园2——花会记》中增加了很多在留园景点赏花的情节。此次"留园寻梦"活动在保留往年优秀节目形式的基础上,又有了一定的改编,如在冠云峰演绎的吴地古装歌舞表演有了重新编排,在五峰仙馆表演的评弹群唱在曲目和表演形式也有了改进,江南丝竹表演也更具互动性和专业性。在传统手工艺展示方面:为了更好地展示具有苏州地方特色的手工艺,特聘请王金山大师的弟子表演世界级人类非物质文化遗产——缂丝的制作技艺。

2017年的"留园寻梦"活动于2017年4月2日拉开序幕,5月1日落幕。在艺术表演方面,继续推出"姑苏文艺三朵花"昆曲、评弹、苏剧。与以往不同的是,此次活动新创排一出《宣怀寿宴》的苏剧折子戏,穿插在戏曲表演目录之中。艺术表演类的内容有:① 梨园荟萃。包括昆曲、苏剧、锡剧三大戏种。② 评弹表演。《春江花月夜》《苏州好风光》《秦淮景》《枫桥夜泊》这些游客们耳熟能详的弹词开篇由8位妙龄女子怀抱琵琶半遮面,排成一队倾情演唱,吴侬软语唱一曲姑苏雅音,舌底波澜说一回世间人情,实为园内一种别样的风情。③ "花神"吴地古装歌舞秀。④ 江南丝竹表演。在保留往年优秀节目形式的基础上,此次"留园寻梦"活动对表演内容进行了一定的改编,增加了三个亮点:为了让游客更好地感受春天的留园,增加了实景版昆曲《游园》,并在冠云峰下表演,获得游客的一致好评;以"留园三峰"故事为背景,推出了为留园量身定制的舞蹈《云之梦》;推出了江南丝竹合奏表演,让游客获得更好的视听效果。同时,身着古装的"老爷、夫人""小姐、丫鬟""少爷、书童"在园内游走、赏景,与游客互动,使游客仿佛穿越时空,直观感受古代苏州文人雅士的慢生活。

"留园寻梦"活动至今已成功举办四届,达到了"提升品牌宣传,弘扬吴地文化,吸引潜在游客"的活动目的,也受到了上级领导与社会公众的广泛认可,在肯定成绩的同时,园林管理者也发现了自身的不足之处,今后将进一步深入挖掘留园元素、苏州元素,让更多的中外游客能感受到中华文化的璀璨和博大精深。

(三) 利用特色微信,打造留园品牌新形象

留园微信公众号是留园对外营销宣传的重要喉舌,一直以来秉承"以留园为支点,推广介绍中国园林文化和传统文化"的理念,积极扩大名园影响力。留园管理处领导高度重视自媒体建设,2015年10月1日开始社会化媒体代运营以来,无论是推送文章质量还是数量都得到了很大提升,至今已经积累了近6万名粉丝。留园微信公众号为了进一步提升留园品牌形象,主要采取了三方面措施。

1. 深入浅出弘扬历史人文底蕴

留园是一个饱含深厚的人文和历史底蕴的古典私家园林,为了让游客更好地了解留园,留园公众号从介绍留园历史人文底蕴入手,累计发送图文并茂的优秀软文约700篇,配合软文发布实时拍摄留园景区配图3 000多张,至今阅读总数已达133万人次,分享转发5万余次,赞誉之声不绝于耳,使越来越多的人了解了园林、了解了留园,同时拥有了一批热爱中国古典园林和传统文化、热爱留园的粉丝群体。

2. 与时俱进开发留园"码上游"

留园公众号结合"留园静好"活动,邀请了对苏州园林有深入研究的知名园林专家和翻译撰写了景区内17个著名景点的简介并配以英文,景区介绍更准确更权威,并且将讲解内容以二维码形式印制在留园景点简介牌上,游客只要用微信扫码即可。目前二维码导游讲解有以下三个优点:一是游客在扫取二维码后既可以看到精心编撰的景点介绍,还可以收听语音讲解,同时也可获取更多相关资讯,可听可看可游。结合微信客户端,二维码部署解决方案可帮助游客了解旅游资讯、旅游经济、旅游活动和景点详情等方面的信息,从而实现对各类旅游信息的智能感知,为游客提供便利服务,加快了品牌公众化建设和价值的转化。二是在景区二维码中重新配置了新的景区地图,游客通过地图可以更直观、准确地找到自己的位置。三是结合留园微信公众号的推送,在微信页面上添加链接,推送公众号此前发表过的优秀美文,让那些对中国传统文化和园林艺术感兴趣的游客能更深入地了解留园,起到了传播园林文化的作用。新推出的二维码讲解服务,游客获取更方便,讲解内容更丰富,满足了部分游客不愿跟团听免费讲解又想获取更多景区介绍的游览需求,得到了广大游客的好评。

3. 承上启下开展线下活动

留园微信公众号不仅在线上积极宣传留园的一草一木、一砖一瓦、一匾一

联,为了促进现有粉丝活跃度,打通新粉丝来源渠道,使留园在粉丝中的形象更为立体生动,有亲和力和凝聚力,公众号还结合园内园事活动开展了一系列线下宣传活动。例如,2017年已经成功举办了春节"留园寻宝"活动、春季"发现留园之美"拍摄比赛、暑期"趣味一夏"亲子活动等应时应景的主题活动,引导游客关注留园二维码、关注留园文化内涵、关注留园微信。据统计,"留园寻宝"活动期间,扫描讲解二维码的游客达到了4 651人,扫描次数在1.36万次以上。节日期间,有3 500余人关注了公众号,共发送奖品近2 000份。留园摄影比赛期间,有1 000多位摄影爱好者投稿,同时邀请苏州摄影家协会三位专家对1 680幅摄影作品进行筛选评奖。活动得到了广大粉丝的关注,活动期间留园微信号阅读总数达到了11.68万人次。夏季亲子活动让更多的青少年通过对留园景点的深入了解,激发对苏州古典园林文化的兴趣,在娱乐的同时感受到中华文化的博大精深。该活动一经推出就受到学生和家长的一致好评,短短几日就收到近千幅作品,既起到了宣传名园的作用,也为累积未来游客资源打下了基础。

(钱剑锋)

苏州的穹窿山，智慧的穹窿山
——穹窿山风景区特色旅游品牌发展

穹窿山风景区地处苏州城西，面积约 10.5 平方千米，拥有独特的自然生态和人文景观资源。1993 年，以穹窿山为主体被国家林业局授予"国家森林公园"的称号，之后又依托国家森林公园资源和上真观、宁邦寺、望湖园等历史人文景观，经批准设立了穹窿山景区。穹窿山景区自设立以来，秉持"保护第一，合理利用"的原则，先后恢复建设了上真观、宁邦寺、摩崖石刻等历史人文景观，于 20 世纪 90 年代初建立了以纪念和弘扬孙子兵法文化为主要题材的"孙武苑"景点。2008 年，穹窿山景区创建为国家 4A 级景区。2013 年，穹窿山景区作为苏州市吴中太湖旅游区的组成部分，成功创建为国家 5A 级旅游景区。

近几年来，穹窿山景区在穹窿山风景管理区管理委员会的关心支持下，由苏州吴中旅游发展有限公司进行统筹建设和管理运营，坚持生态休闲、文旅融合的积极导向，不断推进穹窿山景区特色旅游品牌发展。

一、穹窿山景区旅游资源现状

1. 景点多，环境幽美

穹窿山山体高峻深邃，排青耸翠，主峰箬帽峰海拔 341.7 米，对于平均海拔只有 3.5 至 5 米的苏州地区而言，可谓是独擅形胜，为太湖东岸群山之冠。景区拥有孙武苑、上真观、朱买臣读书台、兵圣堂、望湖园、乾隆御道、洞天福地、宁邦寺、玩月台、御湖景区等景点。拾级而上，或苍松翠竹，或泉水潺潺，环境极为清幽静谧，素称"穹窿福地""聚灵胜境"。

2. 生态优,潜力巨大

穹窿山森林植被总面积 2 万多亩(合约 130 万平方米),还拥有苏州唯一的原始次生林——茅蓬坞,有牛鼻栓、短穗竹、紫楠等名贵树种以及穹术、三七、党参、灵芝、何首乌等药生植物,被誉为苏州的"天然氧吧"和天然的植物博物馆,发挥着城市之肺的巨大生态功能。在 2013 年苏州市第四届健康养生文化节开幕式上,苏州市环境监测站专家实时监测的 PM 2.5 指数仅为 20。

3. 品位高,内涵丰富

穹窿山文化资源独特而多样,有苏州地区最古老的寺庙穹窿寺、韩世忠隐居的宁邦寺、江南道教中心上真观、中国五大名台之一的朱买臣读书台、于右任题写的蕲王韩世忠玩月台等等,其中尤以孙子兵法文化著称于世。穹窿山以弘扬孙子兵法文化为己任,通过孙武苑、孙武书院、孙武文化园等项目全面展示孙子兵法文化的博大精深。随着人们对孙子文化的不断研究,其大智慧、大谋略思想不仅运用领域不断扩大,影响范围更是达于世界。穹窿山也因此拥有了全国一流、世界著名的孙武文化资源。

二、穹窿山景区特色旅游品牌建设实践

长期以来,穹窿山景区始终坚持以孙子兵法文化为发展主线,以文化载体建设为基础促其"生根",以文化传播为手段助其"发芽",以文化交流活动为特色使其"开花",最终结出了可喜的"硕果",有效助推孙子兵法文化从穹窿山走向世界。

(一) 立足于载体建设,让孙子兵法在穹窿山"落地生根"

穹窿山景区结合了吴地文化和兵法文化的深厚底蕴,并通过文化载体建设等手段,陆续建设了孙武苑、孙武书院、孙武文化园三大实体项目,加大资源整合力度,提升集聚功能、服务功能、创新功能,实现兵法文化载体建设的"三个台阶"。

1. 孙武苑

孙子兵法文化载体的建设开始于 1998 年穹窿山孙武苑项目。孙武苑规划在孙武隐居地和孙子兵法诞生地——茅蓬坞,以孙武草堂、孙子兵法碑廊、兵圣堂等建筑为主体,全面反映了孙武隐居著书的历史,以文化教育观摩互动活动为手段,深入传播孙子兵法文化的内涵。孙武苑建成后,中央电视台及多家海外媒体参与了互动报道,何振梁先生以及多位省市领导及将军、教授莅临参观指导,共同探讨"新世纪的和平与安全",为孙武著兵书铜像揭幕。

2. 孙武书院

2007年,孙武书院作为首家孙子兵法讲学基地在穹窿山挂牌。孙武书院依托中国孙子兵法研究会的组织号召力和专家影响力,聘请海内外知名人士组成顾问团,重点突出孙子兵法在各个行业实践中的运用,着力培养具有战略眼光、谋略智慧的企业家和管理者。孙武书院依托孙子兵法诞生地的文化资源,分别与北京大学、浙江大学、中国品牌经理人协会、苏州大学东吴商学院等开展教学合作。同时,书院也发挥着兵法文化宣传交流平台的作用。

3. 孙武文化园

孙武文化园是一个集兵法解读、文化体验、史迹探寻、休闲养生等功能于一体的孙子兵法文化主题园区。整个孙武文化园景区包括兵学朝圣区和茅蓬坞休闲区两部分。兵学朝圣区以孙子兵法为主线,占地面积36.7公顷,以孙武其人、其书以及孙武智慧为题材,通过宗脉——兵圣殿、法脉——知兵殿、文脉——洗兵殿——展陈孙武史迹以及孙子兵法十三篇的博大精深,是一个启发智慧、互动参与、娱乐休闲的结合体。茅蓬坞是苏州西郊最深邃、最原始的山谷,一端接连孙武隐居地孙武苑,一路延伸至兵学朝圣区,用生活化的场景延伸了孙武"隐居文化"的内涵和形式。茅蓬坞休闲区推出孙武山居、孙武书房、孙武餐厅、孙武茶室等产品,最大化满足游客文化体验与休闲养生需求。孙武文化园已成为国内外孙子兵法文化展示和交流的一个重要平台和渠道。

(二)耕植于传承推广,让孙子兵法在更多的普通人中"孕育发芽"

文化载体不仅要服务于文化品牌的建设、文化交流活动的开展、人才队伍的培养等中高端的需求,更要能放下身段,走进寻常百姓家,走进普通大众的工作生活,才能在更广泛的对象群体中激发文化传承的积极性、主动性、创造性。

自2007年以来,穹窿山依托优越的人文资源、优质的教学环境、优秀的培训力量,与苏州孙武子研究会、苏州吴中孙子兵法研究会共同开展了孙武文化进机关、进企业、进社区、进学校、进军营的"五进"活动,开展孙子文化的普及与运用的基础性工作,并出现了一些工作亮点:一是吴中党校专门安排了孙子兵法课程,开启了《孙子兵法》进党校的首创。二是孙子文化进校园活动形成了常态化运作机制,全市已形成50多所中小学参与的局面。2014年6月上旬,联合国教科文组织考察团专门访问了吴中区"孙子文化校园"示范点学校香山中学,欣然题词"老师掌握着全人类通向更加美好未来的钥匙",充分肯定了开展特色教育的成果。三是文艺创作评弹作品《孙武与胜玉》于2014年入选文化部优秀剧目扶持项目,并继续在2015年中国曲协举办的全国优秀曲艺作品年度评比中脱颖而出,荣获金奖。四是利用每年新兵入伍时机向每个新战士赠送《孙子兵法通俗读本》,并在驻吴部队营区规划建设了孙子文化公园。五是组织企业家或企业高层管理精英进行《孙子兵法与企业管理》培训,并根据吴中区企业家活用孙子兵法的成功案例,编印了《企业家学用孙子兵法》一书。

"五进"活动是一项旨在以孙子智慧育人的"春风化雨"的活动。活动让孙子兵法在更多普通人的心灵土壤里发芽成长,并得到了全国、省、市有关部门的关心、肯定与指导。

(三)着眼于活动造势,让孙子兵法在对外交流的舞台上"花香四溢"

要使穹窿山的孙子兵法文化向外推广和延伸,活动引领的作用必不可少。一直以来,风景区全面加强各项文化主题活动的宣传造势和落地筹备,让孙子文化的芬芳扩散到世界各地。

1. 研讨活动发挥文化交流的主平台作用

自2005年以来,穹窿山已成功举办、承办了11届国际研讨会、海峡两岸研讨会等交流研习活动。来自美国、俄罗斯、新西兰、日本、中国港澳台等国家和地区以及国内各地的高级军事将领、孙子兵法研究团体和专家学者、实践兵法的商业精英先后来到穹窿山,围绕"孙子兵法在企业经营管理中的运用""孙子兵法与文化软实力"等课题交流学习成果,穹窿山孙子文化交流平台的作用逐步形成。

2. "全球行"活动见证孙子兵法全球影响力

2005年,穹窿山景区与苏州市孙子兵法研究会、吴中区孙子兵法研究会以及中新社发起了"苏州穹窿山杯孙子兵法全球征文大赛",共收到1 600多篇佳文。2011年5月14日,"孙子兵法全球行"活动在穹窿山启动。原中新社苏州分社社长韩胜宝先生带着数百个探寻题目,从《孙子兵法》诞生地苏州穹窿山出发,沿着《孙子兵法》传播的轨迹,历时三年多时间,走遍五大洲50多个国家和地区的100多个城市,重点采访海内外专家学者和知名企业家,形成600多篇文字稿、1 000多幅图片,并出版了《孙子兵法从穹窿山走向世界》等书籍,进一步架起了穹窿山与世界各国交流孙子兵法文化的桥梁。

3. 世界女子围棋赛为兵法文化作完美诠释

"兵圣杯"世界女子围棋赛至今已举办了7届。围棋界人士认为,围棋《棋经十三篇》多引《孙子兵法》。围棋对弈的形式与两军作战颇为相似,兵法上的很多思想都可以在围棋上得到体现。每年,来自中、日、韩、澳等国的16名选手都会齐聚穹窿山,在这里展示"美丽"与"智慧"的邂逅。

4. 内外交流开拓文化互动传播空间

据不完全统计,孙武苑自1998年建成开放以来,共接待来自世界各地的专家学者800多人,涉及国家和地区100多个。2005年10月,在中国孙子兵法研究会的帮助下,苏州市孙子兵法研究会、吴中区孙子兵法研究会与穹窿山共同编著的《孙子兵法传世典藏本》被联合国教科文组织收藏。该组织还以此为教材,开展《孙子兵法》教学活动,促进了孙子文化在全世界的普及和推广。

各类活动的举办,形成了苏州孙子文化走向世界的一个又一个新高潮,有效地向世界展示了苏州穹窿山的孙子文化,让世界了解苏州,了解中国,树立了良好的国际形象。

三、穹窿山景区特色旅游品牌下一轮发展思路

1. 深度挖掘生态资源,进一步打响"苏州的穹窿山"口号

对于历史悠久的苏州,各景点的文化资源都很丰富,而作为"苏州第一山"的穹窿山,其生态资源非常突出,对于苏州及周边地区来讲,是座生态之山,是座心灵家园,对于处于工业发达地区的苏州市民来说,是休息、游乐、度假的首选场所。要充分利用好良好的生态资源,设计不同的旅游产品,将穹窿山打造成为距离市区近、交通便捷的森林生态休闲度假区,使其成为名副其实的"城市后花园",使"苏州的穹窿山"真正地家喻户晓。

一是发展生态游。穹窿山有旖旎的山村风光、深厚的人文历史底蕴、丰富多样的旅游资源、不断完善的旅游设施,特别是幽静神秘的绿色生态环境更符合都市人回归自然的要求,吸引越来越多市民来体验大自然的和谐有序,唤起绿色激情、绿色愉悦、绿色思考,体会穹窿山生态游独有的魅力和意境。

二是发展休闲游。围绕"两心、七区、多点"的布局结构,将穹窿山打造成以孙武文化园为主体、多个景点和项目联动发展的大型旅游休闲度假区。一要开

发深度休闲体验旅游项目,如将孙子兵法文化融入生态环境中,结合穹窿山独特的山体地形设计开发树丛迷宫、古战船、水上栈道等项目,开发以亲子游为主体的智慧谷,让最古老的文化和最原始的森林在景区里实现结合。二要开发休闲度假产品。挖掘国家森林公园的生态资源,开发"森林里的星巴克""森林里的度假酒店""森林里的酒吧"等符合现代年轻人生活追求的休闲度假产品。三要培育特色农家餐饮品牌。充分运用穹窿山独特的自然资源,引导景区农家乐自主创新,培育特色农家餐饮品牌,如乌米饭、乌米粽、青团子、香椿头等。四要发展特色民居客栈。参照我国台湾民宿发展模式,结合本地特色,发展原生态、有品位、特色化、温馨化的民居客栈,吸引更多游客留宿穹窿山,延长游客驻留时间。

三是发展养生游。通过每年举办的苏州市健康养生文化旅游节这一良好的载体,开设养生大讲堂、养生菜展示等,将穹窿山特有的养生文化融入其中,吸引苏州市民来穹窿山登山、垂钓、疗养等。

四是发展科普游。针对全市中小学生,充分利用茅蓬坞、万鸟园等现有科普资源,积极开展不同主题的科普节庆活动。通过"茅蓬坞大课堂""名木古树认知与保护""鸟类保护行动"等一系列活动,进一步打造穹窿山科普旅游品牌。同时,积极与苏州雷允上、中医学校、立达中学、藏书实验小学、度假区旅游职中等单位联系,建立药材研究基地或校外科技实践基地,进一步拓展科普教育功能。

2. 深度挖掘孙子兵法文化,进一步打响"天下的智慧山"品牌

经过几年来孙子兵法文化旅游节、孙子兵法研讨会、"兵圣杯"世界女子围棋赛等活动的举办,穹窿山作为"孙子兵法诞生地"的知名度越来越高。对于外地游客来说,穹窿山的自然资源不是最大的卖点,只有具有唯一性、独特性的孙子兵法文化才具有强大的吸引力。因此,要进一步围绕孙子兵法文化,使"天下的智慧山"品牌更具知名度和影响力。

一是加快孙子文化载体项目建设。以精品工程、优质工程为目标,重点抓好孙武文化园二期内装修项目、孙武文化园三期茅蓬坞改造项目等游客参与性强、互动性强的孙子兵法旅游项目建设,严格做到高标准规划、高标准实施,进一步巩固穹窿山孙子文化的品牌优势。

二是培育孙子文化培训产品。穹窿山景区目前建有全世界唯一的以传播孙

子文化为主要任务、以孙武名字命名的书院,且得到了中国孙子兵法研究会以及苏州市孙子兵法研究会、吴中区孙子兵法研究会的支持,构建了一支高水平的师资队伍。景区要依托孙武书院平台,通过开展各类学术研讨、高端培训,提升关注度,不断提高穹窿山孙子文化的影响力。

三是加强孙子文化旅游产品建设。加强旅游产品的建设是穹窿山旅游新一轮快速发展的关键,要以旅游产品开发为核心,市场为导向,以孙子兵法资源为基础,从新、异、奇等方面着手,开发品位高、特色突出的旅游产品,让游客对景区充满好奇心,在这里看得开心,吃得开心,玩得开心。

3. 强化传统与新兴媒体的融合,进一步打响网络时代的宣传营销

穹窿山自然禀赋得天独厚,要提升名气关键是要让景色走得出去,游客引得进来。景色要走得出去,就要利用好省级612亩自然保护区茅蓬坞,以负氧离子含量、细微颗粒物PM2.5的数值、生态美食、生态水源等人们比较关注的东西,以及在国际国内具有独特性的孙子兵法文化为切入点,进一步找准宣传的契机,打响走进网络时代的品牌影响力。

一是找准目标定位。整合旅游资源,实施"巩固苏州市场、拓展周边市场、辐射长三角市场"的宣传策略,与目标客源地市场各大旅行社紧密合作,积极参加各大推介会,大力推介穹窿山旅游。

二是加大旅游宣传力度。依托央视、人民日报、中国旅游报、中国日报等主流媒体以及本地媒体,结合孙子兵法文化旅游节、世界女子围棋赛、新春祈福庙会等节庆活动,精心策划宣传报道,提高旅游营销推介的密度、广度和深度,进一步打造"苏州的穹窿山、天下的智慧山"品牌形象。

三是创新宣传方式。重点研究网络在景区宣传营销中的作用,依托穹窿山旅游官网、微博、微信等新兴载体,提供游客咨询,推介旅游资源,完成景区宣传、景点介绍、门票销售、吃住游配套、服务点评等一站式服务;与同程网、驴妈妈等网站创新票房分成合作模式,共同销售门票、旅游产品,实现景区知名度的跨越式提高和营销实效的暴发式增长。

旅游是体,文化是魂,资源是本。穹窿山要做好做足资源、文化与旅游的深度融合文章,把珍贵的资源保护好,把孙子兵法文化传承好,提高旅游品牌知名度与竞争力,为穹窿山新一轮提质升级提供新动力。

(许伟明,冷梅红)

情定金鸡湖
——金鸡湖商务旅游发展的探索与实践

近年来,国家旅游局持续推动全域旅游发展,提出从单一景点景区建设、管理向综合旅游目的地统筹发展转变,从门票经济向产业经济转变,从小旅游格局向"旅游+"融合发展方式的大旅游格局转变,这是推进"把旅游业培育成国民经济的战略性支柱产业和人民群众更加满意的现代服务业"的顶层设计。

自2010年始,苏州工业园区根据自身的产业特点和布局,旅游规划明确了"商务旅游"发展方向,提出了"2+2"园区旅游空间布局,成功创建目前国内唯一的国家商务旅游示范区,率先实践了旅游业与相关产业的融合发展,拉长、扩展旅游产业链,形成独具特色的"商务旅游"发展之路。

金鸡湖景区是开放式国家5A级旅游景区,也是国家商务旅游示范区的集中展示区,景区总面积11.5平方千米,其中水域面积7.4平方千米,按照"园区即景区、商务即旅游"的城市商务旅游功能布局,以金鸡湖为中心,投资89.53亿元,精心打造了五大功能区:文化会展区、时尚购物区、休闲美食区、城市观光区、中央水景区。

金鸡湖景区拥有八大景观:世界第一天幕、亚洲最大水上摩天轮、水墨长堤李公堤、湖滨大道·圆融雕塑、月光码头、桃花岛·玲珑岛、春到湖畔、金鸡湖大桥·瀑布。六大商旅体验:① 商务会展:国际博览中心;文化艺术中心。② 时尚购物:圆融时代广场。③ 美食盛宴:李公堤;月光码头;湖滨新天地;圆融时代广场滨河餐饮街。④ 文化艺术:中国基金博物馆;姚建萍刺绣艺术馆;张辛稼艺术馆;蔡云娣江南三雕艺术馆;漫卡屋;关锦鹏电影工作室;台湾艺邨;台湾乐得艺术生活馆;巴塞当代美术馆;哈雷戴维森;汉璞艺术中心。⑤休闲娱乐:金鸡湖国际高尔夫俱乐部;金鸡湖游艇;风致酒吧街区;摩天轮乐园。⑥豪华酒店:中茵皇冠假日酒店;凯宾斯基大酒店;苏州洲际酒店;金鸡湖大酒店;御庭精品酒店;新罗酒店。八大景观带来绮丽的感官之旅,六大商旅体验提供高端时尚品鉴,为商务人士、游客、市民提供丰富的定制化旅游产品。从观光旅游到商务旅游,金鸡湖景区正以全新思维诠释现代商务旅游魅力,打造国际商务旅游目的地,向海内外游客展现21世纪的苏州"人间新天堂"。

近年来,金鸡湖景区立足商务旅游发展,不断推进旅游与相关产业融合,持续提升景区品牌建设。

一、提升示范区内涵和品质

商务旅游,即商务人士以商务活动为目的,与旅游相结合的一系列活动。金鸡湖景区作为国家商务旅游示范区的集中展示区,拥有苏州博览中心、文化艺术中心、金鸡湖会议中心、国际品牌高等级旅游饭店及各类展馆、商务型经济酒店、品牌购物商店、餐饮店、娱乐休闲场所共396家,包括姚建萍刺绣艺术馆、蔡云娣江南三雕艺术馆等10余家文化展馆及总建筑面积51万平方米的圆融时代广场、台湾诚品书店苏州第一家分店、苏州园林式购物中心新光天地等。同时,完善的交通设施、优质的公共服务平台以及具有时代特征的八大景点,充分形成"商旅文体展会"多业态集聚、多要素融合。

金鸡湖景区发展商务旅游,区别于传统景区门票经济,围绕旅游"大产业""大经济",推进旅游与相关产业的融合发展,充分利用自身促进景区整体的持续繁荣,提升旅游综合效益,努力打造旅游业向"国民经济的战略性支柱产业和人民群众更加满意的现代服务业"发展的现实案例。2014—2016年三年期间,景区接待游客3 450.68万人次,年均增长6.57%;景区属地涉旅企业营业收入达123.43亿元,年均增长15.21%,利税9.16亿元(数据由税务部门提供)。2016年度景区游客满意度调查报告显示,游客综合满意指数为90.04。其中,会奖旅游是商务旅游的主要产品之一,2016年景区接待300人以上规模会议74个,展出面积达74.25万平方米。

二、推进"商务旅游"理论研究与探索

2014年12月,金鸡湖景区管理中心编制的《国家商务旅游示范区建设与管理规范》成为国内第一个商务旅游行业标准,商务旅游发展理论研究走在全国前列,为国内商务旅游发展提供了示范、借鉴。

2014年,苏州工业园区发布商务旅游资金扶持政策,支持各类商务旅游大型活动举办,鼓励会奖旅游中介机构吸引各类会议、展览落户园区,为商务旅游发展提供了政策支持和资金保障。2014年6月,园区成为江苏省内首个"全国旅游标准化示范区",旅游标准化体系日趋完善,园区游客满意度位居全市前列,为商务旅游提供了良好的发展环境。

三、探索开放式景区管理创新与实践

近年来,金鸡湖景区立足商务旅游、开放式等特点,持续推进管理创新,建立了"政企联动"的开放式景区管理模式,成立了金鸡湖景区管理中心作为景区监管部门,联动属地企业、公安、交警、城管、市政等单位实施景区日常管理、游客服务、宣传推广、节庆活动、综合执法等相关工作。

景区持续强化旅游公共服务设施建设提升,完善游客服务,在景区东南西北主入口建设4个一级游客中心,在李公堤、艺术中心、时代广场、摩天轮等景点内设置4个二级游客中心,为游客提供各类咨询服务;景区持续推进"厕所革命",在现有21座公共区域旅游厕所(实现A级旅游厕所标准全覆盖)、246个商户卫生间基础上,建立"厕所革命"年度推进计划,强化配置和管理;景区设置多种内部交通工具,方便游客出行,包括李公堤小火车、金鸡湖水上巴士、绿色单车等。同时,以智慧景区建设为手段强化景区管理、游客服务:

(1)线上游客统计:与移动运营商合作,一人一机,实时准确统计景区游客量并进行客源分析,实现景区瞬时游客量监测、游览舒适度指数发布。

(2)线上经营分析:通过税务部门获取属地经营数据,并选取属地部分涉旅商家在景区重点会展、节庆活动期间统计相关营业数据,据实反映促进旅游消费的实际效果。

(3)线上综合管理:景区现场监管(按照A级景区质量等级评定1 000分标准)实施周间管理,现场问题由该平台实施发布,通过"政企联动"机制限期整改;景区3个一级游客中心通过该平台进行统一的日间管理。

(4)"在线游客中心"App:实现游客定位、导览、评价。游客可选择自驾、公共交通、景区绿色单车、水上巴士等交通方式,到达景点后接受详细语音、图片及文字介绍,查询景区住宿、购物、美食、参观、会展、娱乐等182家商家信息和导航路线,以及景区内各游客中心、停车场、卫生间、WiFi、便利店、ATM、加油站等分布点位,同时游客还可对景区及八大景点进行满意度评价。

四、强化金鸡湖商务旅游品牌推广

近年来,金鸡湖景区持续推进商务旅游品牌建设,2011—2013年连续举办三届"金鸡湖商务旅游节",以商务旅游为主题,推出系列主题活动,其中第三届金旅节与2013年苏台灯会同期举办,其间共接待游客295.15万人次。2014—2016年,作为金鸡湖商务旅游节的延续,与新加坡新年"春到河畔"呼应,连续举办三届"春到湖畔"活动。中新合作20周年之际,金鸡湖景区推出"春到湖畔2014:中新二十载,满映金鸡湖"江苏省内首次裸眼3D秀,吸引市民、游客107.55万人次;"春到湖畔2015:从金鸡湖出发,走过四季",七大分会场环湖同乐,113.55万人欢聚湖畔;"春到湖畔2016:祥猴报春,名人雅集",景区接待125.66万游客,再创新高。同时,配合市旅游局2013年苏台灯会及第15、16届苏州国际旅游节开幕式在金鸡湖景区举办,通过"情定金鸡湖"微信、口袋书及参与拍摄冯小刚《私人订制》电影等新媒体推广,景区品牌影响力不断提升。2014年4月30日,中央电视台新闻频道《新闻直播间》公布"五一"热门旅游目的地搜索结果显示:金鸡湖是五一节旅游景点最热的地区。

2015年8月,苏州市发布《关于促进苏州旅游业改革发展的实施意见》,其中环金鸡湖商务旅游集聚区成为苏州市"四大旅游核心区"之一。金鸡湖景区立足"大旅游""大经济"格局,"会、展、吃、住、行、游、购、娱"多业态集聚、多要素融合,旅游与相关产业协同发展,景区与园林古城交相辉映,共同构成苏州"古韵今风"的双面绣,向海内外游客充分展示国际商务旅游目的地的独特魅力。

"十三五"期间,金鸡湖景区将按照园区旅游"三湖共生"发展规划,在"全域旅游"框架下依托国家商务旅游示范区优势,继续挖掘、发挥旅游在相关产业中的拉动力、融合力及集成作用,不断提升景区品质,促进商务旅游发展。

(董 琪)

中国第一水乡
——周庄打造卓越品牌之路

周庄,位于江苏省昆山市西南,距离上海虹桥机场60千米,距苏州市区40千米,有"上有天堂,下有苏杭,中间有个周庄"之称。

周庄全镇面积38.96平方千米,下辖2个居委会、10个行政村,古镇区总面积0.47平方千米。自古以来,周庄"镇为泽国,四面环水,咫尺往来皆须舟楫",因水筑屋,因河架桥,古镇坐落之处四面环水,南有南湖、淀山湖,北有澄湖、白蚬湖,一片湖光水色。古镇区中完好地保留有明代建筑代表张厅、清代建筑代表沈厅、双桥沿河建筑群等优秀的古建筑。优越的生态底版与独特的人文环境,使周庄先后被评为国家卫生镇、全国历史文化名镇、全国环境优美镇,获得迪拜国际改善居住环境最佳范例奖、联合国亚太地区世界文化遗产保护杰出成果奖、中华环境奖、国家AAAAA级旅游景区等诸多荣誉。

从20世纪80年代起,周庄由古镇保护入手,逐步引领中国古镇旅游的风潮,通过与一批名人互动积累曝光量,将900余年的文化积累充分演绎,形成"基于古镇,超越古镇"的创新经营思维,并以外向的性格贯彻世界性的宣传策略,成就"中国第一水乡"的卓越旅游品牌。在品牌形成之初的1996年,周庄旅游人次为50万,此后以年平均30%的速度递增,截至2017年7月已达到300万人次以上。

一、古镇保护奠基旅游发展

自北宋元祐年间周迪功郎捐献田产,使"周庄"之名列入史册以来,该地凭借优越通达的水路资源,成为江南乡村间重要的商贸节点。经济发展的痕迹镌刻在古镇的一砖一瓦上,赋予了周庄建筑独特的审美价值。同时,四面环水的地貌俨然将周庄古镇隔为一个"孤岛",使其较少受到外界冲击,从而将先人生活的风貌较好地保存下来。今天在古镇上,我们可以看到宋、元、明、清、民国以及新中国早期六个历史时期的建筑风貌,以其为代表的人文资源,与以水绿生态风貌为代表的自然资源,成为周庄最宝贵的财富。

早在1986年,周庄就提出了"保护古镇"的理念。当时,中国县域经济的奇迹"昆山之路"还处于筚路蓝缕的发轫期,周庄由于区位偏远,其经济活跃程度更是在昆山区镇中处于下游水平。穷则思变,周庄决心大力发展旅游业,而发展的前提必须是保护。

在上海同济大学教授、古城镇保护专家阮仪三的帮助下,周庄制定了全国首个保护性规划——《周庄镇总体规划》,并逐步形成了完善的保护体系。规划明确提出"保护古镇、建设新区、开辟旅游、发展经济"的指导方针,把古镇区0.47平方千米的区域面积作为一个核心区来保护,并在此基础上,建立古建筑保护档案,搬迁污染企业,扩大绿化面积,清理镇区河道……层层推进,使古镇进入了有序有节的"保护"轨道;1997年,周庄又编制了《周庄古镇区保护详细规划》,将保护工作的精细度与高度提升到历史文化遗产保护的等级,划定了古镇区各级保护范围并确定了各级文物点具体保护方法,同时,提出了宏观性的古镇风貌保护、古镇空间格局保护、古镇区建筑高度控制,并注重非物质文化遗产的继承发展与传统经济的复兴。

1999年,周庄成立了"古镇保护委员会"这一专门机构,具体行使古镇保护职能;2000年,在中科院院长路甬祥的倡导下成立了"古镇保护基金会",广泛筹资,争取支持,确保古镇保护工作的正常运转;同年,完成了"三线"(供电线、电讯通信线、有线电视线)地埋工程,工程的胜利竣工也为国内古城镇在全区域空间格局上的保护提供了范例;2001年,周庄启动并完成了古镇区综合污水处理工程,全面提升古镇区的水环境品质,营造出更优秀的生活品质与旅游环境。

周庄古镇保护工作在发挥其本身可持续发展战略作用的同时,也为旅游发展创造了充分的条件。一座受到精心保护的古镇,将原汁原味的江南水乡民俗生活展示在世人面前,在20世纪末国内外旅游市场树起了中国江南水乡古镇旅游的崭新理念,以坚定的信心迎接一拨又一拨境内外游客的到访。

二、名人效应辉映周庄品牌

近千年的历史长河中,周庄英杰荟萃,在华夏青史上镌刻下一个个抹不去的名字。"张翰黄金句,风流五百年"的西晋著名文学家张翰,在南湖之畔留下"莼鲈之思"的意境;"资巨万万,田产遍于天下"的"古代商业之父"沈万三,以周庄为起点走出一条财富大道。倡导革命的民国元老叶楚伧、全国著名教育家沈体兰……历史名人们生活的印记,在周庄古镇得到了完好的留存,当今人追溯他们的足迹时,周庄不会使他们失望而归。

当代以来,更多来自各行各业的杰出人物情牵周庄。20世纪80年代,著名艺术家陈逸飞数次泛舟周庄,在周庄搜集到大量珍贵素材,成为他艺术生涯的重要滋养。以周庄双桥为"模特",陈逸飞创作出不朽经典《故乡的回忆》,这幅油画被美国石油大王哈默转赠邓小平,成为中美友谊的见证。陈逸飞生前挚友杨明义,经陈逸飞介绍而结缘周庄,创作了大量以周庄为题材的水墨画,奠定了当代画坛"水乡之子"的声誉。

1990年,我国台湾著名作家吴童慕名来到周庄,回岛后写成《中国第一水乡周庄》一文发表于1991年8月台湾《经纬》杂志。从此以后,"中国第一水乡"伴随着周庄旅游业的不断发展,成为周庄旅游金字招牌。

1998年,著名词作家乔羽、作曲家王力平联袂谱写了歌曲《周庄好》,当年曾因一曲《太阳岛》唱响大江南北的郑绪岚,再以她那优美的嗓音唱出了周庄秀美的水乡景色和吴侬软语的文化神韵。

《散文选刊》主编王剑冰的《绝版周庄》和著名散文家赵丽宏的《周庄水韵》都曾入选中学语文课本;《五姑娘》《摇啊摇,摇到外婆桥》《开国领袖毛泽东》《浪漫樱花》《柳亚子》《开国大典》等电影纷纷在周庄取景;我国香港摄影大师陈复礼在周庄度过了九十寿辰;国画大师吴冠中赞:"黄山集中国山川之美,周庄集中国水乡之美";建筑大师贝聿铭称:"周庄是国宝";著名画家、教育家匡亚明说:"人生不到周庄游乃是憾事"。周庄独特的水乡风貌,在众多当代名人中形成良好的口碑,他们或以优秀的文艺作品赞颂周庄之美,或通过言谈使"周庄"二字在媒体间大量传播,名人效应使周庄"中国第一水乡"的品牌拥有越来越强的号召力。

三、文化活动升华品牌内涵

具备邻里社交功能的阿婆茶、别有情趣的水乡婚礼、琳琅满目的传统美食……世代周庄人生活中的点点细节，构成周庄独特的文化氛围。随着"中国第一水乡"品牌的发展，周庄旅游人以创意思维点化这些文化元素，创造出属于周庄的一系列特色文化活动，以参与感、仪式感、个性化的特征吸引了大量游客，形成了贯穿年度的客流爆发点。

1996年，在两位台湾摄影师汤思泮、李鸣雕的倡议下，周庄举办了首届"中国苏州周庄国际旅游艺术节暨摄影大赛"，从此拉开了周庄旅游节品牌走向全国的序幕。在首届旅游节成功举办的基础上，周庄与游客们一年一会，连续举办了超过二十届旅游节，内容涉及书画大赛、旅游工艺品大赛、文学作品大赛、影视作品大赛、吴文化展示活动、民俗文化大赛、水乡美食大赛、周庄文化北京展示活动、国际旅游小姐大赛、驻华使节夫人中国才艺大赛、实景演出等，大大提升了"中国第一水乡"的知名度。

每逢春节期间，周庄还推出"周庄过大年"大型主题系列活动，因快速城市化进程而逐步消失了的传统年俗与乡土温情，被热闹的"周庄年"赋予了全新的生命力。在活动期间，参与者可以体验腊月二十四夜吃圆食、腊月二十八夜装糕、除夕祈福守岁、正月初一拜年打春牛、正月初五接财神、正月十五闹元宵打田财，完整、真实的民俗元素，让游客身处异乡、心有家园，对水乡人传统的生活方式有了更深刻的感知。

除了旅游节、"周庄过大年"以及近年来兴起的"周庄水乡风车季"等固定活动，周庄还积极与文化、体育领域互动，推出大众参与的精品文体活动，如2005年与诗刊社共同举办"春天送你一首诗"大型诗歌征文活动；2006年与《文学报》共同举办"我心中的周庄"全球华人征文大赛；与中国射击队共建"周庄走进奥运"文化基地，并共同举办了迎奥运倒计时活动；与苏昆剧团、上海沪剧院、越剧院、苏州锡剧院合作，推出反映沈万三历史文化的锡剧《蹄宴》等戏曲曲目。这些活动为广大爱好者喜闻乐见，在强化曝光度的同时，丰富了周庄旅游品牌的文化内涵。

在周庄古镇内，依托一批文化载体的成熟运营，精彩的文化活动常态化上演。由于沈万三与其亲家顾阿瑛的历史渊源，周庄也成为昆曲在发源传播过程中的重要节点之一。通过在古镇内打造古戏台，周庄为游客们带来了实景观戏的难得体验，"游周庄，听昆曲"的雅趣成为当代佳话。2017年，周庄启动古戏台提升改造工程，更优质的硬件与更丰富的演出活动，将使更多人感受昆曲这一人类口述与非物质文化遗产的魅力。为发扬周庄本地的商业与手工业传统,周庄又将古镇的中市街打造为"十二坊",游客在逛街时,不但能买到各种心仪的伴手礼,更能欣赏到打铁、草编、泥塑、纺纱、织布、缂丝、酿酒、圆作、香炉制作、泥瓦制作等传统民俗手工艺表演,还能在街边茶馆中体验评弹、茶艺的魅力。此外,荡湖船、打莲厢、挑花篮、鱼鹰捕鱼、水乡快船等表演也随处可见,对游客而言,周庄之旅带来的精神收获往往物超所值。

四、对接全球展示品牌形象

1997年12月,联合国教科文组织"世界文化遗产保护委员会"亚太地区执行主席梁敏之到周庄考察,为周庄古镇的完整性所折服,认为周庄的水乡风貌是"世界第一",周庄作为中国江南地区历史文化的重要传承点,拥有世界性的意义和地位。事实上,周庄也一直奉行世界性的宣传策略,面向全球展示自身价值,诠释了"最中国就是最世界"的高度文化自信。

2001年6月6日,在周庄精心打造的水上会议厅——周庄舫上,成功举办了亚太经合组织(APEC)贸易部长非正式会议,外经贸部原部长石广生、原副部长龙永图率领各国家和地区的部长参加了会议。依托自身的人文景观资源与私密性的地理特征,周庄以一个小镇的体量承办国际会议,实现了一个达沃斯式的奇迹。这次会议使来自全球的目光在周庄高密度聚焦,使周庄的国际知名度飞速上升,为周庄迈向国际、提升形象、进一步发展提供了机遇,日后的周庄,也因此成为举办高端论坛会议的绝佳场所。

近年来,周庄积极参加国内国际旅游交易会,通过发放宣传资料、召开旅游说明会、举办文艺表演等多种形式,宣传周庄旅游资源和形象。周庄先后与法国阿尔勒市、意大利达芬奇镇结为友好城镇,开展文化交流活动,并远赴日本大阪市参加"御堂筋"国际旅游节彩车巡游。此外,周庄还建立了英文、法文、日文网站,与来自世界各地的旅行爱好者们展开深入交流。

五、创新发展扩写品牌价值

随着"中国第一水乡"品牌价值的不断提升,周庄不因传统的"门票+服务业收入"经营模式而故步自封,积极实践开发与经营的创新,在更高效地传播品牌价值的同时,维护一个更健康的产业生态,探索一份更广阔的未来前景,实现周庄旅游与经济发展、古镇保护、本地居民的多方共赢。

2007年,周庄推出了中国第一部大型水乡实景歌舞表演——《四季周庄》。《四季周庄》以陆丽娘与沈万三的爱情故事为剧情主线,节目编排高潮迭起,一气呵成,通过春夏秋冬不同景致、生活方式的呈现,带领观众品尝周庄迷人的四时韵味,并在与观众互动的同时,再现了周庄的婚庆、过年等习俗。截至2017年,《四季周庄》演出场次已突破2 000大关,这场华丽的视觉盛宴更改了无数人的周庄之旅日程表,成为他们夜泊周庄的理由。

随着"夜游周庄"版块的日益丰盈,近年来,周庄民宿强势崛起,成为长三角地区民宿最集中的景点之一,一改曾经的环太湖旅游版块因地缘狭窄而面临的"游而不住"的尴尬。江苏水乡周庄旅游股份有限公司投资开发的贞丰轩、贞固堂、莼鲈之思度假酒店等项目,以其特色鲜明、价格亲民而广受好评,带动了以忆江南、沐澜精致酒店为代表的本地私家民宿的兴起,并逐步迎来了花间堂、正福草堂、纸箱王拿铁玩石客栈等成熟商业民宿的入驻。民宿产业的兴起,一方面为周庄本地居民带来丰厚的服务收入,另一方面也以民居的特色服务功能为要求,倒逼古建筑的保护与"修旧如旧"。

2016年,周庄"香村·祁庄"项目对外开放,周庄古镇7千米外的祁浜村中,四栋乡间民房改造而成的休闲院落民宿分别对应着20世纪60、80、90年代与21世纪00年代的装饰风格。首期"年代秀"主题的复古惊艳,立马引燃"香村·祁庄"在社交网络上的火爆。这是周庄在乡村旅游方向的尝试,项目以其静谧、闲适、亲近自然、充满回忆的基调,得周庄之"魂"而不受困于其"形",未来将有望进一步承接古镇景区的溢出价值,并与古镇形成游客与服务的对流。

周庄以开放的姿态拥抱众多创新业态,除上述项目外,众多优质资本与周庄强强联合,如2016年网络文学巨头阅文集团与周庄合作打造"文出周庄"网络文学体验基地项目,以全球巡展引发轰动的"生命奥秘博物馆"在周庄建设东南地区最大的展馆,五星级酒店"铂尔曼"入驻周庄,等等。同时,富贵园、爱渡风情小镇、光明国际高尔夫、周庄欢乐世界、周庄绿乐园等丰富多彩的旅游周边项目使周庄游客获得了更多选择。"中国第一水乡"的价值,不再局限于0.47平方千米的古镇之内,而能覆盖38.96平方千米的周庄全境,这为周庄迎接即将到来的全域旅游时代提供了充分利好。

(朱丽荣,高良平)

古村新韵在太湖之滨尽情绽放
——苏州东山陆巷古村发展之路

东山镇陆巷古村位于苏州西南、太湖之畔,是目前江南建筑群体中质量最高、数量最多、保存最完好的古村落。

陆巷古村是明代正德年间宰相王鏊的故里,是全国首批历史文化名村,被誉为"太湖第一古村"。王鏊曾连捷解元、会元、探花,其门人唐伯虎称他为"海内文章第一,山中宰相无双"。王鏊母亲姓陆,其村因此得名。陆巷古村现尚保留着明代建筑数十处,清代建筑则比比皆是,面积达上万平方米。规模如此庞大、保存如此完好的古村落在江南一带实属罕见。走进长长的巷子、幽幽的长弄,仿佛走进悠悠的历史长廊。高高的牌楼、粉墙黛瓦的民居、宰相官宦的宅第,又都掩映在一片片的桔园之中,一切都犹如历史的画卷展现在游人的面前。

一、陆巷古村历史

陆巷古村形成于南宋。到明代,村里出了个户部尚书、宰相、文渊阁大学士王鏊,古村因此闻名遐迩。王鏊是东山历史上最大的官,是明代宪宗、孝宗、武宗三朝元老。他的门下唐寅曾写对联称赞他为"海内文章第一,山中宰相无双"。后来王鏊的八世孙王世深又高中状元。明清两代,古村名人辈出,仅王氏家族就有王禹生、王世琛、王颂蔚等闻名于世。这不足百户的山村屡屡大兴土木,平整土地,挖沟修道,架梁造宅。在鼎盛期,陆巷全村有建筑规模较大的厅堂72座,虽历经悠悠岁月、历史变迁,现今古村内尚保存明代建筑20余处,其中遂高堂、会老堂、晚三堂、见山堂、熙春堂、双桂堂、惠和堂、粹和堂,以及清代的三德堂等古宅尤具代表性,具有很高的建筑、美术、民俗及历史价值。

二、陆巷古村现状

随着时代的变迁、社会的发展,现今的陆巷古村落成为江南建筑群体中质量最高、数量最多、保存最完好的古村落,被誉为"太湖第一古村落"。原来古村内有72处明清建筑,现存完好的有30余处,虽然保存下来的建筑众多,但同样面临着年久失修、房子老化的问题。早在20世纪80、90年代,因为当地居民保护意识淡薄,就拆建和卖掉了很多老房子,此外一些建筑还存在倒塌后无人管理的情况。在历史上,自隋、唐、宋、元、明、清以来,东山的大户人家一般都有堂名。以古堂为例,原来陆巷的古堂有30多处,但现在仅剩十余处了,表1为陆巷古村落现存古堂名。

表1 陆巷现存古堂名

序号	名称	朝代	序号	名称	朝代
1	惠和堂	明	9	敦雅堂	明
2	鸿门里	明	10	粹和堂	明
3	春庆第	明	11	裕德堂	明
4	晚三堂	明	12	唐三景	明
5	三祝堂	明	13	惟善堂	明
6	见堂	明	14	树德堂	明
7	鸣凤堂	明	15	东山草堂	明
8	味玉堂	明	16	三德堂	清

2001年后,随着《江苏省历史文化名镇保护条例》和《苏州市古建筑保护条例》的出台,古村内的居民开始将房子翻新,以前大户人家的房子大部分都保存了下来,而且这些房子保护情况都基本良好。2006年,江苏省开展了全省村庄建设和整治工作,苏州东山陆巷古村落归入整治规划范围内。当时,由苏州东山镇政府部门和民间资本联手投资2 000余万元,打造陆巷古村落景区,将旅游资源整合并对外开放,形成了"五堂、三牌坊、一古街、一摄影基地、一仙境"的陆巷古村落一期景区开发工程。2007年,苏州规划局规划了陆巷村三个层次的保护范围,一是核心保护区,是指历史古村的范围,面积11.10公顷;二是建设控制区,包括东到寒谷山、南及西山北、西临太湖边、北至寒山港的区域,面积约20.90公顷;三是风貌协调区,指在核心保护区和建设控制区以外划定的区域,该区域以生态绿化为主,面积49.46公顷。2011年3月,苏州市规划局网站上公示了对

东山镇陆巷历史文化名村的最新规划,对陆巷古村实行分层次与分级保护,将研究范围分为陆巷村域和古村落两个层次:村域范围为整个陆巷行政村,面积为8.37平方千米,确定村庄布点及规模,规划产业发展以及旅游设施;古村落范围为陆巷古村,面积为10.13公顷,重点协调保护。

现在陆巷古村落已经逐渐形成"南渡遗地,湾居古村"的文化特色,积极塑造展现太湖山水魅力、领略明清传统风情的观光旅游品牌,走以居住为主、适度发展的路线。越来越多人开始关注这个有着1 000多年历史的古村落,其中不乏闻名而来的游客以及一些研究学者们。

三、陆巷古村的发展

陆巷古村在东山发展史上有很重要的地位,不管是历史、人文还是文物古迹的遗存量和价值,都是如此。陆巷古村是目前江南建筑群体中质量最高、数量最多、保存最完善的古村落,因村内文宁、康庄、旗杆、古西、蒋家、韩家等六条巷而得名。六巷内密布着明代宰相王鏊故居等30多处明清建筑,古紫石街上高耸着探花、会元、解元三座明代牌楼。2007年,陆巷古村被评为"中国历史文化名村"。

改革开放后,陆巷的村民为了改善生活条件,纷纷建起新房,原有的古宅日渐破败,这座源自南宋的古村岌岌可危。1998年,民间资本出资对南宋宰相叶梦德的故居宝俭堂进行了保护开发,而政府也出资对王家祠堂、怀德堂进行修缮。2000年始,继成功开发古城、古镇带动苏州旅游之后,苏州市政府又将目光投向了苏州的另一历史文化瑰宝——明清古村落,熔保护与开发于一炉,倾力打造"历史文化名村",陆巷古村被确立为试点之一。政府对陆巷投入巨额资金,对古村进行地面修缮,规划整治北入口,拆除码头周边现代建筑,建设临水观景广场,并设入口牌坊;结合橘林设置停车场,满足车流、人流集散以及游览车接驳的需要。2005年6月,苏州颁布全国首个地方级关于保护古村落的地方性政府规章《苏州市古村落保护办法》,得益于此,陆巷成为苏州第一个在政府与民间资本的共同运作下,以"镇旅游公司牵头,村民以古建筑入股,民间资本合作"的方式进行保护与开发的古村。

《苏州市古村落保护办法》中首次提出引入市场运作机制保护古村落的思路,根据该办法第二十一条,古村落可以采取股份制的形式,村民以其所有的古建筑入股或将其租赁,同时吸收社会资金入股,多方共同参与古村落的保护、经营和收益。该办法广泛调动社会力量参与文化遗产保护事业的积极性,开创了古村落市场化保护模式的先河。如今,宝俭堂、王家祠堂等几座老宅子都已实现民资进入,以私人资本对古建筑进行修缮、保护与开发。而政府也出台《苏州市吴中区古村落保护贷款贴息和经费补助办法》《苏州市吴中区古建筑抢修贷款贴息和奖励办法》等各种政策,从制度层面上助古村落保护开发一臂之力。2007年4月,吴中区政府还成立了吴中区古村落保护与开发有限公司,专门投资和建设古村落。

陆巷古村的发展应保护原真性,适度商业化,突出特色。原真性在于完好保存的明清建筑群、街巷结构和周围一带自然风景区,商业化在于街巷中一家家兴起的商业店铺。然而,有些建筑结构破坏了原有布局的整体美感。因此,需要维持古村落人、自然、社会与文化的生态平衡,促进文化尽量向多样性发展,同时保持民俗意象和精神的自然性。如开发商应该鼓励和帮助原居民继续发展茶业、林果业和渔业,茶绿橘香的乡村氛围与明清建筑体和谐地融为一体,保持了陆巷古村的内涵文化精髓和历史文化保护区的特征。

同时,陆巷古村的发展应控制容量,平衡环境承载力。旅游目的地都有自己的环境承载力,如果到达饱和度后继续接待游客就会对该地区的环境和景点造成威胁甚至破坏。古村落同样如此,在对它们的旅游开发中一定要考虑接待容量的问题。对于陆巷古村落而言,现在该村落旅游发展还未进入成熟阶段,还在稳步地发展,主要原因是知名度还不够,对旅游客源市场的辐射还不够大,所以游客接待量还没有超过陆巷古村的饱和度。但景区管理部门要防患于未然,在旅游开发的进程上不能急功近利,不能因为追求经济发展而忽略了环境和景点的保护。像现在陆巷的发展模式,是在古村的相邻空地建设新村,古村和新村有机融合,这主要是考虑到既不影响居民生活生产,又能对明清古宅进行严格的保护,游客可以白天在古村进行旅游观光,晚上在新村进行农家乐或是休闲度假。这样既不会因为大量的游客停留对明清古宅和古街古巷造成不良影响,也不会降低游客的旅游体验度。

总之,陆巷古村落无论文化、历史、艺术都具有深厚的内涵,同时亦具有旅游开发的价值,但是开发的目的应该是更有利于古村落文化内涵的保护,使它得以可持续发展。

(王艺群)

风起芦苇荡,心动沙家浜
——红色旅游产业融合推动辖区旅游业创新发展

沙家浜是国家历史文化名城、中国优秀旅游城市——常熟市的一颗璀璨明珠,集丰厚的人文资源和秀美的自然景观于一身,既是全国红色旅游经典景区,又是打造中的华东地区最大绿色生态湿地公园。

一、沙家浜风景区简介

沙家浜风景区位于明媚秀丽的江苏省常熟市阳澄湖畔,景区创立于1989年,占地面积6 000多亩(约合4平方千米),是国家5A级旅游景区、国家湿地公园、全国百家红色旅游经典景区、全国爱国主义教育示范基地、国家国防教育示范基地。景区利用革命历史、绿色生态、民俗文化等旅游资源发展旅游业,建成了革命传统教育区、水生植物观赏区、红石民俗文化村、芦苇水陆迷宫、横泾老街影视基地、沙家浜湿地公园、美食购物区等功能区域,先后形成了红色教育游、绿色生态游、金色美食游、演艺文化游、休闲养生游等旅游产品,是长三角地区独具特色的休闲旅游度假胜地。

历经二十多年的发展,沙家浜风景区的规模不断扩大。2013年4月升格为国家5A级旅游景区,先后荣获国家湿地公园、全国百家红色旅游经典景区、全国爱国主义教育示范基地、国家国防教育示范基地、国家城市湿地公园、全国科普教育基地、全国旅游价格信得过景区、江苏省生态旅游示范区、江苏省生态文明教育基地等荣誉称号;被联合国人居署授予"迪拜国际改善居住环境最佳范例奖";并入选国务院"国家级抗战纪念设施、遗址名录"。

景区追求大自然生态和野趣,打造水乡"森林公园"。各个不同的地块形成了春景、夏景、秋景、冬景以及万竹岛,同时营造"芦花放、稻谷香、岸柳成行"的意境。绿化与芦苇构成和谐的大自然生态景观,春是桃红柳绿,夏是荷藕飘香,秋是杏林尽染,冬是雪融芦花,四季如诗如画。碧波之上,橹声咿呀、渔歌阵阵;万绿丛中,鸟儿婉啼、苇香扑鼻,展示了原汁原味的水乡特色。

2016年度,沙家浜景区接待游客222.34万人次,实现自营收入10 923.49万元。

二、红色旅游产业的探索发展之路

早在十年前,沙家浜风景区就提出了"红、绿结合"的发展思路,紧密依托红色资源发展旅游业,形成了红色教育游、绿色生态游,并逐渐延伸出了金色美食游、演艺文化游、休闲养生游等特色旅游品牌。与其他景区相比,沙家浜风景区具有无法仿制的红色资源、得天独厚的生态环境和深厚的历史文化底蕴。

1. 突出红色旅游基调

沙家浜风景区作为全国30条红色旅游精品线路的重要节点和123个红色旅游经典景区之一,立足红色基调不变,把握红色脉搏不放。景区以纪念馆为主体,以"沙家浜"故事为主题,以"红色游"为主线,紧扣革命传统教育这一主旨,承载接待展示、影视观赏两大功能,运用声、光、电三大手段,实现展示实物、还原历史、仿真环境、体验互动四大效果,举办了形式多样的爱国主义教育活动,先后接待来自全国各地的红色旅游团队近四百万人次,纪念馆已成为红色旅游的窗口和素质教育的课堂。2005年,景区启动了与上海中共"一大"会址、嘉兴南湖共同举办的"共走红色路 同游江浙沪"三地红色游活动,十年来,成功举办红色故事会、红色导游赛、红歌会、红色发展论坛,为红色旅游发展提供了广阔的市场空间。

2. 延伸红色游产业链

景区以红色旅游为载体,遵循旅游市场规律,努力适应和满足不同群体的口味,创造性地开展了红色教育游、绿色生态游、金色美食游、演艺文化游、休闲养生游,形成了较为成熟的旅游品牌。针对周边主体客源地和潜在旅游消费群体,抓住每一个节庆,做到活动月月有,促销季季新。景区每年举办阿庆嫂民俗风情节、沙家浜红色旅游节、中国常熟沙家浜旅游节等大型节庆活动,全国散文大赛、名家笔会、端午诗会等文化盛会辐射全国。

2004年底,景区投资1 500多万元建成了沙家浜水乡影视基地,恢复了沙家浜老街、刁宅大院、春来茶馆、江南小渔村等一批沙家浜主题影视场景。2012年,景区斥巨资全力推出大型实景剧《让子弹飞》《芦荡烽火》。两部实景剧运用现代高科技特效手段,演绎沙家浜的传奇故事,重现当年革命战争的场景;运用诙谐的表演手法,讲述军民紧密配合,共同抗击日寇的英勇斗争故事。目前为止已吸引几十万名游客前来观看,并获得众多好评。京剧表演、实景剧、石湾山歌等众多演艺节目现已成为沙家浜又一大特色品牌。

3. 以文化提升竞争优势

景区发挥自身独特的文化资源优势,吸纳和光大各类先进文化。先后引进春和博物馆、婚俗馆、根雕馆、水乡服饰馆等展馆,弘扬沙家浜小京剧、龙舟文化、白茆山歌、评弹、古琴等地方优秀传统艺术。引进翁家糟坊等特色项目,挖掘"水乡婚俗""水乡服饰""石湾山歌"等非物质文化遗产,让游客在接受红色教育的同时,深切感受沙家浜特有的民俗文化魅力。《沙家浜》《金色年华》等五十余部影视作品相继热播,沙家浜影视基地已成为上海第十届国际电影节中选出的最具江南特色的影视基地。继动漫《沙家浜新传》问世之后,又推出国内首部红色旅游动漫作品《芦荡金箭》,制作三只阳澄湖大闸蟹为主角的《沙沙家家浜浜历险记》。全力建设全国北亚热带地区品种最全、规模最大、设施最好的芦苇馆,以湿地文化展现唯一性。"不是唯一,就是第一"的文化特质在红色旅游发展的过程中形成了"独占效应"。

4. 以区域合作实现共赢

风景区与时俱进,拓宽思路,深入挖掘红色文化的内涵,努力探索适应时代需求的红色旅游新模式。2009年,风景区举行了以"应对危机,创新发展红色旅游;合作共赢,区域互动再创新绩"为主题的沙家浜红色旅游节开幕式暨江浙沪红色旅游发展论坛,论坛旨在将江浙沪地区中国百强旅行社和全国红色旅游经典景区联合起来,共同探讨经济危机下红色旅游的发展对策。2010年,来自长三角20多个城市、100多个车友会的1 281辆自驾车及16 000余名游客,在三小时内云集景区,成功刷新自驾游基尼斯记录。长三角旅游部门首次实现区域联动,将爱国主义教育游和观光休闲游有机结合,为长三角旅游文化资源共享做出了有益的尝试。2011年,景区主动对接国家旅游局和国家红色旅游协调办公室,协办全国红色旅游导游员电视网络大赛,2012年又承办全国红色旅游摄影作品展示活动颁奖典礼和全国红色旅游管理人员培训班。

5. 以游客需求打造新增长点

景区以景点精致、服务细致、项目别致来吸引消费者,投入巨资修建了国防教育园,依托丰富的户外拓展资源,开设中小学生素质拓展训练、企业员工团队拓展等项目,自2008年正式开放以来,共接待各类国防素质拓展5万多人次。启动了千亩生态湿地东扩工程,免费开放了沙家浜革命历史纪念馆、瞻仰广场等景点,开展具有乡村特色的观光农业、休闲渔业等乡村生活体验活动,与龙头企业联手打造产教结合、富于旅游体验的现代农业生态园,丰富了参与性要素,举办了多样化活动,增加了菜单式项目,着力解决制约红色旅游发展的瓶颈和短腿,走出了一条市场化发展的光明大道。

6. 以优化配套提升游客消费体验度

风景区依托沙家浜大闸蟹交易市场、景区内外300多家餐饮经营户的竞争优势,拉长红色旅游线路,做长旅游产品链条,提升旅游消费水平。目前,基地的翁家糟坊、绣坊、铁匠铺、豆腐坊让游客流连忘返,印花布、芦苇画、工艺品使来宾爱不释手。景区积极探索住一晚、玩两天的"1+2"模式,开设餐馆饭店、休闲茶室等经营场所,开发休闲垂钓、捕鱼捉蟹等旅游项目,开办"农家乐""渔家乐"等旅游专业经济合作组织,不仅为景区增添了人气,也带来了财气。实践证明,只有把红色旅游产品纳入区域性旅游发展大格局中,跳出"红色"发展"红色",才会受到广大旅游者的喜爱和选择。

三、沙家浜景区旅游产业可持续发展建议

经过十年的发展,沙家浜风景区的红色旅游已经初具规模,为了更好地实现景区可持续发展,并带动辖区旅游产业、区域相关产业一体化发展,可从以下方面进一步发展。

1. 借力红色旅游构建多元乡村旅游体系

近年来乡村旅游兴起并逐渐形成了一种风尚。常熟地区乡村旅游资源丰富,目前已经有多个成熟的乡村旅游景点,如蒋巷村、李袁生态园、海明农业基地、梨花邨等,还有许多拟建、在建的乡村游项目,如罗墩村、大地农业、牡丹村、爱上草原、中泾现代农业园等,以及多个结合农家乐的美丽乡村项目。旅游走进

农村,体验生活、绿色消费成为旅游实现供给侧改革的重要阵地。因此,沙家浜风景区要抓住这个契机,以红色旅游作为切入点,将单一的景区游同辖区内的乡村游有机结合,可以通过设计景区加乡村的优惠联票、赠送乡村旅游景点门票、提供免费包车接送等措施来进一步吸引游客,使游客群体在结束沙家浜景区游玩后,向周边乡村游景点辐射,由此带动区域内的乡村游协同发展。同时,行业主管部门也要在认真调研的基础上,根据游客的不同需求,大力打造乡村度假、休闲农庄、乡村俱乐部、乡村康体健身、乡村生态养身、企业庄园、产业庄园等乡村休闲旅游产品,形成能适应不同市场需求的乡村休闲度假产品体系。

同时,要充分利用风景区自身优秀的湿地资源,联合尚湖、蒋巷村、南湖、沉海圩、泥仓溇及新材料产业园人工湿地等多处湿地公园构建湿地群。主管部门要加强对全市各湿地公园的管理和指导,充分维护好设施和环境,增加形式多样的科普阵地,在此基础上,重点针对尚未推向市场的南湖、沉海圩、泥仓溇等湿地公园,进行旅游发展分类指导。在沙家浜风景分区已经启动湿地研学游的基础上,积极开拓全市的研学旅游项目和线路,利用沙家浜和尚湖湿地的先发优势,借鉴成功经验,向其他湿地公园推广,并通过它们与外地的湿地公园加强交流合作,充分增添湿地研学游的特色优势,增强湿地旅游以及生态保护的影响力,让学生得到教育,让游客得到启迪。

2. 借助文化优势促进全域旅游升级

常熟作为吴文化的发源地之一,文化氛围浓厚,要进一步立足资源优势,深入挖掘文化底蕴,着力推进"文化+旅游"深度融合,全方位推进全域旅游。风景区要以红色文化为引领,在现有的主题活动基础上,拓展范围,积极与教育部门合作,向省内其他地区乃至全国的各类学校推介,免费向师生开展革命传统教育,教育引导学生读红色故事,唱红色歌曲,当好中国特色社会主义建设事业的合格接班人。同时对常熟市沙家浜历史纪念馆老馆场地进行改建,积极申报省廉政教育示范基地,适时推出江苏省廉政文化游线路,积极寻找新内容,不断丰富景区爱国主义教育基地廉政文化的旅游内涵,传承和彰显特色。

在旅游业发展过程中,相关部门要认真仔细地研究和寻找旅游业与相关产业的交叉点,科学合理地确定旅游业与相关产业的融合点,大力推进旅游与文化、生态、商贸、工农业、信息产业和城市建设的高度融合。以产业融合来推进旅游业的快速发展,以旅游业的快速发展来促进产业融合,从而实现可持续发展。

3. 加大内外投入,实现游客体验再提升

游客的满意度是旅游业发展质量水平的一个重要因素,因此要实现景区的可持续发展,必须苦练内功,以硬件为基础、软件为保证,坚持以人为本,打造景区核心竞争力,不断满足游客的需求。

对内而言,要进一步强化内部管理,通过公开招聘、目标考核重组营销队伍,细分客源市场,变被动营销为主动营销。强化接待效果和人性化服务,优化设置票务平台、服务站点、导示标志,打造讲解员、电瓶车、船娘三支星级队伍,力争实现入园电子化、导示人性化。推行"爱心、热心、贴心、细心、耐心"的"五心"服务,要求员工接待游客如亲人,提供服务如家人。针对产业水平不高、专业人才不多、资金缺口不小等体制机制层面的难题,要积极借助全国红办、江苏省旅游局、南京师范大学旅游系及江浙沪知名景区的专业力量,按照"院校引进一批、社会吸纳一批、就地培养一批"的思路,创新人才引进、开发和培养方式,以优秀人才来提升景区核心竞争力。

对外而言,要配合属地政府及相关部门,研究出台土地利用、税收优惠等完善的配套政策来进一步加大景区周边配套建设投入。针对目前景区周边餐饮和住宿规模小、不成规模的实际,应当及时进行调研和规划,因地制宜地开展民宿、农家乐、渔家乐的建设,真正实现让游客住一晚、玩两天的"1+2"模式。积极利用"互联网+",在微博、微信公众号、旅游电商、购物平台等各类媒介上积极宣传风景区及常熟地区的土特产,提高沙家浜风景区旅游品牌及常熟城市的知名度。积极鼓励社会力量参与红色旅游的开发经营,与红色教育游、绿色生态游、金色美食游、演艺文化游、休闲养生游互融互动,实现更好更快发展。

(沈君豪,张广平)

从单体主题公园到欢乐度假目的地
——苏州乐园品牌发展历程

苏州乐园,对于土生土长的苏州人来说,是"欢乐记忆"的代名词,这从品牌建设的视角来看,无疑是成功的,正如品牌建设专家保罗·泰柏勒(Paul Temporal)博士所说,消费者创造并拥有品牌。苏州乐园二十多年来已经将休闲娱乐的生活方式深植于两代人甚至三代人的记忆中,成为这些人成长和生活中不可或缺的游乐园。

一、苏州乐园发展概况

苏州乐园地处苏州高新区中心,以狮子山为依托,规划面积94公顷,占地54万平方米,包括水上世界、欢乐世界两部分,总投资6亿元。乐园由加拿大多伦多福莱克公司进行总体规划,水上世界于1995年7月对外开放,欢乐世界于1997年建成开园迎宾。

苏州乐园以"东方迪斯尼"为主题,集西方游乐园的活泼、欢快、壮观和东方园林的安闲、宁静、自然为特点,融参与性、观赏性、娱乐性于一体,是国家4A级主题乐园,2001年通过ISO9002质量体系认证,被公认为"中国第三代主题公园点睛之作"。苏州乐园现有游乐项目及景点达80多处,且精心打造了啤酒节等节庆文化活动,充分显示了国际现代化游乐高科技与深刻的文化内涵兼具的特点。乐园以游客为中心,各类服务设施齐全,为游客营造了欢乐的游园氛围。苏州乐园成功地将观赏性和参与性等旅游特征结合于一体,全园就像一幅展示东西方文化的"双面绣",是与国际接轨的独特的游乐园。

游乐项目是苏州乐园的主体旅游资源,乐园从欧美引进了悬挂式过山车、夏威夷海浪、豪华波浪、高空弹射、龙卷风、天旋地转等一大批惊险刺激的高科技游乐设施。乐园的游乐项目依山傍水,与山水自然景观水乳交融,彰显了景观的独特性,构成了一幅具有生态特征的动态山水画卷。苏州乐园还具有丰富的人文景观,全园分为苏迪广场、狮泉花园、欧美城镇、加勒比风暴、百狮广场、威尼斯水乡、苏格兰庄园、天狮湖、未来世界、夏威夷世界、儿童世界等景区。秀美怡人的天狮湖、建筑精美的欧美城镇、别样风情的威尼斯水乡、充满田园气息的苏格兰庄园,使游客既能感受到自然醇厚的东方情调,又能领略到缤纷绚烂的欧陆风情。

苏州乐园,作为中国主题公园业界的领头羊,有着坚毅不屈的企业精神。从品牌企业的立场来看,苏州乐园以"用快乐传递爱"的企业文化在前仆后继的主题公园开发投资潮中始终保持屹立不倒,二十余年来见证着华东主题公园的发展,并推动其旅游市场日渐成熟。

一句"迪士尼太远,去苏州乐园"的广告语朗朗上口,迅速打开了它的华东主题公园旅游市场。至今,苏州乐园已坐拥四大主题景区,水上世界、欢乐世界陆续涅槃重生升级成森林水世界与森林世界(在建),温泉世界脱胎换骨成四季悦水游村,而糖果世界也在实现徐州异地品牌复制、苏州本地继续做精做强的大型室内亲子主题游乐园的专业化道路上,专攻亲子家庭的细分市场;并在2011年之后陆续入主四季悦温泉酒店、宜必思尚品酒店、宜必思浒关店的酒店产业,成功托管白马涧生态园等知名老牌景区(见表1)。至此,苏州乐园旗下涵盖主题乐园群落、生态系列景区、休闲度假酒店等全系产品,脱胎于单体主题公园,致力于打造成一个欢乐度假目的地,在传达欢乐度假生活理念的征程上,继续推动华东主题公园旅游市场的成熟化、精细化。

表1 苏州乐园品牌发展年历

时间	标志事件
1995年7月	水上世界开业,苏州乐园品牌建设历程正式起步
1997年2月	欢乐世界开业,苏州乐园正式进入"强旅游品牌"建设阶段
2008年7月	水上世界升级
2010年1月	水上世界商业广场筹建,苏州乐园初步尝试跨界产业结合

续表

时间	标志事件
2010年7月	糖果世界开业,苏州乐园迎合不断变化的旅游市场新需求,专攻亲子市场
2011年7月	四季悦温泉试营业,温泉酒店开业,苏州乐园旅游休闲综合体初步成立
2012年10月	苏州乐园托管白马涧龙池风景区,开创苏州乐园全新的管理输出之路
2013年2月	苏州乐园宜必思尚品花园酒店与宜必思浒关酒店开业,苏州乐园正式进入旅游休闲综合体时代,品牌影响力进一步扩大
2015年	苏州乐园与香港泛亚国际联合打造泰迪农场,开创"强IP引进"品牌合作战略;贡山岛正式开放
2016年7月	森林水世界盛大开园,实现旅游休闲综合体向旅游度假目的地的转型升级,森林IP强势注入品牌内涵,标志苏州乐园品牌向"森林+IP"跨越发展
2017年3月	森林水世界转型为"森林小镇",实现全季经营
2017年5月	四季悦水游村(原四季悦温泉)升级新开;未来新森林世界规划建设,苏州乐园品牌持续创新升级

二、步步为营:苏州乐园整体战略布局

1995年的夏天,苏州乐园从一抹清凉开始,将"水上世界"打造为第三代主题乐园的点睛之笔。到2014年,二十年里苏州乐园最终整合成欢乐世界、水上世界、糖果世界、温泉世界、生态世界(龙池风景区)五大板块,成功进军酒店业,以单园区的主题公园起家,步步为营、整体布局,构建"苏州乐园旅游休闲综合体",从全年游览100万人次突破300万人次,这一大规模的增长使苏州乐园完成全年营收近3亿元的目标(见表2),开始在苏州高新区范围内打造旅游企业标杆和旅游中心地。

表2 苏州乐园近五年(2012—2016年)人次营收统计表

年份	2012年	2013年	2014年	2015年	2016年
游览人次(万人)	210	237	305	280	290
总营收(亿元)	2.69	2.72	2.95	2.88	2.89

注:数据统计范围包含欢乐世界、糖果世界、温泉世界、水上世界。

苏州乐园的第一个十年,成功导入目标游客市场,抓住先声夺人的优势,稳扎稳打深入目标市场渠道,与一批有优质影响力的媒体和渠道合作,双管齐下,扎根本地市场,以上海市场为突破口,逐步将长三角周边城市纳入苏州乐园市场营销圈。同时也一直在苦练内功,主要着眼于苏州乐园景区内部产品的更新换

代与升级,并在市场攻坚时期源源不断地保持其鲜活的节庆亮点。而到了第二个十年,苏州乐园厚积薄发,整合区域资源,调整产业结构,深挖细分市场,衍生旅游产品业态,联动"五大世界"景区资源,入主主题酒店业,做足全系产品,覆盖全天候、全年候、全年龄段,并且涉足管理输出、景区托管,从单一游乐园发展成旅游休闲综合体。

苏州乐园的前二十年建设,是苏州高新区"以点带面,辐射周边"的旅游经济排头兵,是以旅游为产业抓手、培育新兴经济业态的发展典型。作为苏州高新区旅游的金字招牌,苏州乐园为温润典雅的苏州城市形象注入个性鲜明的活力,为城市发展带来绿色经济的动力。

三、历久弥新:苏州乐园品牌策略升级

近年来,长三角旅游已经全面步入休闲度假时代。到2015年,苏州乐园已经跨越了旅游休闲综合体时代,开始主题度假的更深层次全整合,并正在向度假目的地转变,正式提出面向全家出游的"欢乐度假目的地"的品牌定位方向;2016年7月苏州乐园森林水世界的加入,标志着华东首创的"欢乐度假目的地"正式形成,在苏州乐园转型提升的背后,其品牌策略进一步升级,而对于"欢乐"品牌概念的解读也历久弥新。

苏州乐园并不会"倚老卖老"而止步发展,持续创新是保持乐园生命力的原动力,制造欢乐是苏州乐园品牌的灵魂。森林水世界的横空出世尤其具有其特殊意义,它标志着"森林IP"强势注入苏州乐园的品牌内涵,并与乐园其他旅游产品一起,开始从"卖门票"的景区营销时代全面进化到"卖假期"的目的地大营销时代。不仅如此,2017年,苏州乐园又在全国范围内率先创新探索水世界的全季经营,在森林水世界之上建设了一座全新的森林概念小镇,独创了"森林+"的概念产品体验基地,全年四季可让游客依次体验森林蘑菇街、森林水世界、森林嘉年华、森林冰雪村;又在2011年开业的四季悦温泉产品基础上升级建成"四季悦水游村",打造水游乐轻度假基地。而后,苏州乐园凭借《森林水世界上市营销推广——度假时代水乐园的极致主题营销》一案,分别荣获被誉为"中国数字营销风向标"的第八届金鼠标国际数字营销节"跨媒体整合类铜奖"和在商业传播领域最具权威性、前瞻性及创新性的大型赛事活动第八届虎啸奖"旅游与房地产类银奖",成为长三角首个获此殊荣的主题乐园。

苏州乐园站在旅游新时代的当下,时刻关注热点,盘活存量资源,深挖森林主题,创新深耕 IP 产品,提高区域板块知名度,整装再出发,更像是一位主题公园业内的"耕耘者",磨砺出苏州乐园旗下每一个产品永葆鲜活的个性,推陈出新、再创经典,树立推动主题公园界内经营不断适应新常态的标杆。

四、战略西移:迈向苏州高新区全域旅游

森林水世界的打造,正是苏州乐园以狮子山为原点,迈开战略西移的第一步。紧接着,为了加速旅游与生态、文化、时尚、创新等优势元素的融合,苏州乐园将以高新区"做大旅游产业、建设旅游强区"为共同目标,计划在 2019 年全面完成苏州乐园战略西移,以全新的"森林世界"项目突围华东日益竞争激烈的主题公园市场。

作为 20 多年的品牌旅游企业,苏州乐园欢乐度假目的地所打造的品牌概念正是"全域旅游"的缩影,也在为苏州高新区发展全域旅游贡献一己之力,着力推动旅游产业的转型升级。在华东旅游市场需求强劲增长的环境下,战略西移后的苏州乐园,凭借现有升级版的"森林水世界""四季悦水游村"和即将新建的"森林世界"项目的创新经营,或将引领"一日休闲""两日一夜"轻度假型周边游的新模式;而苏州乐园品牌的重整一新,也将完成度假时代的全面升级,以快速抢占长三角高品质森林度假制高点,力争成为长三角首席森林综合度假区,使品牌跻身江浙沪地区文商旅项目第一方阵。

未来,苏州乐园将继续以全域旅游的思路,完成更多创新性的旅游规划,优化全方位、高品质的旅游体验,在交通、景区、餐饮、住宿、购物、休闲等旅游服务全过程中,不断融合多样化旅游特色的景区,整合酒店、餐饮与商业广场等配套设施,在不断升级旅游产品的进程中,带来无限创意与可能,从单体景区经过资源整合而形成一个目的地旅游综合体,继续创造华东旅游市场的骄人业绩。

(乐慧华,吴秋珊)

附录一 调查问卷

苏州市 A 级景区品牌建设调查问卷

景区名称：_____

景区地址：_____邮政编码：_____

联系人：_____工作部门：_____职务：_____

联系电话(办公室)：_____手机：_____

电子邮箱：_____

景区网站地址：_____

苏州市市场监督管理学会
苏州大学 MBA 案例研究中心　　联合课题组

苏州市 A 级景区品牌建设调查问卷

说明：

1. 本问卷设计的选择题，一般为多项选择题，可选择两个及以上（打钩"√"）。
2. 本问卷涉及数据的填空题，请尽量填写精确数据。
3. 本问卷所获资料主要用于课题研究的整体分析。（调查问卷将作为研究统计资料予以保密）

感谢您对本课题的支持与合作！

一、基本信息

1. 贵景区企业（或事业单位）名称：_____
2. 贵景区企业（或事业单位）的统一社会信用代码：_____
3. 贵景区企业（或事业单位）注册资本（万元）：_____
4. 贵景区正式在编员工：_____人；临时聘用员工：_____人。
5. 贵景区门票价格，旺季：_____（元）；淡季：_____（元）
6. 贵景区 2016 年营业收入：_____（万元），净利润：_____（万元）
7. 贵景区 2016 年接待游客人数：_____
8. 贵景区评定等级为：（　　）；评定时间（请填写年月）：_____
   A. AAAAA　　　B. AAAA　　　C. AAA　　　D. AA
9. 贵景区是否为"世界文化遗产"（　　）
   A. 是　　　B. 否　　　C. 申报中
10. 贵景区目前使用的旅游宣传口号是：_____

二、贵景区具有的竞争优势（多选）

（1）门票价格（　　）　　（2）景区等级（　　）
（3）旅游资源（　　）　　（4）宣传广告（　　）
（5）政府支持（　　）　　（6）服务质量（　　）
（7）景区设施（　　）　　（8）运营成本（　　）
（9）景区管理（　　）

三、贵景区存在的竞争劣势（多选）

（1）门票价格（　　）　　（2）景区品牌（　　）
（3）旅游资源（　　）　　（4）景区特色（　　）
（5）管理机制（　　）　　（6）服务质量（　　）
（7）服务人员素质（　　）　　（8）经营成本（　　）
（9）宣传广告（　　）

四、贵景区智慧旅游平台建设情况

1. 贵景区已覆盖的智慧旅游服务系统有（多选，请打钩"√"）
   （1）景区门户网站（   ）   （2）在线咨询服务（   ）
   （3）网络预订或自助售票系统（   ）   （4）景区免费 WiFi 信号覆盖（   ）
   （5）景区二维码（   ）   （6）自助电子导游（   ）
   （7）虚拟景区游览（   ）   （8）电子地图（   ）
   （9）其他（请填写）＿＿＿＿＿＿＿＿＿＿＿＿＿＿＿＿＿＿＿＿＿＿
2. 如贵景区有 WiFi 信号覆盖，其覆盖面积大约占景区的多少？   （   ）
3. 贵景区是否拥有自己的社交平台（微博、微信等）？   （   ）
4. 是否利用上述社交平台发布景区信息公告、提供电子地图等相关信息？（   ）
5. 贵景区是否拥有自己的后台数据库，并对客源和客流进行数据分析？（   ）

五、近三年来，贵景区（企业）在营销策划方面的举措（多选）
（1）制订营销策划规划或计划（   ）   （2）设有专门的营销部门（   ）
（3）增加营销人员的数量（   ）   （4）高薪引进营销人才（   ）
（5）提高营销人员的薪资（   ）   （6）增加合作商（   ）
（7）开展线上营销（微信、微博、网站等）（   ）
（8）结合传统节庆开展营销活动（   ）
（9）其他（请填写）＿＿＿＿＿＿＿＿＿＿＿＿＿＿＿＿

六、近三年来，贵景区（企业）在品牌认知和品牌建设方面的措施（多选）
（1）更新景区广告语（   ）   （2）宣传广告渠道增多（   ）
（3）广告投入增加（   ）
（4）举办大型活动或在传统节庆时推广品牌（   ）
（5）景区有形象代言人（   ）   （6）设立品牌推广部门/岗位（   ）
（7）设计景区 LOGO（   ）   （8）其他（请填写）＿＿＿＿＿＿＿

七、近三年来，贵景区（企业）在社会责任方面的举措（多选）
（1）关注员工权益（   ）   （2）关注股东权益（   ）
（3）关注游客权益（   ）   （4）关注对政府的责任（   ）
（5）关注对社区的责任（   ）   （6）积极参加公益活动（   ）
（7）设立社会责任岗位/部门（   ）   （8）关注环境保护（   ）
（9）发布社会责任报告（   ）   （10）其他（请填写）＿＿＿＿＿＿

八、近三年来，贵景区（企业）在品牌价值提升方面的努力（多选）
（1）关注游客新需求（   ）   （2）加大品牌传播（   ）
（3）重视品牌文化建设（   ）   （4）提高服务人员素质（   ）
（5）加强智慧旅游平台建设（   ）   （6）其他（请填写）＿＿＿＿＿

九、访谈：观点和建议

1. 贵景区的旅游特色是什么？贵景区每年举办的节事活动有哪些？（请具体填写：节事活动名称、节事活动起止时间、节事活动主题、节事活动效果等）

2. 您认为贵景区的信息服务方式有哪些缺陷，以后发展的方向有哪些？

3. 您认为贵景区品牌发展面临的最大问题是什么？如何进一步提升品牌影响力？

4. 苏州市委、市政府于2017年3月颁布了《关于实施全域旅游发展战略，打造国际文化旅游胜地的若干意见》，贵景区实施全域旅游发展战略有哪些举措？

苏州市旅游景区品牌与服务质量调查问卷

尊敬的女士/先生：

您好！我们正在进行一项有关苏州市旅游景区品牌与服务质量的研究，希望了解您对苏州旅游景区服务的个人看法和总体印象，请您根据对苏州旅游景区的实际感受填写此问卷，您的意见对本课题的研究非常有帮助。本调查采取匿名的方式，您提供的个人信息只供课题分析使用，请放心填写。（调查问卷将作为研究统计资料予以保密）

感谢您对本课题的帮助和支持！

苏州市市场监督管理学会、苏州大学 MBA 案例研究中心联合课题组

第一部分：个人基本信息

1. 您的性别：（1）男　（2）女
2. 您的年龄段：（1）15 岁以下　（2）15~24 岁　（3）25~34 岁
   （4）35~44 岁　（5）45~59 岁　（6）60 岁及以上
3. 您的教育程度：（1）初中及以下　（2）高中　（3）大专中专/技校
   （4）本科　（5）硕士及以上
4. 您的职业：（1）公务员　（2）事业单位人员　（3）企业单位人员
   （4）私营业主　（5）学生　（6）自由职业者
5. 您的月收入：（1）3 000 元以下　（2）3 000~4 999 元　（3）5 000~7 999 元
   （4）8 000~11 999 元　（5）12 000~19 999 元　（6）20 000 元及以上

第二部分：苏州旅游景区品牌相关情况

1. 您对苏州旅游景区的总体印象：（满分为 5 分）
   A. 5 分　　B. 4 分　　C. 3 分　　D. 2 分　　E. 1 分
2. 您对苏州市旅游景区品牌了解吗？（单选）
   A. 非常了解　B. 很了解　C. 一般了解　D. 不太了解　E. 不了解
3. 您来苏州旅游的目的是：（可多选）
   A. 欣赏自然风光　　　　B. 体验民俗风情　　　　C. 品尝特色美食
   D. 增长见识　　　　　　E. 休闲度假
   F. 其他（请填写）＿＿＿＿＿＿＿＿＿＿＿＿＿＿＿＿＿＿＿＿＿＿
4. 您在苏州市的旅游期限一般为：
   A. 3 天以下　B. 3~5 天　C. 6~8 天　D. 9~14 天　E. 15 天以上
5. 您获取苏州旅游信息的信息化途径有哪些？（可多选）
   A. 微博、微信　B. 社交网站　C. 网络论坛　D. 旅游官方网站
   E. 其他

6. 您经常通过渠道获取哪些方面的旅游目的地信息：（可多选）
   A. 目的地餐饮信息　　　　　B. 目的地住宿信息
   C. 目的地交通信息　　　　　D. 目的地购物信息
   E. 旅游产品的信息　　　　　F. 游客评价、游记
   G. 旅游团信息　　　　　　　H. 景点信息
   I. 旅游攻略

7. 在您去过的苏州旅游景点中，对哪些颇有好感？（可多选）
   A. 拙政园　　B. 虎丘　　　C. 周庄古镇　　D. 同里古镇　　E. 金鸡湖景区
   F. 东山景区　G. 穹窿山景区　H. 沙家浜风景区　　　　　　I. 苏州乐园
   J. 旺山景区　K. 留园　　　L. 网师园　　　M. 石湖景区　　N. 七里山塘景区
   O. 平江历史街区　　　　　　P. 天平山景区　　　　　　　　Q. 木渎古镇
   R. 甪直古镇游览区　　　　　S. 其他（请填写）_____

8. 提到苏州，您能联想到的是：（可多选）
   A. 苏州古城　B. 苏州园林　C. 苏州古镇　D. 吴文化　　E. 湖光山色
   F. 人间天堂　G. 苏州评弹　H. 昆曲　　　I. 碧螺春　　J. 阳澄湖大闸蟹
   K. 其他（请补充）_____

第三部分：苏州旅游景区服务质量情况

1. 影响您对苏州旅游景区满意度的内容有：（可多选）
   A. 景区内的旅游道路及路标设置　　　B. 景区内的旅游线路的设置
   C. 景区讲解员的讲解　　　　　　　　D. 安全提示与安全保障
   E. 景区内环境卫生　　　　　　　　　F. 旅游厕所
   G. 商品购物　　　　　　　　　　　　H. 旅游秩序
   I. 旅游纠纷　　　　　　　　　　　　J. 旅游高峰期游客的疏导与分流
   K. 景区服务人员　　　　　　　　　　L. 其他（请填写）_____

2. 在苏州市旅游过程中，哪些给您留下了难忘美好的印象？（可多选）
   A. 服务水平　B. 生态绿化　C. 城市建筑　D. 旅游景点
   E. 地方美食　F. 购物环境　G. 民俗文化　H. 其他（请填写）_____

3. 您最喜欢的苏州旅游景点是：（请填写前三位）
   （1）_____　　（2）_____　　（3）_____

4. 关于苏州旅游整体品牌"人间天堂、自在苏州"（口号）的调查。（可多选）
   A. 我知道这个旅游口号　　　　　　　B. 我认为这个口号很好
   C. 这个口号能激发我来苏州旅游的兴趣
   D. 我知道苏州旅游的其他口号（请填写）_____

5. 感知调查，根据您自己到苏州旅游景区的感觉，在相应的方框里划"√"。

		非常满意	比较满意	一般满意	不太满意	很不满意
旅游景观	旅游环境	☐	☐	☐	☐	☐
	景区特色	☐	☐	☐	☐	☐
	观赏价值	☐	☐	☐	☐	☐
	资源丰富度	☐	☐	☐	☐	☐
	文化价值	☐	☐	☐	☐	☐
餐饮服务	餐饮特色	☐	☐	☐	☐	☐
	餐饮价格	☐	☐	☐	☐	☐
	餐饮卫生状况	☐	☐	☐	☐	☐
旅游交通	便捷性	☐	☐	☐	☐	☐
	舒适性	☐	☐	☐	☐	☐
	安全性	☐	☐	☐	☐	☐
	线路合理性	☐	☐	☐	☐	☐
娱乐体验	娱乐项目种类	☐	☐	☐	☐	☐
	娱乐体验效果	☐	☐	☐	☐	☐
	娱乐设施安全性	☐	☐	☐	☐	☐
商品购物	购物环境	☐	☐	☐	☐	☐
	商品特色	☐	☐	☐	☐	☐
	商品价格	☐	☐	☐	☐	☐
	商店信誉	☐	☐	☐	☐	☐
	市场秩序	☐	☐	☐	☐	☐
公共信息服务	政府旅游政务网站建设	☐	☐	☐	☐	☐
	企业旅游信息网站建设	☐	☐	☐	☐	☐
	咨询设施(如游客中心)	☐	☐	☐	☐	☐
	咨询平台(如旅游服务热线、旅游投诉电话等)	☐	☐	☐	☐	☐
景区人员服务	服务态度	☐	☐	☐	☐	☐
	服务效率	☐	☐	☐	☐	☐
	服务水平	☐	☐	☐	☐	☐
	服务人员形象	☐	☐	☐	☐	☐
旅游安全监测	公共安全机制(如旅游应急预案)	☐	☐	☐	☐	☐
	公共安全服务设施(交通、游乐、消防安全设施)	☐	☐	☐	☐	☐
	消费环境监测(旅游交通、酒店及景区的安全监测)	☐	☐	☐	☐	☐
	消费权益保护(如旅游投诉处理)	☐	☐	☐	☐	☐

问卷到此结束,再次感谢您的帮助和支持!

附录二　相关法规

中华人民共和国旅游法

中华人民共和国主席令

第三号

《中华人民共和国旅游法》已由中华人民共和国第十二届全国人民代表大会常务委员会第二次会议于2013年4月25日通过，现予公布，自2013年10月1日起施行。

中华人民共和国主席　习近平
2013年4月25日

中华人民共和国旅游法

（2013年4月25日第十二届全国人民代表大会常务委员会第二次会议通过　2013年4月25日中华人民共和国主席令第3号公布　根据2016年11月7日第十二届全国人民代表大会常务委员会第二十四次会议通过　2016年11月7日中华人民共和国主席令第57号公布　自公布之日起施行的《全国人民代表大会常务委员会关于修改〈中华人民共和国对外贸易法〉等十二部法律的决定》修订）

第一章　总　则

第一条　为保障旅游者和旅游经营者的合法权益，规范旅游市场秩序，保护和合理利用旅游资源，促进旅游业持续健康发展，制定本法。

第二条　在中华人民共和国境内的和在中华人民共和国境内组织到境外的游览、度假、休闲等形式的旅游活动以及为旅游活动提供相关服务的经营活动，适用本法。

第三条　国家发展旅游事业，完善旅游公共服务，依法保护旅游者在旅游活动中的权利。

第四条　旅游业发展应当遵循社会效益、经济效益和生态效益相统一的原则。国家鼓励各类市场主体在有效保护旅游资源的前提下，依法合理利用旅游资源。利用公共资源建设的游览场所应当体现公益性质。

第五条　国家倡导健康、文明、环保的旅游方式，支持和鼓励各类社会机构开展旅游公益宣传，对促进旅游业发展做出突出贡献的单位和个人给予奖励。

第六条　国家建立健全旅游服务标准和市场规则，禁止行业垄断和地区垄断。旅游经营者应当诚信经营，公平竞争，承担社会责任，为旅游者提供安全、健康、卫生、方便的旅游服务。

第七条　国务院建立健全旅游综合协调机制,对旅游业发展进行综合协调。

县级以上地方人民政府应当加强对旅游工作的组织和领导,明确相关部门或者机构,对本行政区域的旅游业发展和监督管理进行统筹协调。

第八条　依法成立的旅游行业组织,实行自律管理。

第二章　旅游者

第九条　旅游者有权自主选择旅游产品和服务,有权拒绝旅游经营者的强制交易行为。

旅游者有权知悉其购买的旅游产品和服务的真实情况。

旅游者有权要求旅游经营者按照约定提供产品和服务。

第十条　旅游者的人格尊严、民族风俗习惯和宗教信仰应当得到尊重。

第十一条　残疾人、老年人、未成年人等旅游者在旅游活动中依照法律、法规和有关规定享受便利和优惠。

第十二条　旅游者在人身、财产安全遇有危险时,有请求救助和保护的权利。

旅游者人身、财产受到侵害的,有依法获得赔偿的权利。

第十三条　旅游者在旅游活动中应当遵守社会公共秩序和社会公德,尊重当地的风俗习惯、文化传统和宗教信仰,爱护旅游资源,保护生态环境,遵守旅游文明行为规范。

第十四条　旅游者在旅游活动中或者在解决纠纷时,不得损害当地居民的合法权益,不得干扰他人的旅游活动,不得损害旅游经营者和旅游从业人员的合法权益。

第十五条　旅游者购买、接受旅游服务时,应当向旅游经营者如实告知与旅游活动相关的个人健康信息,遵守旅游活动中的安全警示规定。

旅游者对国家应对重大突发事件暂时限制旅游活动的措施以及有关部门、机构或者旅游经营者采取的安全防范和应急处置措施,应当予以配合。

旅游者违反安全警示规定,或者对国家应对重大突发事件暂时限制旅游活动的措施、安全防范和应急处置措施不予配合的,依法承担相应责任。

第十六条　出境旅游者不得在境外非法滞留,随团出境的旅游者不得擅自分团、脱团。

入境旅游者不得在境内非法滞留,随团入境的旅游者不得擅自分团、脱团。

第三章　旅游规划和促进

第十七条　国务院和县级以上地方人民政府应当将旅游业发展纳入国民经济和社会发展规划。

国务院和省、自治区、直辖市人民政府以及旅游资源丰富的设区的市和县级人民政府,应当按照国民经济和社会发展规划的要求,组织编制旅游发展规划。对跨行政区域且适宜进行整体利用的旅游资源进行利用时,应当由上级人民政府组织编制或者由相关地方人民政府协商编制统一的旅游发展规划。

第十八条　旅游发展规划应当包括旅游业发展的总体要求和发展目标,旅游资源保护和利用的要求和措施,以及旅游产品开发、旅游服务质量提升、旅游文化建设、旅游形象推广、旅游基础设施和公共服务设施建设的要求和促进措施等内容。

根据旅游发展规划,县级以上地方人民政府可以编制重点旅游资源开发利用的专项规划,对特定区域内的旅游项目、设施和服务功能配套提出专门要求。

第十九条　旅游发展规划应当与土地利用总体规划、城乡规划、环境保护规划以及其他自然资源和文物等人文资源的保护和利用规划相衔接。

第二十条　各级人民政府编制土地利用总体规划、城乡规划,应当充分考虑相关旅游项目、设施的空间布局和建设用地要求。规划和建设交通、通信、供水、供电、环保等基础设施和公共服务设施,应当兼顾旅游业发展的需要。

第二十一条　对自然资源和文物等人文资源进行旅游利用,必须严格遵守有关法律、法规的规定,符合资源、生态保护和文物安全的要求,尊重和维护当地传统文化和习俗,维护资源的区域整体性、文化代表性和地域特殊性,并考虑军事设施保护的需要。有关主管部门应当加强对资源保护和旅游利用状况的监督检查。

第二十二条　各级人民政府应当组织对本级政府编制的旅游发展规划的执行情况进行评估,并向社会公布。

第二十三条　国务院和县级以上地方人民政府应当制定并组织实施有利于旅游业持续健康发展的产业政策,推进旅游休闲体系建设,采取措施推动区域旅游合作,鼓励跨区域旅游线路和产品开发,促进旅游与工业、农业、商业、文化、卫生、体育、科教等领域的融合,扶持少数民族地区、革命老区、边远地区和贫困地区旅游业发展。

第二十四条　国务院和县级以上地方人民政府应当根据实际情况安排资金,加强旅游基础设施建设、旅游公共服务和旅游形象推广。

第二十五条　国家制定并实施旅游形象推广战略。国务院旅游主管部门统筹组织国家旅游形象的境外推广工作,建立旅游形象推广机构和网络,开展旅游国际合作与交流。

县级以上地方人民政府统筹组织本地的旅游形象推广工作。

第二十六条　国务院旅游主管部门和县级以上地方人民政府应当根据需要建立旅游公共信息和咨询平台,无偿向旅游者提供旅游景区、线路、交通、气象、住宿、安全、医疗急救等必要信息和咨询服务。设区的市和县级人民政府有关部门应当根据需要在交通枢纽、商业中心和旅游者集中场所设置旅游咨询中心,在景区和通往主要景区的道路设置旅游指示标识。

旅游资源丰富的设区的市和县级人民政府可以根据本地的实际情况,建立旅游客运专线或者游客中转站,为旅游者在城市及周边旅游提供服务。

第二十七条　国家鼓励和支持发展旅游职业教育和培训,提高旅游从业人员素质。

第四章　旅游经营

第二十八条　设立旅行社,招徕、组织、接待旅游者,为其提供旅游服务,应当具备下列条件,取得旅游主管部门的许可,依法办理工商登记:

(一)有固定的经营场所;

(二)有必要的营业设施;

(三)有符合规定的注册资本;

（四）有必要的经营管理人员和导游；

（五）法律、行政法规规定的其他条件。

第二十九条　旅行社可以经营下列业务：

（一）境内旅游；

（二）出境旅游；

（三）边境旅游；

（四）入境旅游；

（五）其他旅游业务。

旅行社经营前款第二项和第三项业务，应当取得相应的业务经营许可，具体条件由国务院规定。

第三十条　旅行社不得出租、出借旅行社业务经营许可证，或者以其他形式非法转让旅行社业务经营许可。

第三十一条　旅行社应当按照规定交纳旅游服务质量保证金，用于旅游者权益损害赔偿和垫付旅游者人身安全遇有危险时紧急救助的费用。

第三十二条　旅行社为招徕、组织旅游者发布信息，必须真实、准确，不得进行虚假宣传，误导旅游者。

第三十三条　旅行社及其从业人员组织、接待旅游者，不得安排参观或者参与违反我国法律、法规和社会公德的项目或者活动。

第三十四条　旅行社组织旅游活动应当向合格的供应商订购产品和服务。

第三十五条　旅行社不得以不合理的低价组织旅游活动，诱骗旅游者，并通过安排购物或者另行付费旅游项目获取回扣等不正当利益。

旅行社组织、接待旅游者，不得指定具体购物场所，不得安排另行付费旅游项目。但是，经双方协商一致或者旅游者要求，且不影响其他旅游者行程安排的除外。

发生违反前两款规定情形的，旅游者有权在旅游行程结束后三十日内，要求旅行社为其办理退货并先行垫付退货货款，或者退还另行付费旅游项目的费用。

第三十六条　旅行社组织团队出境旅游或者组织、接待团队入境旅游，应当按照规定安排领队或者导游全程陪同。

第三十七条　参加导游资格考试成绩合格，与旅行社订立劳动合同或者在相关旅游行业组织注册的人员，可以申请取得导游证。

第三十八条　旅行社应当与其聘用的导游依法订立劳动合同，支付劳动报酬，缴纳社会保险费用。

旅行社临时聘用导游为旅游者提供服务的，应当全额向导游支付本法第六十条第三款规定的导游服务费用。

旅行社安排导游为团队旅游提供服务的，不得要求导游垫付或者向导游收取任何费用。

第三十九条　从事领队业务，应当取得导游证，具有相应的学历、语言能力和旅游从业经历，并与委派其从事领队业务的取得出境旅游业务经营许可的旅行社订立劳动合同。

第四十条　导游和领队为旅游者提供服务必须接受旅行社委派,不得私自承揽导游和领队业务。

第四十一条　导游和领队从事业务活动,应当佩戴导游证,遵守职业道德,尊重旅游者的风俗习惯和宗教信仰,应当向旅游者告知和解释旅游文明行为规范,引导旅游者健康、文明旅游,劝阻旅游者违反社会公德的行为。

导游和领队应当严格执行旅游行程安排,不得擅自变更旅游行程或者中止服务活动,不得向旅游者索取小费,不得诱导、欺骗、强迫或者变相强迫旅游者购物或者参加另行付费旅游项目。

第四十二条　景区开放应当具备下列条件,并听取旅游主管部门的意见:

(一)有必要的旅游配套服务和辅助设施;

(二)有必要的安全设施及制度,经过安全风险评估,满足安全条件;

(三)有必要的环境保护设施和生态保护措施;

(四)法律、行政法规规定的其他条件。

第四十三条　利用公共资源建设的景区的门票以及景区内的游览场所、交通工具等另行收费项目,实行政府定价或者政府指导价,严格控制价格上涨。拟收费或者提高价格的,应当举行听证会,征求旅游者、经营者和有关方面的意见,论证其必要性、可行性。

利用公共资源建设的景区,不得通过增加另行收费项目等方式变相涨价;另行收费项目已收回投资成本的,应当相应降低价格或者取消收费。

公益性的城市公园、博物馆、纪念馆等,除重点文物保护单位和珍贵文物收藏单位外,应当逐步免费开放。

第四十四条　景区应当在醒目位置公示门票价格、另行收费项目的价格及团体收费价格。景区提高门票价格应当提前六个月公布。

将不同景区的门票或者同一景区内不同游览场所的门票合并出售的,合并后的价格不得高于各单项门票的价格之和,且旅游者有权选择购买其中的单项票。

景区内的核心游览项目因故暂停向旅游者开放或者停止提供服务的,应当公示并相应减少收费。

第四十五条　景区接待旅游者不得超过景区主管部门核定的最大承载量。景区应当公布景区主管部门核定的最大承载量,制定和实施旅游者流量控制方案,并可以采取门票预约等方式,对景区接待旅游者的数量进行控制。

旅游者数量可能达到最大承载量时,景区应当提前公告并同时向当地人民政府报告,景区和当地人民政府应当及时采取疏导、分流等措施。

第四十六条　城镇和乡村居民利用自有住宅或者其他条件依法从事旅游经营,其管理办法由省、自治区、直辖市制定。

第四十七条　经营高空、高速、水上、潜水、探险等高风险旅游项目,应当按照国家有关规定取得经营许可。

第四十八条　通过网络经营旅行社业务的,应当依法取得旅行社业务经营许可,并在其网站主页的显著位置标明其业务经营许可证信息。

发布旅游经营信息的网站,应当保证其信息真实、准确。

第四十九条　为旅游者提供交通、住宿、餐饮、娱乐等服务的经营者,应当符合法律、法规规定的要求,按照合同约定履行义务。

第五十条　旅游经营者应当保证其提供的商品和服务符合保障人身、财产安全的要求。

旅游经营者取得相关质量标准等级的,其设施和服务不得低于相应标准;未取得质量标准等级的,不得使用相关质量等级的称谓和标识。

第五十一条　旅游经营者销售、购买商品或者服务,不得给予或者收受贿赂。

第五十二条　旅游经营者对其在经营活动中知悉的旅游者个人信息,应当予以保密。

第五十三条　从事道路旅游客运的经营者应当遵守道路客运安全管理的各项制度,并在车辆显著位置明示道路旅游客运专用标识,在车厢内显著位置公示经营者和驾驶人信息、道路运输管理机构监督电话等事项。

第五十四条　景区、住宿经营者将其部分经营项目或者场地交由他人从事住宿、餐饮、购物、游览、娱乐、旅游交通等经营的,应当对实际经营者的经营行为给旅游者造成的损害承担连带责任。

第五十五条　旅游经营者组织、接待出入境旅游,发现旅游者从事违法活动或者有违反本法第十六条规定情形的,应当及时向公安机关、旅游主管部门或者我国驻外机构报告。

第五十六条　国家根据旅游活动的风险程度,对旅行社、住宿、旅游交通以及本法第四十七条规定的高风险旅游项目等经营者实施责任保险制度。

第五章　旅游服务合同

第五十七条　旅行社组织和安排旅游活动,应当与旅游者订立合同。

第五十八条　包价旅游合同应当采用书面形式,包括下列内容:

(一)旅行社、旅游者的基本信息;

(二)旅游行程安排;

(三)旅游团成团的最低人数;

(四)交通、住宿、餐饮等旅游服务安排和标准;

(五)游览、娱乐等项目的具体内容和时间;

(六)自由活动时间安排;

(七)旅游费用及其交纳的期限和方式;

(八)违约责任和解决纠纷的方式;

(九)法律、法规规定和双方约定的其他事项。

订立包价旅游合同时,旅行社应当向旅游者详细说明前款第二项至第八项所载内容。

第五十九条　旅行社应当在旅游行程开始前向旅游者提供旅游行程单。旅游行程单是包价旅游合同的组成部分。

第六十条　旅行社委托其他旅行社代理销售包价旅游产品并与旅游者订立包价旅

游合同的,应当在包价旅游合同中载明委托社和代理社的基本信息。

旅行社依照本法规定将包价旅游合同中的接待业务委托给地接社履行的,应当在包价旅游合同中载明地接社的基本信息。

安排导游为旅游者提供服务的,应当在包价旅游合同中载明导游服务费用。

第六十一条 旅行社应当提示参加团队旅游的旅游者按照规定投保人身意外伤害保险。

第六十二条 订立包价旅游合同时,旅行社应当向旅游者告知下列事项:

(一)旅游者不适合参加旅游活动的情形;

(二)旅游活动中的安全注意事项;

(三)旅行社依法可以减免责任的信息;

(四)旅游者应当注意的旅游目的地相关法律、法规和风俗习惯、宗教禁忌,依照中国法律不宜参加的活动等;

(五)法律、法规规定的其他应当告知的事项。

在包价旅游合同履行中,遇有前款规定事项的,旅行社也应当告知旅游者。

第六十三条 旅行社招徕旅游者组团旅游,因未达到约定人数不能出团的,组团社可以解除合同。但是,境内旅游应当至少提前七日通知旅游者,出境旅游应当至少提前三十日通知旅游者。

因未达到约定人数不能出团的,组团社经征得旅游者书面同意,可以委托其他旅行社履行合同。组团社对旅游者承担责任,受委托的旅行社对组团社承担责任。旅游者不同意的,可以解除合同。

因未达到约定的成团人数解除合同的,组团社应当向旅游者退还已收取的全部费用。

第六十四条 旅游行程开始前,旅游者可以将包价旅游合同中自身的权利义务转让给第三人,旅行社没有正当理由的不得拒绝,因此增加的费用由旅游者和第三人承担。

第六十五条 旅游行程结束前,旅游者解除合同的,组团社应当在扣除必要的费用后,将余款退还旅游者。

第六十六条 旅游者有下列情形之一的,旅行社可以解除合同:

(一)患有传染病等疾病,可能危害其他旅游者健康和安全的;

(二)携带危害公共安全的物品且不同意交有关部门处理的;

(三)从事违法或者违反社会公德的活动的;

(四)从事严重影响其他旅游者权益的活动,且不听劝阻、不能制止的;

(五)法律规定的其他情形。

因前款规定情形解除合同的,组团社应当在扣除必要的费用后,将余款退还旅游者;给旅行社造成损失的,旅游者应当依法承担赔偿责任。

第六十七条 因不可抗力或者旅行社、履行辅助人已尽合理注意义务仍不能避免的事件,影响旅游行程的,按照下列情形处理:

(一)合同不能继续履行的,旅行社和旅游者均可以解除合同。合同不能完全履行的,旅行社经向旅游者作出说明,可以在合理范围内变更合同;旅游者不同意变更的,可以解除合同。

（二）合同解除的,组团社应当在扣除已向地接社或者履行辅助人支付且不可退还的费用后,将余款退还旅游者;合同变更的,因此增加的费用由旅游者承担,减少的费用退还旅游者。

（三）危及旅游者人身、财产安全的,旅行社应当采取相应的安全措施,因此支出的费用,由旅行社与旅游者分担。

（四）造成旅游者滞留的,旅行社应当采取相应的安置措施。因此增加的食宿费用,由旅游者承担;增加的返程费用,由旅行社与旅游者分担。

第六十八条　旅游行程中解除合同的,旅行社应当协助旅游者返回出发地或者旅游者指定的合理地点。由于旅行社或者履行辅助人的原因导致合同解除的,返程费用由旅行社承担。

第六十九条　旅行社应当按照包价旅游合同的约定履行义务,不得擅自变更旅游行程安排。

经旅游者同意,旅行社将包价旅游合同中的接待业务委托给其他具有相应资质的地接社履行的,应当与地接社订立书面委托合同,约定双方的权利和义务,向地接社提供与旅游者订立的包价旅游合同的副本,并向地接社支付不低于接待和服务成本的费用。地接社应当按照包价旅游合同和委托合同提供服务。

第七十条　旅行社不履行包价旅游合同义务或者履行合同义务不符合约定的,应当依法承担继续履行、采取补救措施或者赔偿损失等违约责任;造成旅游者人身损害、财产损失的,应当依法承担赔偿责任。旅行社具备履行条件,经旅游者要求仍拒绝履行合同,造成旅游者人身损害、滞留等严重后果的,旅游者还可以要求旅行社支付旅游费用一倍以上三倍以下的赔偿金。

由于旅游者自身原因导致包价旅游合同不能履行或者不能按照约定履行,或者造成旅游者人身损害、财产损失的,旅行社不承担责任。

在旅游者自行安排活动期间,旅行社未尽到安全提示、救助义务的,应当对旅游者的人身损害、财产损失承担相应责任。

第七十一条　由于地接社、履行辅助人的原因导致违约的,由组团社承担责任;组团社承担责任后可以向地接社、履行辅助人追偿。

由于地接社、履行辅助人的原因造成旅游者人身损害、财产损失的,旅游者可以要求地接社、履行辅助人承担赔偿责任,也可以要求组团社承担赔偿责任;组团社承担责任后可以向地接社、履行辅助人追偿。但是,由于公共交通经营者的原因造成旅游者人身损害、财产损失的,由公共交通经营者依法承担赔偿责任,旅行社应当协助旅游者向公共交通经营者索赔。

第七十二条　旅游者在旅游活动中或者在解决纠纷时,损害旅行社、履行辅助人、旅游从业人员或者其他旅游者的合法权益的,依法承担赔偿责任。

第七十三条　旅行社根据旅游者的具体要求安排旅游行程,与旅游者订立包价旅游合同的,旅游者请求变更旅游行程安排,因此增加的费用由旅游者承担,减少的费用退还旅游者。

第七十四条　旅行社接受旅游者的委托,为其代订交通、住宿、餐饮、游览、娱乐等旅游服务,收取代办费用的,应当亲自处理委托事务。因旅行社的过错给旅游者造成损失的,旅行社应当承担赔偿责任。

旅行社接受旅游者的委托,为其提供旅游行程设计、旅游信息咨询等服务的,应当保证设计合理、可行,信息及时、准确。

第七十五条　住宿经营者应当按照旅游服务合同的约定为团队旅游者提供住宿服务。住宿经营者未能按照旅游服务合同提供服务的,应当为旅游者提供不低于原定标准的住宿服务,因此增加的费用由住宿经营者承担;但由于不可抗力、政府因公共利益需要采取措施造成不能提供服务的,住宿经营者应当协助安排旅游者住宿。

第六章　旅游安全

第七十六条　县级以上人民政府统一负责旅游安全工作。县级以上人民政府有关部门依照法律、法规履行旅游安全监管职责。

第七十七条　国家建立旅游目的地安全风险提示制度。旅游目的地安全风险提示的级别划分和实施程序,由国务院旅游主管部门会同有关部门制定。

县级以上人民政府及其有关部门应当将旅游安全作为突发事件监测和评估的重要内容。

第七十八条　县级以上人民政府应当依法将旅游应急管理纳入政府应急管理体系,制定应急预案,建立旅游突发事件应对机制。

突发事件发生后,当地人民政府及其有关部门和机构应当采取措施开展救援,并协助旅游者返回出发地或者旅游者指定的合理地点。

第七十九条　旅游经营者应当严格执行安全生产管理和消防安全管理的法律、法规和国家标准、行业标准,具备相应的安全生产条件,制定旅游者安全保护制度和应急预案。

旅游经营者应当对直接为旅游者提供服务的从业人员开展经常性应急救助技能培训,对提供的产品和服务进行安全检验、监测和评估,采取必要措施防止危害发生。

旅游经营者组织、接待老年人、未成年人、残疾人等旅游者,应当采取相应的安全保障措施。

第八十条　旅游经营者应当就旅游活动中的下列事项,以明示的方式事先向旅游者作出说明或者警示:

(一)正确使用相关设施、设备的方法;

(二)必要的安全防范和应急措施;

(三)未向旅游者开放的经营、服务场所和设施、设备;

(四)不适宜参加相关活动的群体;

(五)可能危及旅游者人身、财产安全的其他情形。

第八十一条　突发事件或者旅游安全事故发生后,旅游经营者应当立即采取必要的救助和处置措施,依法履行报告义务,并对旅游者作出妥善安排。

第八十二条　旅游者在人身、财产安全遇有危险时,有权请求旅游经营者、当地政府和相关机构进行及时救助。

中国出境旅游者在境外陷于困境时,有权请求我国驻当地机构在其职责范围内给予协助和保护。

旅游者接受相关组织或者机构的救助后,应当支付应由个人承担的费用。

第七章 旅游监督管理

第八十三条 县级以上人民政府旅游主管部门和有关部门依照本法和有关法律、法规的规定,在各自职责范围内对旅游市场实施监督管理。

县级以上人民政府应当组织旅游主管部门、有关主管部门和工商行政管理、产品质量监督、交通等执法部门对相关旅游经营行为实施监督检查。

第八十四条 旅游主管部门履行监督管理职责,不得违反法律、行政法规的规定向监督管理对象收取费用。

旅游主管部门及其工作人员不得参与任何形式的旅游经营活动。

第八十五条 县级以上人民政府旅游主管部门有权对下列事项实施监督检查:

(一)经营旅行社业务以及从事导游、领队服务是否取得经营、执业许可;

(二)旅行社的经营行为;

(三)导游和领队等旅游从业人员的服务行为;

(四)法律、法规规定的其他事项。

旅游主管部门依照前款规定实施监督检查,可以对涉嫌违法的合同、票据、账簿以及其他资料进行查阅、复制。

第八十六条 旅游主管部门和有关部门依法实施监督检查,其监督检查人员不得少于二人,并应当出示合法证件。监督检查人员少于二人或者未出示合法证件的,被检查单位和个人有权拒绝。

监督检查人员对在监督检查中知悉的被检查单位的商业秘密和个人信息应当依法保密。

第八十七条 对依法实施的监督检查,有关单位和个人应当配合,如实说明情况并提供文件、资料,不得拒绝、阻碍和隐瞒。

第八十八条 县级以上人民政府旅游主管部门和有关部门,在履行监督检查职责中或者在处理举报、投诉时,发现违反本法规定行为的,应当依法及时作出处理;对不属于本部门职责范围的事项,应当及时书面通知并移交有关部门查处。

第八十九条 县级以上地方人民政府建立旅游违法行为查处信息的共享机制,对需要跨部门、跨地区联合查处的违法行为,应当进行督办。

旅游主管部门和有关部门应当按照各自职责,及时向社会公布监督检查的情况。

第九十条 依法成立的旅游行业组织依照法律、行政法规和章程的规定,制定行业经营规范和服务标准,对其会员的经营行为和服务质量进行自律管理,组织开展职业道德教育和业务培训,提高从业人员素质。

第八章 旅游纠纷处理

第九十一条 县级以上人民政府应当指定或者设立统一的旅游投诉受理机构。受理机构接到投诉,应当及时进行处理或者移交有关部门处理,并告知投诉者。

第九十二条　旅游者与旅游经营者发生纠纷,可以通过下列途径解决:

(一)双方协商;

(二)向消费者协会、旅游投诉受理机构或者有关调解组织申请调解;

(三)根据与旅游经营者达成的仲裁协议提请仲裁机构仲裁;

(四)向人民法院提起诉讼。

第九十三条　消费者协会、旅游投诉受理机构和有关调解组织在双方自愿的基础上,依法对旅游者与旅游经营者之间的纠纷进行调解。

第九十四条　旅游者与旅游经营者发生纠纷,旅游者一方人数众多并有共同请求的,可以推选代表人参加协商、调解、仲裁、诉讼活动。

第九章　法律责任

第九十五条　违反本法规定,未经许可经营旅行社业务的,由旅游主管部门或者工商行政管理部门责令改正,没收违法所得,并处一万元以上十万元以下罚款;违法所得十万元以上的,并处违法所得一倍以上五倍以下罚款;对有关责任人员,处二千元以上二万元以下罚款。

旅行社违反本法规定,未经许可经营本法第二十九条第一款第二项、第三项业务,或者出租、出借旅行社业务经营许可证,或者以其他方式非法转让旅行社业务经营许可的,除依照前款规定处罚外,并责令停业整顿;情节严重的,吊销旅行社业务经营许可证;对直接负责的主管人员,处二千元以上二万元以下罚款。

第九十六条　旅行社违反本法规定,有下列行为之一的,由旅游主管部门责令改正,没收违法所得,并处五千元以上五万元以下罚款;情节严重的,责令停业整顿或者吊销旅行社业务经营许可证;对直接负责的主管人员和其他直接责任人员,处二千元以上二万元以下罚款:

(一)未按照规定为出境或者入境团队旅游安排领队或者导游全程陪同的;

(二)安排未取得导游证的人员提供导游服务或者安排不具备领队条件的人员提供领队服务的;

(三)未向临时聘用的导游支付导游服务费用的;

(四)要求导游垫付或者向导游收取费用的。

第九十七条　旅行社违反本法规定,有下列行为之一的,由旅游主管部门或者有关部门责令改正,没收违法所得,并处五千元以上五万元以下罚款;违法所得五万元以上的,并处违法所得一倍以上五倍以下罚款;情节严重的,责令停业整顿或者吊销旅行社业务经营许可证;对直接负责的主管人员和其他直接责任人员,处二千元以上二万元以下罚款:

(一)进行虚假宣传,误导旅游者的;

(二)向不合格的供应商订购产品和服务的;

(三)未按照规定投保旅行社责任保险的。

第九十八条　旅行社违反本法第三十五条规定的,由旅游主管部门责令改正,没收违法所得,责令停业整顿,并处三万元以上三十万元以下罚款;违法所得三十万元以上的,并处违法所得一倍以上五倍以下罚款;情节严重的,吊销旅行社业务经营许可证;对直接负责的主管人员和其他直接责任人员,没收违法所得,处二千元以上二万元以下罚款,并暂扣或者吊销导游证。

第九十九条　旅行社未履行本法第五十五条规定的报告义务的,由旅游主管部门处五千元以上五万元以下罚款;情节严重的,责令停业整顿或者吊销旅行社业务经营许可证;对直接负责的主管人员和其他直接责任人员,处二千元以上二万元以下罚款,并暂扣或者吊销导游证。

第一百条　旅行社违反本法规定,有下列行为之一的,由旅游主管部门责令改正,处三万元以上三十万元以下罚款,并责令停业整顿;造成旅游者滞留等严重后果的,吊销旅行社业务经营许可证;对直接负责的主管人员和其他直接责任人员,处二千元以上二万元以下罚款,并暂扣或者吊销导游证:

(一) 在旅游行程中擅自变更旅游行程安排,严重损害旅游者权益的;

(二) 拒绝履行合同的;

(三) 未征得旅游者书面同意,委托其他旅行社履行包价旅游合同的。

第一百零一条　旅行社违反本法规定,安排旅游者参观或者参与违反我国法律、法规和社会公德的项目或者活动的,由旅游主管部门责令改正,没收违法所得,责令停业整顿,并处二万元以上二十万元以下罚款;情节严重的,吊销旅行社业务经营许可证;对直接负责的主管人员和其他直接责任人员,处二千元以上二万元以下罚款,并暂扣或者吊销导游证。

第一百零二条　违反本法规定,未取得导游证或者不具备领队条件而从事导游、领队活动的,由旅游主管部门责令改正,没收违法所得,并处一千元以上一万元以下罚款,予以公告。

导游、领队违反本法规定,私自承揽业务的,由旅游主管部门责令改正,没收违法所得,处一千元以上一万元以下罚款,并暂扣或者吊销导游证。

导游、领队违反本法规定,向旅游者索取小费的,由旅游主管部门责令退还,处一千元以上一万元以下罚款;情节严重的,并暂扣或者吊销导游证。

第一百零三条　违反本法规定被吊销导游证的导游、领队和受到吊销旅行社业务经营许可证处罚的旅行社的有关管理人员,自处罚之日起未逾三年的,不得重新申请导游证或者从事旅行社业务。

第一百零四条　旅游经营者违反本法规定,给予或者收受贿赂的,由工商行政管理部门依照有关法律、法规的规定处罚;情节严重的,并由旅游主管部门吊销旅行社业务经营许可证。

第一百零五条　景区不符合本法规定的开放条件而接待旅游者的,由景区主管部门责令停业整顿直至符合开放条件,并处二万元以上二十万元以下罚款。

景区在旅游者数量可能达到最大承载量时,未依照本法规定公告或者未向当地人民政府报告,未及时采取疏导、分流等措施,或者超过最大承载量接待旅游者的,由景区主管部门责令改正,情节严重的,责令停业整顿一个月至六个月。

第一百零六条　景区违反本法规定,擅自提高门票或者另行收费项目的价格,或者有其他价格违法行为的,由有关主管部门依照有关法律、法规的规定处罚。

第一百零七条 旅游经营者违反有关安全生产管理和消防安全管理的法律、法规或者国家标准、行业标准的,由有关主管部门依照有关法律、法规的规定处罚。

第一百零八条 对违反本法规定的旅游经营者及其从业人员,旅游主管部门和有关部门应当记入信用档案,向社会公布。

第一百零九条 旅游主管部门和有关部门的工作人员在履行监督管理职责中,滥用职权、玩忽职守、徇私舞弊,尚不构成犯罪的,依法给予处分。

第一百一十条 违反本法规定,构成犯罪的,依法追究刑事责任。

第十章 附 则

第一百一十一条 本法下列用语的含义:

(一)旅游经营者,是指旅行社、景区以及为旅游者提供交通、住宿、餐饮、购物、娱乐等服务的经营者。

(二)景区,是指为旅游者提供游览服务、有明确的管理界限的场所或者区域。

(三)包价旅游合同,是指旅行社预先安排行程,提供或者通过履行辅助人提供交通、住宿、餐饮、游览、导游或者领队等两项以上旅游服务,旅游者以总价支付旅游费用的合同。

(四)组团社,是指与旅游者订立包价旅游合同的旅行社。

(五)地接社,是指接受组团社委托,在目的地接待旅游者的旅行社。

(六)履行辅助人,是指与旅行社存在合同关系,协助其履行包价旅游合同义务,实际提供相关服务的法人或者自然人。

第一百一十二条 本法自2013年10月1日起施行。

国务院关于印发"十三五"旅游业发展规划的通知

国发〔2016〕70号

各省、自治区、直辖市人民政府,国务院各部委、各直属机构:

现将《"十三五"旅游业发展规划》印发给你们,请认真贯彻执行。

国务院

2016年12月7日

"十三五"旅游业发展规划

为认真贯彻《中华人民共和国国民经济和社会发展第十三个五年规划纲要》,根据《中华人民共和国旅游法》,制定本规划。

第一章 把握机遇 迎接大众旅游新时代

第一节 "十二五"旅游业发展成就

改革开放以来,我国实现了从旅游短缺型国家到旅游大国的历史性跨越。"十二五"期间,旅游业全面融入国家战略体系,走向国民经济建设的前沿,成为国民经济战略性支柱产业。

战略性支柱产业基本形成。2015年,旅游业对国民经济的综合贡献度达到10.8%。国内旅游、入境旅游、出境旅游全面繁荣发展,已成为世界第一大出境旅游客源国和全球第四大入境旅游接待国。旅游业成为社会投资热点和综合性大产业。

综合带动功能全面凸显。"十二五"期间,旅游业对社会就业综合贡献度为10.2%。旅游业成为传播中华传统文化、弘扬社会主义核心价值观的重要渠道,成为生态文明建设的重要力量,并带动大量贫困人口脱贫,绿水青山正在成为金山银山。

现代治理体系初步建立。《中华人民共和国旅游法》公布实施,依法治旅、依法促旅加快推进。建立了国务院旅游工作部际联席会议制度,出台了《国民旅游休闲纲要(2013—2020年)》《国务院关于促进旅游业改革发展的若干意见》(国发〔2014〕31号)等文件,各地出台了旅游条例等法规制度,形成了以旅游法为核心、政策法规和地方条例为支撑的法律政策体系。

国际地位和影响力大幅提升。出境旅游人数和旅游消费均列世界第一,与世界各国各地区及国际旅游组织的合作不断加强。积极配合国家总体外交战略,举办了中美、中俄、中印、中韩旅游年等具有影响力的旅游交流活动,旅游外交工作格局开始形成。

专栏1 "十二五"旅游规划主要指标完成情况

指　标		规划目标		完成情况	
		2015年	年均增速(%)	2015年	完成程度(%)
旅游业总收入(万亿元)		2.5	10	4.13	165
国内旅游人数	(亿人次)	33	10	40	121
	居民出游率(次/人)	2.3	—	3	130
国内旅游收入(万亿元)		2.1	11	3.42	163
入境旅游人数(亿人次)		1.32	3	1.34	102
入境过夜旅游人数(万人次)		5 680	8	5 689	100
外国人入境旅游人数(万人次)		2 573	4.5	2 599	101
旅游外汇收入(亿美元)		580	5	1 136.5	196
出境旅游人数(万人次)		8 800	9	11 700	133
直接就业(万人)		1 450	4.7	2 798	193

第二节 "十三五"旅游业发展机遇

全面建成小康社会对旅游业发展提出了更高要求,为旅游业发展提供了重大机遇,我国旅游业将迎来新一轮黄金发展期。

全面建成小康社会有利于大众旅游消费持续快速增长。随着全面建成小康社会深入推进,城乡居民收入稳步增长,消费结构加速升级,人民群众健康水平大幅提升,带薪休假制度逐步落实,假日制度不断完善,基础设施条件不断改善,航空、高铁、高速公路等快速发展,旅游消费得到快速释放,为旅游业发展奠定良好基础。

贯彻五大发展理念有利于旅游业成为优势产业。旅游业具有内生的创新引领性、协调带动性、开放互动性、环境友好性、共建共享性,与五大发展理念高度契合。贯彻落实五大发展理念将进一步激发旅游业发展动力和活力,促进旅游业成为新常态下的优势产业。

推进供给侧结构性改革有利于促进旅游业转型升级。供给侧结构性改革将通过市场配置资源和更为有利的产业政策,促进增加有效供给,促进中高端产品开发,优化旅游供给结构,推动旅游业由低水平供需平衡向高水平供需平衡提升。

旅游业被确立为幸福产业有利于优化旅游发展环境。旅游业作为惠民生的重要领域,成为改善民生的重要内容,将推动各级政府更加重视旅游业发展,促进更多的城乡居民参与旅游,带动企业投资旅游,旅游业发展环境将进一步优化。

良好外部环境有利于我国旅游业发展。全球旅游业将持续稳定发展,增速将继续高于世界经济增速。亚太地区旅游业保持强劲增长,全球旅游重心将加速东移,我国旅游业发展处于较为有利的国际环境之中。

"十三五"期间,我国旅游业处于黄金发展期、结构调整期和矛盾凸显期,也面临不少挑战。主要是旅游业发展的体制机制与综合产业和综合执法的要求不相适应,政策环境有待优化;旅游基础设施和公共服务明显滞后,补短板任务艰巨;游客的文明素质和从业人员的整体素质有待提升,市场秩序有待规范等。这些问题要在"十三五"期间重点加以解决。

第三节 "十三五"旅游业发展趋势

"十三五"期间,我国旅游业将呈现以下发展趋势:

消费大众化。随着全面建成小康社会持续推进,旅游已经成为人民群众日常生活的重要组成部分。自助游、自驾游成为主要的出游方式。

需求品质化。人民群众休闲度假需求快速增长,对基础设施、公共服务、生态环境的要求越来越高,对个性化、特色化旅游产品和服务的要求越来越高,旅游需求的品质化和中高端化趋势日益明显。

竞争国际化。各国各地区普遍将发展旅游业作为参与国际市场分工、提升国际竞争力的重要手段,纷纷出台促进旅游业发展的政策措施,推动旅游市场全球化、旅游竞争国际化,竞争领域从争夺客源市场扩大到旅游业发展的各个方面。

发展全域化。以抓点为特征的景点旅游发展模式向区域资源整合、产业融合、共建共享的全域旅游发展模式加速转变,旅游业与农业、林业、水利、工业、科技、文化、体育、健康医疗等产业深度融合。

产业现代化。科学技术、文化创意、经营管理和高端人才对推动旅游业发展的作用日益增大。云计算、物联网、大数据等现代信息技术在旅游业的应用更加广泛。产业体系的现代化成为旅游业发展的必然趋势。

第二章 转型升级 明确旅游业发展新要求

第一节 指导思想

"十三五"旅游业发展的指导思想是:高举中国特色社会主义伟大旗帜,全面贯彻党的十八大和十八届三中、四中、五中、六中全会精神,深入贯彻习近平总书记系列重要讲话精神,落实党中央、国务院决策部署,按照"五位一体"总体布局和"四个全面"战略布局,牢固树立和贯彻落实创新、协调、绿色、开放、共享发展理念,以转型升级、提质增效为主题,以推动全域旅游发展为主线,加快推进供给侧结构性改革,努力建成全面小康型旅游大国,将旅游业培育成经济转型升级重要推动力、生态文明建设重要引领产业、展示国家综合实力的重要载体、打赢脱贫攻坚战的重要生力军,为实现中华民族伟大复兴的中国梦作出重要贡献。

第二节 基本原则

"十三五"旅游业发展要遵循以下原则:

坚持市场主导。发挥市场在资源配置中的决定性作用,遵循旅游市场内在规律,尊重企业的市场主体地位。更好发挥政府作用,营造良好的基础环境、发展环境和公共服务环境。

坚持改革开放。改革体制机制,释放旅游业的发展活力,形成宏观调控有力、微观放宽搞活的发展局面。统筹国际国内两个大局,用好两个市场、两种资源,形成内外联动、相互促进的发展格局。

坚持创新驱动。以创新推动旅游业转型升级,推动旅游业从资源驱动和低水平要素驱动向创新驱动转变,使创新成为旅游业发展的不竭动力。

坚持绿色发展。牢固树立"绿水青山就是金山银山"的理念,将绿色发展贯穿到旅游规划、开发、管理、服务全过程,形成人与自然和谐发展的现代旅游业新格局。

坚持以人为本。把人民群众满意作为旅游业发展的根本目的,通过旅游促进人的全面发展,使旅游业成为提升人民群众品质生活的幸福产业。

第三节 发展目标

"十三五"旅游业发展的主要目标是:

旅游经济稳步增长。城乡居民出游人数年均增长10%左右,旅游总收入年均增长11%以上,旅游直接投资年均增长14%以上。到2020年,旅游市场总规模达到67亿人次,旅游投资总额2万亿元,旅游业总收入达到7万亿元。

综合效益显著提升。旅游业对国民经济的综合贡献度达到12%,对餐饮、住宿、民航、铁路客运业的综合贡献率达到85%以上,年均新增旅游就业人数100万人以上。

人民群众更加满意。"厕所革命"取得显著成效,旅游交通更为便捷,旅游公共服务更加健全,带薪休假制度加快落实,市场秩序显著好转,文明旅游蔚然成风,旅游环境更加优美。

国际影响力大幅提升。入境旅游持续增长,出境旅游健康发展,与旅游业发达国家的差距明显缩小,在全球旅游规则制定和国际旅游事务中的话语权和影响力明显提升。

专栏2 "十三五"期间旅游业发展主要指标			
指　　标	2015年实际数	2020年规划数	年均增速(%)
国内旅游人数(亿人次)	40	64	9.86
入境旅游人数(亿人次)	1.34	1.50	2.28
出境旅游人数(亿人次)	1.17	1.50	5.09
旅游业总收入(万亿元)	4.13	7.00	11.18
旅游投资规模(万亿元)	1.01	2.00	14.65
旅游业综合贡献度(%)	10.8	12.00	—

第三章 创新驱动 增强旅游业发展新动能

第一节 理念创新 构建发展新模式

改革开放以来,我国旅游业主要依靠景点景区、宾馆饭店等基础旅游要素的发展模式,已经不能适应大众旅游新时代的要求。"十三五"时期,必须创新发展理念,转变发展思路,加快由景点旅游发展模式向全域旅游发展模式转变,促进旅游发展阶段演进,实现旅游业发展战略提升。

围绕全域统筹规划,全域资源整合,全要素综合调动,全社会共治共管、共建共享的目标,在推动综合管理体制改革方面取得新突破;创新规划理念,将全域旅游发展贯彻到城乡建设、土地利用、生态保护等各类规划中,在旅游引领"多规合一"方面取得新突破;补齐短板,加强旅游基础设施建设,在公共服务设施建设方面取得新突破;推进融合发展,丰富旅游供给,形成综合新动能,在推进"旅游+"方面取得新突破;实施旅游扶贫,推进旅游增收富民,在旅游精准扶贫方面取得新突破;规范市场秩序,加强旅游综合执法,在文明旅游方面取得新突破;完善旅游业发展评价考核体系,在健全旅游业统计体系方面取得新突破;保护城乡风貌和自然生态环境,在优化城乡旅游环境方面取得新突破。"十三五"期间,创建500个左右全域旅游示范区。(国家旅游局、国家发展改革委等。责任单位为多个部门的,排在第一位的为牵头单位,下同)

第二节 产品创新 扩大旅游新供给

适应大众化旅游发展,优化旅游产品结构,创新旅游产品体系。

一、推动精品景区建设

全面提升以A级景区为代表的观光旅游产品,着力加强3A级以上景区建设,优化5A级景区布局。重点支持中西部地区观光旅游产品精品化发展。强化A级景区复核和退出机制,实现高等级景区退出机制常态化。(国家旅游局)

二、加快休闲度假产品开发

大力开发温泉、冰雪、滨海、海岛、山地、森林、养生等休闲度假旅游产品,建设一批旅游度假区和国民度假地。支持东部地区加快发展休闲度假旅游,鼓励中西部地区发挥资源优势开发特色休闲度假产品。加快推进环城市休闲度假带建设。(国家旅游局、国土资源部、住房城乡建设部、国家林业局、国家海洋局等)

三、大力发展乡村旅游

坚持个性化、特色化、市场化发展方向,加大乡村旅游规划指导、市场推广和人才培训力度,促进乡村旅游健康发展。建立乡村旅游重点村名录,开展乡村旅游环境整治,推进"厕所革命"向乡村旅游延伸。实施乡村旅游后备厢行动,推动农副土特产品通过旅游渠道销售,增加农民收入。实施乡村旅游创客行动计划,支持旅游志愿者、艺术和科技工作者驻村帮扶、创业就业,推出一批乡村旅游创客基地和以乡情教育为特色的研学旅行示范基地。创新乡村旅游组织方式,推广乡村旅游合作社模式,使亿万农民通过

乡村旅游受益。（国家旅游局、国家发展改革委、教育部、人力资源社会保障部、住房城乡建设部、农业部、商务部、文化部等）

四、提升红色旅游发展水平

突出社会效益,强化教育功能,以培育和践行社会主义核心价值观为根本,将红色旅游打造成常学常新的理想信念教育课堂,进一步坚定中国特色社会主义道路自信、理论自信、制度自信、文化自信。推进爱国主义和革命传统教育大众化、常态化。坚持实事求是,相关设施建设要体现应有功能,保障基本需要,同红色纪念设施相得益彰。加强统筹规划,注重与脱贫攻坚、区域发展、城乡建设相衔接,促进融合发展。改革体制机制,创新工作模式,引导社会参与,增强红色旅游发展活力。（国家发展改革委、中央宣传部、财政部、国家旅游局、国家文物局等）

专栏3　红色旅游发展工程

（一）完善全国红色旅游经典景区体系。深挖红色内涵,完善道路交通和服务设施条件,提升服务水平。选择红色资源丰富、基础设施完善、展陈效果较好、教育功能突出、有一定品牌知名度的景区给予重点支持。整合周边自然生态、传统文化、特色乡村等旅游资源,打造推出一批复合型旅游产品,形成覆盖更加全面、内涵更加丰富、特色更加鲜明的景区体系。

（二）着力凸显红色旅游教育功能。结合建党、建军、建立新中国和重要历史事件等重大纪念日,组织系列宣传推广活动。推动大中小学生社会实践活动与红色旅游相结合,依托红色旅游景区组织参观活动,接受红色教育。开展"红色旅游进校园"等形式多样的课外实践活动,深化青少年社会主义核心价值观教育。加强红色旅游国际交流合作,推广红色旅游产品线路。

（三）积极发挥红色旅游脱贫攻坚作用。围绕脱贫攻坚目标,紧密结合集中连片特困地区扶贫开发和革命老区振兴发展,整合当地资源,拓展红色旅游扶贫富民功能。支持当地群众参与餐饮、住宿等经营服务,带动当地贫困人口就业。引导革命老区群众因地制宜发展适合老区的种养业和特色手工业,开发特色旅游商品,培育富有红色文化内涵的旅游品牌。

五、加快发展自驾车旅居车旅游

建设一批公共服务完善的自驾车旅居车旅游线路和旅游目的地,培育营地连锁品牌企业,增强旅居车产品设计制造与技术保障能力,形成网络化的营地服务体系和比较完整的自驾车旅居车旅游产业链。（国家旅游局、国家发展改革委、工业和信息化部、公安部、财政部、国土资源部、环境保护部、住房城乡建设部、交通运输部、体育总局、工商总局）

专栏4　自驾车旅居车旅游推进计划

（一）编制规划与标准。出台国家旅游风景道自驾车旅居车营地建设规划,制定出台自驾游目的地基础设施和公共服务标准。

（二）完善公共服务体系。将营地标识纳入公共交通标识体系。鼓励服务商利用北斗卫星导航系统智能服务平台提供自驾游线路导航、交通联系、安全救援和汽车维修保养等配套服务。完善自驾游服务体系。

（三）加快营地建设。积极发挥社会资本在建设自驾车旅居车营地中的主导作用。评选一批建设经营和管理服务水平高的示范性营地,引导营地功能升级。到2020年建设2 000个营地。

（四）提升租赁服务。大力发展自驾车旅居车租赁产业,促进落地自驾游发展,开展异地还车业务。放宽旅居车租赁企业的资质申请条件和经营范围、经营规模限制,鼓励取得汽车租赁经营许可的企业从事自行式和拖挂式旅居车租赁业务。

续表

专栏4　自驾车旅居车旅游推进计划
（五）加强科学管理。严格落实自驾车旅居车营地住宿实名登记制度。强化营地的安全防护和消防设施建设，加快自驾游呼叫中心和紧急救援基地建设，健全自驾游信息的统计、监测与预警系统。 （六）发展相关制造业。将旅居车纳入汽车行业发展规划，建立旅居车整车和相关零配件制造技术标准体系。畅通旅居车零配件供应和维修渠道，延伸旅居车产业链。 （七）推广旅居生活新方式。积极推广自驾车旅居车露营旅游新方式，传播自驾车旅居车旅游文化品牌，推广精品自驾车线路。举办自驾车旅居车旅游博览会。大力培育青少年露营文化。研究改进旅居车驾驶证管理制度。

六、大力发展海洋及滨水旅游

加大海岛旅游投资开发力度，建设一批海岛旅游目的地。加快海南国际旅游岛、平潭国际旅游岛建设，推进横琴岛等旅游开发。制定邮轮旅游发展规划，有序推进邮轮旅游基础设施建设，改善和提升港口、船舶及配套设施的技术水平。推动国际邮轮访问港建设，扩大国际邮轮入境外国旅游团15天免签政策适用区域，有序扩大试点港口城市范围。支持天津、上海、广州、深圳、厦门、青岛等地开展邮轮旅游。制定游艇旅游发展指导意见，发展适合大众消费的中小型游艇。支持长江流域等有条件的江河、湖泊有序发展内河游轮旅游。（国家旅游局、国家发展改革委、工业和信息化部、公安部、交通运输部、水利部、国家海洋局等）

专栏5　邮轮游艇旅游发展计划
（一）加强基础设施建设。制定实施邮轮港口布局规划，形成布局合理的始发港、访问港邮轮港口体系。建设一批公共游艇码头和水上运动中心。促进邮轮运输与航空、铁路、公路等其他运输方式的有效衔接。 （二）开发特色旅游线路。打造具有特色的邮轮航线，探索开辟无目的地邮轮航线、洲际及环球邮轮航线。出台系列政策措施，大力发展国际邮轮入境游。 （三）壮大邮轮市场主体。鼓励多元资本进入邮轮旅游产业，加强与外资邮轮企业合作，支持本土邮轮企业发展。 （四）促进游艇租赁消费。鼓励开展游艇租赁业务，规范游艇租赁运营管理，培育大众游艇消费，推出一批游艇休闲示范项目。 （五）培养邮轮游艇人才。加快培养邮轮游艇驾驶人员、海乘、维修保养、法律咨询、经营管理等专业人才。

七、大力发展冰雪旅游

以办好2022年冬奥会为契机，大力推进冰雪旅游发展。支持黑龙江、吉林等地做好冰雪旅游专项规划。建设一批融滑雪、登山、徒步、露营等多种旅游活动为一体的冰雪旅游度假区或度假地，推出一批复合型冰雪旅游基地，鼓励冰雪场馆开发大众化冰雪旅游项目。支持冰雪设备和运动装备开发。推动建立冰雪旅游推广联盟，搭建冰雪旅游会展平台。支持院校与企业合作，培养冰雪旅游专业化人才。（国家旅游局、工业和信息化部、教育部、商务部、体育总局）

八、加快培育低空旅游

结合低空空域开放试点，选择一批符合条件的景区、城镇开展航空体验、航空运动等多种形式的低空旅游。开发连接旅游景区、运动基地、特色小镇的低空旅游线路。提高航油、通信、导航、气象等保障能力。出台低空旅游管理办法，强化安全监管。支持低空旅游通用航空装备自主研制，建设低空旅游产业园。（国家发展改革委、工业和信息化部、体育总局、国家旅游局、中国民航局等）

第三节 业态创新 拓展发展新领域

实施"旅游+"战略，推动旅游与城镇化、新型工业化、农业现代化和现代服务业的融合发展，拓展旅游发展新领域。

一、旅游+城镇化

完善城市旅游基础设施和公共服务设施，支持大型旅游综合体、主题功能区、中央游憩区等建设。发展城市绿道、骑行公园、慢行系统，拓展城市运动休闲空间。加强规划引导和规范管理，推动主题公园创新发展。建设一批旅游风情小镇和特色景观名镇。（国家旅游局、住房城乡建设部）

二、旅游+新型工业化

鼓励工业企业因地制宜发展工业旅游，促进转型升级。支持老工业城市和资源型城市通过发展工业遗产旅游助力城市转型发展。推出一批工业旅游示范基地。大力发展旅游用品、户外休闲用品、特色旅游商品制造业。培育一批旅游装备制造业基地，鼓励企业自主研发，并按规定享受国家鼓励科技创新政策。（工业和信息化部、国家发展改革委、科技部、国家旅游局、中国民航局等）

三、旅游+农业现代化

加强规划引导，开展农业遗产普查与保护。大力发展观光农业和休闲农业，推动科技、人文等元素融入农业，发展田园艺术景观、阳台农艺等创意农业，发展定制农业、会展农业和众筹农业等新型农业业态。推进现代农业庄园发展，开展农耕、采摘、饲养等农事活动，促进农业综合开发利用，提高农业附加值。（农业部、国家旅游局）

四、旅游+现代服务业

促进旅游与文化融合发展。培育以文物保护单位、博物馆、非物质文化遗产保护利用设施和实践活动为支撑的体验旅游、研学旅行和传统村落休闲旅游。扶持旅游与文化创意产品开发、数字文化产业相融合。发展文化演艺旅游，推动旅游实景演出发展，打造传统节庆旅游品牌。推动"多彩民族"文化旅游示范区建设，集中打造一批民族特色村镇。（文化部、国家民委、国家旅游局、国家文物局）

促进旅游与健康医疗融合发展。鼓励各地利用优势医疗资源和特色资源，建设一批健康医疗旅游示范基地。发展中医药健康旅游，启动中医药健康旅游示范区、示范基地和示范项目建设。发展温泉旅游，建设综合性康养旅游基地。制定老年旅游专项规划和服务标准，开发多样化老年旅游产品。引导社会资本发展非营利性乡村养老机构，完善景区无障碍旅游设施，完善老年旅游保险产品。（国家旅游局、国家民委、国家卫生计生委、保监会、国家中医药局、全国老龄委、中国残联）

促进旅游与教育融合发展。将研学旅行作为青少年爱国主义和革命传统教育、国情教育的重要载体，纳入中小学生综合素质教育范畴，培养学生的社会责任感、创新精神和实践能力。开展文物古迹、古生物化石等专题研学旅行。成立游学联盟,鼓励对研学旅行给予价格优惠。规范中小学生赴境外研学旅行活动。加强组织管理,完善安全保障机制。(国家旅游局、国家发展改革委、教育部、国家文物局)

促进旅游与体育融合发展。编制体育旅游发展纲要,建成一批具有影响力的体育旅游目的地,建设一批体育旅游示范基地,推出一批体育旅游精品赛事和精品线路。培育具有国际知名度和市场竞争力的体育旅游企业和品牌。引导和鼓励特色体育场馆、设施和基地向旅游者开放共享。支持有条件的地方举办有影响力的体育旅游活动。(国家旅游局、体育总局)

促进旅游与商务会展融合发展。加快北京、上海、杭州、昆明等商务会展旅游目的地建设,发展国际化、专业化的商务会议会展旅游业。加快相关场馆设施建设,培育具有国际影响力的会议会展品牌,提高会展旅游专业化水平。加大会议会展促销力度。(国家旅游局、商务部等)

第四节 技术创新 打造发展新引擎

大力推动旅游科技创新,打造旅游发展科技引擎。推进旅游互联网基础设施建设,加快机场、车站、码头、宾馆饭店、景区景点、乡村旅游点等重点涉旅区域无线网络建设。推动游客集中区、环境敏感区、高风险地区物联网设施建设。(工业和信息化部、科技部、国家旅游局)

建设旅游产业大数据平台。构建全国旅游产业运行监测平台,建立旅游与公安、交通、统计等部门数据共享机制,形成旅游产业大数据平台。实施"互联网+旅游"创新创业行动计划。建设一批国家智慧旅游城市、智慧旅游景区、智慧旅游企业、智慧旅游乡村。支持"互联网+旅游目的地联盟"建设。规范旅游业与互联网金融合作,探索"互联网+旅游"新型消费信用体系。到"十三五"期末,在线旅游消费支出占旅游消费支出20%以上,4A级以上景区实现免费 WiFi、智能导游、电子讲解、在线预订、信息推送等全覆盖。(国家旅游局、工业和信息化部、银监会等)

专栏6 旅游信息化提升工程

(一)建设"12301"智慧旅游公共服务平台。建立面向游客和企业的旅游公共服务平台,完善旅游公共信息发布及资讯平台、旅游产业运行监管平台、景区门票预约与客流预警平台、旅游大数据集成平台。

(二)建设旅游行业监管综合平台。完善旅游团队服务管理系统、导游公共服务监管平台、旅游质监执法平台、旅游住宿业标准化管理信息系统、旅行社网上审批系统、旅游志愿者服务管理信息平台、旅游诚信网等。

(三)建设旅游应急指挥体系。建立覆盖主要旅游目的地的实时数据和影像采集系统,建立上下联通、横向贯通的旅游网络数据热线,实现对景区、旅游集散地、线路和区域的突发事件应急处理及客流预测预警。

(四)建设旅游信息化标准体系。建成涵盖旅游服务业态、信息数据、技术体系等在内的旅游信息化标准体系。

(五)建设国家旅游基础数据库。建立旅游统计年鉴数据库、旅游企业直报数据库、国内旅游抽样调查基础数据库、入境花费调查基础数据库、国际旅游基础数据库、旅游产业基础数据库。

第五节　主体创新　提高发展新效能

依托有竞争力的旅游骨干企业,通过强强联合、跨地区兼并重组、境外并购和投资合作及发行上市等途径,促进规模化、品牌化、网络化经营,形成一批大型旅游企业集团。支持旅游企业通过自主开发、联合开发、并购等方式发展知名旅游品牌。(国家旅游局、国家发展改革委、国务院国资委等)

大力发展旅游电子商务,推动网络营销、网络预订、网上支付以及咨询服务等旅游业务发展。规范发展在线旅游租车和在线度假租赁等新业态。支持互联网旅游企业整合上下游及平行企业资源、要素和技术,推动"互联网+旅游"融合,培育新型互联网旅游龙头企业。(国家旅游局、工业和信息化部、商务部等)

支持中小微旅游企业特色化、专业化发展。加快推进中小旅游企业服务体系建设,打造中小微旅游企业创新创业公共平台,发挥其对自主创新创业的孵化作用。(国家旅游局、国家发展改革委)

积极培育具有世界影响力的旅游院校和科研机构,鼓励院校与企业共建旅游创新创业学院或企业内部办学。支持旅游规划、设计、咨询、营销等旅游相关智力型企业发展。构建产学研一体化平台,提升旅游业创新创意水平和科学发展能力。(国家旅游局、教育部)

第四章　协调推进　提升旅游业发展质量

第一节　优化空间布局　构筑新型旅游功能区

按照分类指导、分区推进、重点突破的原则,全面推进跨区域资源要素整合,加快旅游产业集聚发展,构筑新型旅游功能区,构建旅游业发展新格局。

一、做强跨区域旅游城市群

京津冀旅游城市群。全面贯彻落实京津冀协同发展战略,发挥京津旅游辐射作用,构建城市旅游分工协同体系,推进京津冀旅游一体化进程,打造世界一流旅游目的地。

长三角旅游城市群。全面推进旅游国际化进程,大力推动旅游业与现代服务业融合发展,建设一批高品质的旅游度假区、都市休闲区和乡村度假地,形成面向全球、引领全国的世界级旅游城市群,建设亚太地区重要国际旅游门户。

珠三角旅游城市群。充分利用紧邻港澳区域优势,创新出入境管理方式,促进旅游消费便利化,推进城市群与港澳旅游服务贸易自由化,建设具有世界影响力的商务旅游目的地和海上丝绸之路旅游核心门户。

成渝旅游城市群。充分发挥长江上游核心城市作用,依托川渝独特的生态和文化,建设自然与文化遗产国际精品旅游区,打造西部旅游辐射中心。

长江中游旅游城市群。依托长江黄金水道,发挥立体交通网络优势,推动生态旅游、文化旅游、红色旅游、低空旅游和自驾车旅游发展,打造连接东西、辐射南北的全国旅游产业发展引领示范区。(国家旅游局、国家发展改革委、住房城乡建设部、交通运输

部等)

二、培育跨区域特色旅游功能区

依托跨区域的自然山水和完整的地域文化单元,培育一批跨区域特色旅游功能区,构建特色鲜明、品牌突出的区域旅游业发展增长极。(国家旅游局、国家发展改革委、环境保护部、住房城乡建设部、交通运输部、文化部、国家海洋局等)

专栏7　特色旅游功能区推进计划

(一)香格里拉民族文化旅游区:涉及四川、云南、西藏3省区。加强旅游基础设施以及自驾车旅游廊道建设,积极推进以昌都、康定、西昌、香格里拉等为核心的旅游城市建设,实施大生态建设与大文化旅游综合开发协调推进,建设具有全球影响力的一流文化生态旅游目的地。

(二)太行山生态文化旅游区:涉及北京、河北、山西、河南4省市。加快保定、石家庄、安阳、鹤壁、新乡、焦作、忻州、太原、阳泉、晋中、长治等旅游城市和旅游集散中心建设。积极推动特色旅游小镇建设,推进旅游精准扶贫,建设全国知名的生态文化旅游目的地。

(三)武陵山生态文化旅游区:涉及湖北、湖南、重庆、贵州4省市。积极推进黔江、恩施、吉首、张家界、怀化、铜仁、遵义等建设中心旅游城市。加快核心旅游区的转型升级和新旅游区的规划建设。以旅游基础设施建设推进跨区域精品旅游线路组织,推进民族文化旅游发展,建设国际知名的生态文化旅游目的地。

(四)长江三峡山水人文旅游区:涉及湖北、重庆2省市。完善重庆、宜昌等城市旅游功能,推进长江游轮旅游提档升级,推动旅游业与库区移民搬迁和经济转型紧密结合,实现三峡旅游的水陆联动,全面提升三峡国际旅游目的地整体水平。

(五)大别山红色旅游区:涉及安徽、河南、湖北3省。全面提升红色旅游发展水平,积极推动黄冈、信阳、六安、安庆、随州、驻马店等核心旅游城市建设。加大交通基础设施投入,推进国家旅游风景道建设,积极推进旅游精准扶贫,建设全国知名的红色旅游目的地。

(六)罗霄山红色旅游区:涉及江西、湖南2省。建设以赣州、井冈山、瑞金和吉安为核心的支点旅游城市。发挥井冈山旅游区引领作用,做大做强红色旅游。加强生态环境保护,推进旅游精准扶贫,建设红色生态文化旅游目的地。

(七)乌蒙山民族文化旅游区:涉及云南、贵州2省。建设毕节、遵义和赤水等重要旅游中心城市,推进旅游区(点)的开发建设,培育民族文化旅游品牌,建设全国知名的民族生态文化旅游目的地。

(八)秦巴山区生态文化旅游区:涉及河南、湖北、重庆、四川、陕西、甘肃6省市。强化西安旅游枢纽地位,统筹宝鸡、渭南、天水、汉中、安康、商洛、陇南、十堰等城市集散功能。加强生态环境保护,推进核心旅游区产业空间集聚。完善秦岭南北通道交通和自驾车旅游廊道体系,建设全球知名的生态旅游目的地。

(九)长白山森林生态旅游区:以延边和长白山等为依托,形成长白山旅游产业功能区。推进国家旅游风景道建设,建设森林生态旅游和冰雪旅游目的地。

(十)大小兴安岭森林生态旅游区:涉及内蒙古、黑龙江2省区。全面提升塔河、漠河、黑河、鹤岗、伊春等城市旅游功能。大力开发冰雪旅游、森林旅游和温泉度假旅游产品,推动旅游业与林区生态保护、林业转型融合,建设全国著名的森林生态旅游目的地。

(十一)中原文化旅游区:包括河南豫中、陕西关中、山西晋中地区。以西安、郑州、太原为中心,积极推进晋中、运城、洛阳、开封、渭南、宝鸡等城市文化旅游水平。推动城市文化创意产业和文化旅游综合体发展,建设世界著名的华夏文明旅游目的地。

(十二)海峡西岸旅游区:涉及浙江、福建、江西、广东4省。提升福州、厦门、宁德、泉州、温州、汕头等城市旅游业国际化发展水平。推进平潭综合试验区旅游开放开发,创新两岸旅游合作模式,共同建设世界旅游目的地。

(十三)南海海洋文化旅游区:以海口、三亚、三沙为核心,积极推进南海旅游开放开发,建设全球著名的国际海洋度假旅游目的地。

续表

专栏7　特色旅游功能区推进计划
（十四）北部湾海洋文化旅游区：涉及广西、海南2省区。以广西滨海特色旅游城市为引领，推进国际旅游集散中心建设。推进边境旅游合作示范区建设，促进与东盟国家的旅游合作，建设国际知名的海洋旅游目的地和国际区域旅游合作典范区。 （十五）六盘山生态文化旅游区：涉及陕西、甘肃、青海、宁夏4省区。加大旅游区开发建设力度，推动核心旅游区转型升级。发展民族文化生态旅游，推进旅游精准扶贫。加强旅游基础设施建设，完善旅游公共服务，建设我国西部重要的山地生态旅游目的地。 （十六）祁连山生态文化旅游区：涉及甘肃、青海2省。以旅游资源保护为基础，推动祁连山国家旅游风景道建设。完善酒泉、武威、张掖、敦煌、德令哈、西宁等城市旅游功能，建设全国著名的自驾车户外旅游基地和特种旅游目的地。 （十七）南岭森林生态文化旅游区：完善桂林、永州、贺州、郴州、清远、韶关、赣州等城市旅游功能，推进旅游集散基地和道路交通基础设施建设。以生态环境保护为基础，推进跨区域自驾车旅游廊道建设。推进旅游精准扶贫，建设区域性生态旅游度假目的地。 （十八）塔里木河沙漠文化旅游区：以喀什、阿克苏、和田等城市为支点，推进重点旅游区开发建设与提档升级。发展特种旅游、生态旅游和民族风情旅游，推动南疆自驾车旅游廊道规划建设，建设国际著名的丝绸之路文化旅游目的地。 （十九）滇黔桂民族文化旅游区：涉及广西、贵州、云南3省区。加强旅游基础设施投入，全面提升旅游可进入性。提升红色旅游目的地建设水平，加快民族生态旅游资源开发建设，推动自驾车旅游廊道建设，建设民族文化旅游示范区。 （二十）浙皖闽赣生态旅游协作区：涉及浙江、安徽、福建、江西4省。以黄山、上饶和杭州为中心，推进池州、安庆、宣城、三明、景德镇、衢州等城市旅游协同发展。推进旅游区产业集聚，加快推进华东世界遗产风景道建设。推进区域旅游公共服务一体化，建设国际一流的生态文化旅游目的地和国家生态旅游协作区。

三、打造国家精品旅游带

遵循景观延续性、文化完整性、市场品牌性和产业集聚性原则，依托线性的江、河、山等自然文化廊道和交通通道，串联重点旅游城市和特色旅游功能区。重点打造丝绸之路旅游带、长江国际黄金旅游带、黄河华夏文明旅游带、长城生态文化旅游带、京杭运河文化旅游带、长征红色记忆旅游带、海上丝绸之路旅游带、青藏铁路旅游带、藏羌彝文化旅游带、茶马古道生态文化旅游带等10条国家精品旅游带。（国家旅游局、国家发展改革委、交通运输部、文化部、国家海洋局、国家文物局等）

四、重点建设国家旅游风景道

以国家等级交通线网为基础，加强沿线生态资源环境保护和风情小镇、特色村寨、汽车营地、绿道系统等规划建设，完善游憩与交通服务设施，实施国家旅游风景道示范工程，形成品牌化旅游廊道。（国家旅游局、国家发展改革委、交通运输部等）

专栏8　国家旅游风景道布局
（一）川藏公路风景道（四川成都、雅安、康定、巴塘—西藏林芝、拉萨） （二）大巴山风景道（陕西西安、安康—四川达州、广安—重庆） （三）大别山风景道（湖北大悟、红安、麻城、罗田、英山—安徽岳西、霍山、六安） （四）大兴安岭风景道（内蒙古阿尔山、呼伦贝尔—黑龙江加格达奇、漠河） （五）大运河风景道（浙江宁波、绍兴、杭州、湖州、嘉兴—江苏苏州、无锡、常州、镇江、扬州、淮安、宿迁） （六）滇川风景道（云南楚雄—四川攀枝花、凉山、雅安、乐山） （七）滇桂粤边海风景道（云南富宁—广西靖西、崇左、钦州、北海—广东湛江）

续表

专栏8　国家旅游风景道布局
（八）东北边境风景道（辽宁丹东—吉林集安、长白山、延吉、珲春—黑龙江绥芬河）
（九）东北林海雪原风景道（吉林省吉林市、敦化—黑龙江牡丹江、鸡西）
（十）东南沿海风景道（浙江杭州、宁波、台州、温州—福建福州、厦门—广东汕头、深圳、湛江—广西北海）
（十一）海南环岛风景道（海南海口—东方—三亚—琼海—海口）
（十二）贺兰山六盘山风景道（宁夏贺兰山、沙坡头、六盘山，内蒙古月亮湖）
（十三）华东世界遗产风景道（安徽九华山、黄山—浙江开化钱江源、江郎山—江西上饶—福建武夷山、屏南白水洋）
（十四）黄土高原风景道（内蒙古鄂尔多斯—陕西榆林、延安、铜川、西安）
（十五）罗霄山南岭风景道（湖南株洲—江西井冈山、赣州—广东韶关）
（十六）内蒙古东部风景道（内蒙古阿尔山—呼伦贝尔）
（十七）祁连山风景道（青海门源、祁连—甘肃民乐、张掖）
（十八）青海三江源风景道（青海西宁、海北、海南、果洛、玉树）
（十九）太行山风景道（河北石家庄、邢台、邯郸—河南安阳、新乡、焦作—山西晋城、长治）
（二十）天山世界遗产风景道（新疆霍城、巩留、新源、特克斯、和静）
（二十一）乌江风景道（重庆武隆、彭水、酉阳—贵州遵义、贵阳、铜仁）
（二十二）西江风景道（贵州兴义—广西百色、柳州、荔浦、梧州—广东封开、德庆、肇庆）
（二十三）香格里拉风景道（云南丽江、迪庆—四川稻城—西藏昌都）
（二十四）武陵山风景道（湖北神农架、恩施—湖南湘西—贵州铜仁、遵义、黔东南）
（二十五）长江三峡风景道（重庆长寿—湖北神农架、宜昌）

五、推进特色旅游目的地建设

依托特色旅游资源，打造一批特色旅游目的地，满足大众化、多样化、特色化旅游市场需求。（国家旅游局、环境保护部、住房城乡建设部、水利部、国家林业局、国家海洋局、国家文物局等）

专栏9　特色旅游目的地建设
（一）山岳旅游目的地：安徽黄山、山东泰山、四川九寨沟、湖南张家界、吉林长白山、福建武夷山、陕西华山、广东韶关丹霞山、江西三清山等。
（二）海岛旅游目的地：广西涠洲岛，山东长岛、浙江舟山群岛、福建湄洲岛、鼓浪屿、平潭岛，广东海陵岛，海南西沙群岛、辽宁大小长山岛等。
（三）湖泊旅游目的地：浙江千岛湖、青海青海湖、云南泸沽湖、黑龙江五大连池、江苏太湖、湖南洞庭湖、江西鄱阳湖、山东微山湖、云南抚仙湖、西藏纳木错等。
（四）湿地旅游目的地：云南普达措、山东东营黄河口湿地、黑龙江齐齐哈尔扎龙湿地、江苏盐城湿地、西藏拉鲁湿地、辽宁盘锦红海滩湿地、内蒙古额尔古纳湿地、吉林通榆向海湿地等。
（五）草原旅游目的地：新疆那拉提、喀拉峻、巴音布鲁克，内蒙古呼伦贝尔、乌兰布统、鄂尔多斯苏泊罕，甘肃甘南玛曲，河北张北等。
（六）沙漠旅游目的地：甘肃敦煌、宁夏沙坡头、内蒙古响沙湾、巴丹吉林、阿拉善腾格里、库布齐，新疆喀什达瓦昆、塔里木，陕西毛乌素等。
（七）古村落旅游目的地：安徽皖南、福建永定、南靖，广东开平、江西婺源、山西平遥、四川阆中、江苏周庄、同里、浙江乌镇、南浔、西塘等。
（八）民俗风情旅游目的地：贵州黔东南、湖南湘西、新疆喀什、重庆黔江、四川阿坝、甘孜、凉山，云南西双版纳，吉林延边等。

第二节 加强基础设施建设 提升公共服务水平

一、大力推进"厕所革命"

加强政策引导、标准规范、技术创新、典型示范,持续推进旅游"厕所革命"。重点抓好乡村旅游厕所整体改造,着力推进高寒、缺水地区厕所技术革新,鼓励大中型企业、社会组织援建中西部旅游厕所,倡导以商建厕、以商管厕、以商养厕。推进厕所无障碍化。积极倡导文明如厕。"十三五"期间,新建、改扩建10万座旅游厕所,主要旅游景区、旅游场所、旅游线路和乡村旅游点的厕所全部达到A级标准,实现数量充足、干净无味、实用免费、管理有效,中西部地区旅游厕所建设难题得到初步解决。(国家旅游局、环境保护部、住房城乡建设部、中国残联)

二、加强旅游交通建设

做好旅游交通发展顶层设计。制定促进旅游交通发展的意见,完善旅游交通布局。推动旅游交通大数据应用,建立旅游大数据和交通大数据的共享平台和机制。(交通运输部、国家旅游局)

改善旅游通达条件。推进重要交通干线连接景区的道路建设,加强城市与景区之间交通设施建设和交通组织,实现从机场、车站、客运码头到主要景区交通无缝衔接。支持大型旅游景区、旅游度假区和红色旅游区等建设连通高速公路、国省道干线的公路支线。力争到"十三五"期末,基本实现4A级以上景区均有一条高等级公路连接。(交通运输部、国家旅游局)

推进乡村旅游公路建设。提高乡村旅游重点村道路建设等级,重点解决道路养护等问题,推进乡村旅游公路和旅游标识标牌体系建设。加强旅游扶贫重点村通村旅游公路建设。(交通运输部、农业部、国家旅游局、国务院扶贫办)

优化旅游航空布局。加强中西部地区和东北地区支线机场建设,支持有条件的地方新建或改扩建一批支线机场。增加重点旅游城市至主要客源地直航航线航班,优化旅游旺季航班配置。加强重点旅游区的通用机场建设。(中国民航局、国家发展改革委、国家旅游局)

提升铁路旅游客运能力。推动高铁旅游经济圈发展。加大跨区域旅游区、重点旅游经济带内铁路建设力度。根据旅游业发展实际需求,优化配置旅游城市、旅游目的地列车班次。增开特色旅游专列,提升旅游专列服务水准,全面提升铁路旅游客运能力。发展国际铁路旅游。(中国铁路总公司、国家发展改革委、国家旅游局、国家铁路局)

三、完善旅游公共服务体系

加强旅游集散体系建设,形成便捷、舒适、高效的集散中心体系。完善旅游咨询中心体系,旅游咨询中心覆盖城市主要旅游中心区、3A级以上景区、重点乡村旅游区以及机场、车站、码头、高速公路服务区、商业步行街区等。完善旅游观光巴士体系,全国省会城市和优秀旅游城市至少开通1条旅游观光巴士线路。完善旅游交通标识体系,完成3A级以上景区在高速公路等主要公路沿线标识设置,完成乡村旅游点等在公路沿线标识设置。完善旅游绿道体系,建设完成20条跨省(区、市)旅游绿道,总里程达5000

公里以上,全国重点旅游城市至少建成一条自行车休闲绿道。推进残疾人、老年人旅游公共服务体系建设。(住房城乡建设部、国家发展改革委、交通运输部、国家旅游局、全国老龄委、中国残联)

第三节 提升旅游要素水平 促进产业结构升级

一、提升餐饮业发展品质

弘扬中华餐饮文化,开发中国文化型传统菜品,支持文化餐饮"申遗"工作。深入挖掘民间传统小吃,推出金牌小吃,打造特色餐饮品牌,促进民间烹饪技术交流与创新。推动形成有竞争力的餐饮品牌和企业集团,鼓励中餐企业"走出去"。(商务部、食品药品监管总局、国家旅游局)

二、构建新型住宿业

推进结构优化、品牌打造和服务提升,培育一批有竞争力的住宿品牌,推进住宿企业连锁化、网络化、集团化发展。适度控制高星级酒店规模,支持经济型酒店发展。鼓励发展自驾车旅居车营地、帐篷酒店、民宿等新型住宿业态。(商务部、工商总局、国家旅游局)

三、优化旅行社业

鼓励在线旅游企业进行全产业链运营,提高集团化、国际化发展水平。推动传统旅行社转型发展,鼓励有实力的旅行社跨省(区、市)设立分支机构,支持旅行社服务网络进社区、进农村。(国家旅游局、商务部)

四、积极发展旅游购物

实施中国旅游商品品牌提升工程。加强对老字号商品、民族旅游商品的宣传,加大对旅游商品商标、专利的保护力度,构建旅游商品生产标准和认证体系,规范旅游商品流通体系。在机场、高铁车站、邮轮码头、旅游服务中心、重点旅游景区等地,设置特色旅游商品购物区。(国家旅游局、交通运输部、商务部、工商总局、质检总局、国家知识产权局)

五、推动娱乐业健康发展

推广"景区+游乐"、"景区+剧场"、"景区+演艺"等景区娱乐模式。支持高科技旅游娱乐企业发展。有序引进国际主题游乐品牌,推动本土主题游乐企业集团化、国际化发展。提升主题公园的旅游功能,打造一批特色鲜明、品质高、信誉好的品牌主题公园。(国家旅游局、科技部、住房城乡建设部、文化部)

第五章 绿色发展 提升旅游生态文明价值

第一节 倡导绿色旅游消费

践行绿色旅游消费观念,大力倡导绿色消费方式,发布绿色旅游消费指南。鼓励酒店实施客房价格与水电、低值易耗品消费量挂钩,逐步减少一次性用品的使用。引导旅游者低碳出行,鼓励旅游者在保证安全的前提下拼车出行。提高节能环保交通工具使

用比例,大力推广公共交通、骑行或徒步等绿色生态出行方式。(国家旅游局、中央文明办、环境保护部、住房城乡建设部、商务部)

第二节 实施绿色旅游开发

推动绿色旅游产品体系建设,打造生态体验精品线路,拓展绿色宜人的生态空间。开展绿色旅游景区建设,"十三五"期间,创建500家生态文明旅游景区。4A级以上旅游景区全部建成生态停车场,所有新修步道和80%以上的旅游厕所实现生态化。(国家旅游局、环境保护部)

实施全国生态旅游发展规划,加大生态资源富集区基础设施和生态旅游设施建设力度,推动生态旅游协作区、生态旅游目的地、生态旅游精品线路建设,提升生态旅游示范区发展水平。以水利风景区为重点,推出一批生态环境优美、文化品位较高的水利生态景区和旅游产品。(国家发展改革委、环境保护部、水利部、国家旅游局等)

拓展森林旅游发展空间,以森林公园、湿地公园、沙漠公园、国有林场等为重点,完善森林旅游产品和设施,推出一批具备森林游憩、疗养、教育等功能的森林体验基地和森林养生基地。鼓励发展"森林人家"、"森林小镇",助推精准扶贫。加强森林旅游公益宣传,鼓励举办具有特色的森林旅游宣传推介活动。(国家林业局、国家旅游局等)

加大对能源节约、资源循环利用、生态修复等重大生态旅游技术的研发和支持力度。推进生态旅游技术成果的转化与应用,推进旅游产业生态化、低碳化发展。推广运用厕所处理先进技术,开展以无害化处理为核心的全球人居示范工程。(国家发展改革委、科技部、环境保护部、住房城乡建设部、国家旅游局)

第三节 加强旅游环境保护

严格遵守相关法律法规,坚持保护优先、开发服从保护的方针,对不同类型的旅游资源开发活动进行分类指导。发挥规划引领作用,强化环境影响评价约束作用,规范旅游开发行为。(国家旅游局、环境保护部)

推进旅游业节能减排。加强旅游企业用能计量管理,组织实施旅游业合同能源管理示范项目。实施旅游能效提升计划,降低资源消耗强度。开展旅游循环经济示范区建设。推广节能节水产品和技术,对酒店饭店、景点景区、乡村客栈等建筑进行节能和供热计量改造,建设节水型景区、酒店和旅游村镇。(国家旅游局、国家发展改革委、环境保护部、水利部、质检总局)

第四节 创新绿色发展机制

实施绿色认证制度。建立健全以绿色景区、绿色饭店、绿色建筑、绿色交通为核心的绿色旅游标准体系,推行绿色旅游产品、绿色旅游企业认证制度,统一绿色旅游认证标识,开展绿色发展教育培训,引导企业执行绿色标准。(国家旅游局、环境保护部、质检总局)

建立旅游环境监测预警机制。对资源消耗和环境容量达到最大承载力的旅游景区,实行预警提醒和限制性措施。完善旅游预约制度,建立景区游客流量控制与环境容

量联动机制。(环境保护部、国家旅游局等)

健全绿色发展监管制度。在生态保护区和生态脆弱区,对旅游项目实施类型限制、空间规制和强度管制,对生态旅游区实施生态环境审计和问责制度,完善旅游开发利用规划与建设项目环境影响评价信息公开机制。(环境保护部、住房城乡建设部、国家旅游局)

第五节 加强宣传教育

开展绿色旅游公益宣传,推出绿色旅游形象大使。加强绿色旅游教育和培训工作,制定绿色消费奖励措施,引导全行业、全社会树立绿色旅游价值观,形成绿色消费自觉。(国家旅游局、环境保护部、新闻出版广电总局等)

第六章 开放合作 构建旅游开放新格局

第一节 实施旅游外交战略

一、开展"一带一路"国际旅游合作

推动建立"一带一路"沿线国家和地区旅游部长会议机制。建立丝绸之路经济带城市旅游合作机制。推动"一带一路"沿线国家签证便利化,推动航权开放、证照互认、车辆救援、旅游保险等合作。加强与沿线国家旅游投资互惠合作,推动海上丝绸之路邮轮旅游合作,联合打造国际旅游精品线路,提升"一带一路"旅游品牌的知名度和影响力。(国家旅游局、中央宣传部、外交部、国家发展改革委、公安部、交通运输部、中国民航局等)

二、拓展与重点国家旅游交流

推动大国旅游合作向纵深发展,深化与周边国家旅游市场、产品、信息、服务融合发展,加强与中东欧国家旅游合作,扩大与传统友好国家和发展中国家的旅游交流,推动与相关国家城市缔结国际旅游伙伴城市。(国家旅游局、外交部、公安部)

三、创新完善旅游合作机制

完善双多边旅游对话机制,推动建立更多合作平台,倡导成立国际旅游城市推广联盟,引领国际旅游合作。支持旅游行业组织、旅游企业参与国际旅游交流,形成工作合力。推进我国与周边国家的跨境旅游合作区、边境旅游试验区建设,开发具有边境特色和民族特色的旅游景区和线路。(国家旅游局、外交部、国家民委、公安部、交通运输部等)

第二节 大力提振入境旅游

实施中国旅游国际竞争力提升计划。统筹优化入境旅游政策,推进入境旅游签证、通关便利化,研究制定外国人来华邮轮旅游、自驾游便利化政策。依法扩大符合条件的口岸开展外国人签证业务范围,提升购物退税网络服务水平,开发过境配套旅游产品。完善入境旅游公共服务和商业接待体系,提升入境旅游服务品质。发挥自由贸易试验区在促进入境旅游发展方面的先行先试作用。(国家旅游局、外交部、国家发展改革委、公安部、财政部、商务部、海关总署、税务总局等)

完善旅游推广体系,塑造"美丽中国"形象。加强旅游、外宣合作,健全中央与地方、政府与企业以及部门间联动的旅游宣传推广体系,发挥专业机构市场推广优势。实施入境旅游品牌战略,推出一批入境旅游品牌和线路。调整优化中国旅游驻外办事处职能,适时在巴西、南非等地设立旅游办事机构。实施中国旅游网络营销工程、海外公众旅游宣传推广工程,促进入境旅游持续稳定增长。(国家旅游局、中央宣传部、中央编办、外交部、文化部)

第三节 深化与港澳台旅游合作

一、支持港澳地区旅游发展

创新粤港澳区域旅游合作协调机制,推进便利化建设和一体化发展。支持粤港澳大湾区旅游合作,发挥粤港澳对接广西、福建等内地沿海省份的重要节点作用,开发一程多站旅游线路。支持香港建设多元旅游平台。推动澳门世界旅游休闲中心建设,支持澳门会展业发展,支持澳门举办世界旅游经济论坛。推动粤澳、闽澳联合开发海上丝绸之路旅游产品,打造旅游精品线路。(国家旅游局、交通运输部、商务部、国务院港澳办等)

二、深化对台旅游交流

巩固旅游在两岸人员交往中的主渠道作用,发挥旅游在增进两岸同胞情感、促进两岸关系和平发展方面的积极作用。推动大陆居民赴台旅游健康有序发展,提升大陆居民赴台旅游品质、安全保障水平等。推进两岸乡村旅游、邮轮旅游、旅游文创等领域合作。支持平潭国际旅游岛、福州新区、江苏昆山等建设成为两岸旅游产业合作示范区。推进海峡西岸经济区与台湾、厦门与金门、福州与马祖区域旅游合作。支持环海峡旅游圈建设。(国务院台办、公安部、商务部、国家旅游局)

三、扩大旅游对港澳台开放

依托中国(广东)自由贸易试验区、中国(福建)自由贸易试验区,开展对港澳台旅游先行先试。探索自由贸易试验区有关涉旅政策措施相互延伸。推进邮轮游艇旅游合作发展,支持香港邮轮母港建设和粤澳游艇自由行。加强与港澳台青少年的游学交流,定期组织港澳台青少年赴内地(大陆)开展游学活动。(国家旅游局、公安部、交通运输部、商务部、国务院港澳办、国务院台办等)

四、规范赴港澳台旅游市场秩序

加强与港澳台旅游部门合作,完善旅游安全保障和预警机制,提升突发事件应急处理能力,共同打击以不合理低价组织的团队游和其他违法违规的不正当竞争行为。建立健全大陆居民赴台游保险机制,扩大大陆居民赴台旅游保险覆盖面。(国家旅游局、公安部、国务院港澳办、国务院台办、保监会)

第四节 有序发展出境旅游

推动出境旅游目的地国家和地区简化签证手续、缩短签证申办时间,扩大短期免签证、口岸签证范围。将中文电视广播等媒体落地、改善中文接待环境、中文报警服务、中国公民安全保障措施和游客合法权益保障等纳入中国公民出境旅游目的地管理体系。完善出境旅游服务保障体系,加强境外旅游保险、旅游救援合作。推动建立与有关国家和地区旅游安全预警机制和突发事件应急处理合作机制。加强与友好国家客源互送合作。(国家旅游局、外交部、公安部、新闻出版广电总局、保监会)

第五节 提升旅游业国际影响力

一、实施旅游业"走出去"战略

将旅游业"走出去"发展纳入国家"走出去"战略,制定旅游业"走出去"战略规划。完善支持旅游企业"走出去"政策服务平台,支持有条件的旅游企业统筹利用国际国内两个市场,建立面向中国公民的海外旅游接待体系。推进自由贸易协定旅游服务贸易谈判,推动旅游业双向开放。(国家旅游局、外交部、国家发展改革委、商务部等)

二、实施国家旅游援外计划

制定实施国家旅游援外计划,对"一带一路"沿线国家、部分发展中国家和地区提供旅游投资、品牌、技术、管理、标准等援助。(商务部、外交部、国家发展改革委、财政部、国家旅游局等)

三、积极参与国际旅游规则制定

在联合国世界旅游组织、世界旅游业理事会和亚太旅游协会等国际旅游机构中发挥更为重要的作用。培养一批符合国际组织需求的旅游专门人才,创造条件输送到国际旅游机构,扩大我国在国际旅游机构中的影响力。(国家旅游局、外交部、教育部)

第七章 共建共享 提高人民群众满意度

第一节 实施乡村旅游扶贫工程

通过发展乡村旅游带动2.26万个建档立卡贫困村实现脱贫。

实施乡村旅游扶贫重点村环境整治行动。提升旅游扶贫基础设施,全面提升通村公路、网络通信基站、供水供电、垃圾污水处理设施水平。规划启动"六小工程",确保每个乡村旅游扶贫重点村建好一个停车场、一个旅游厕所、一个垃圾集中收集站、一个医疗急救站、一个农副土特产品商店和一批旅游标识标牌。到2020年,完成50万户贫困户"改厨、改厕、改客房、整理院落"的"三改一整"工程。(国家旅游局、国家发展改革委、工业和信息化部、住房城乡建设部、交通运输部、国家卫生计生委、国务院扶贫办等)

开展旅游规划扶贫公益行动。动员全国旅游规划设计单位为贫困村义务编制能实施、能脱贫的旅游规划。(国家旅游局、国务院扶贫办)

实施旅游扶贫电商行动。支持有条件的乡村旅游扶贫重点村组织实施"一村一店"。鼓励在景区景点、宾馆饭店、游客集散中心、高速公路服务区等场所开辟农副土特产品销售专区。(国家旅游局、工业和信息化部、交通运输部、国务院扶贫办)

开展万企万村帮扶行动。组织动员全国1万家大型旅游企业、宾馆饭店、景区景点、旅游规划设计单位、旅游院校等单位,通过安置就业、项目开发、输送客源、定点采购、指导培训等方式帮助乡村旅游扶贫重点村发展旅游。(国家旅游局、教育部、国务院扶贫办等)

实施金融支持旅游扶贫行动。落实国家对贫困户扶贫小额信贷、创业担保贷款等支持政策。完善景区带村、能人带户、"企业(合作社)+农户"等扶贫信贷政策,鼓励金融机构加大对旅游扶贫项目的信贷投入。(人民银行、国家旅游局、国务院扶贫办、银监会等)

实施旅游扶贫带头人培训行动。设立乡村旅游扶贫培训基地,建立乡村旅游扶贫专家库,组织全国乡村旅游扶贫重点村村官和扶贫带头人开展乡村旅游培训。(国家旅游局、国务院扶贫办)

启动旅游扶贫观测点计划。设立全国乡村旅游扶贫观测中心,对乡村旅游扶贫精准度和实效性进行跟踪观测,为有效推进乡村旅游扶贫工作提供决策依据。(国家旅游局、国务院扶贫办)

第二节 实施旅游创业就业计划

建设面向旅游创新创业的服务平台。支持各类旅游产业发展孵化器建设。开展国家旅游文创示范园区、国家旅游科技示范园区、国家旅游创业示范园区和示范企业、示范基地建设。举办中国旅游创新创业大赛。推动旅游共享经济商业模式创新,开展互联网约车、民宿旅游接待、分时度假等共享经济试点项目。建设国家旅游就业需求服务平台,提供人才资源、就业信息等。完善居民参与旅游发展利益共享机制,鼓励旅游企业为当地居民提供工作岗位和就业机会。(国家旅游局、国家发展改革委、科技部、工业和信息化部、人力资源社会保障部、工商总局)

第三节 规范旅游市场秩序

一、创新旅游监管机制

发挥各级政府的主导作用和旅游部门的主管作用,明确各相关部门责任,着力解决执法难、执法软问题。发布全国旅游秩序指数,建立重点地区旅游市场监管机制,完善旅游纠纷调解机制,健全互联网旅游企业监管体系。完善"12301"旅游投诉受理机制。严厉打击扰乱旅游市场秩序的违法违规行为,切实维护旅游者合法权益。(国家旅游局、工业和信息化部、公安部、工商总局等)

二、建立健全旅游诚信体系

建立健全旅游从业者、经营者和消费者的信用体系。将旅游失信行为纳入社会信用体系记录范围,及时发布旅游失信行为信息记录。推进旅游失信行为记录和不文明行为记录与全国信用信息共享平台共享,开展联合惩戒。发挥旅游行业协会的自律作用,引导旅游经营者诚信经营。(国家旅游局、中央文明办、国家发展改革委、公安部、商务部、工商总局等)

三、开展专项治理行动

依法打击不合理低价游、强迫或变相强迫旅游消费、虚假广告行为,集中处理典型案件,查处违法违规企业和从业人员。联合有关国家和地区,推进旅游市场秩序常态化治理。发挥旅游志愿者、社会监督员及新闻媒体对各类旅游企业和从业人员的社会监督作用。(国家旅游局、中央宣传部、外交部、公安部、工商总局)

四、引导旅游者理性消费

规范旅游合同管理,加强旅游信息引导,提高旅游者自我防范意识,自觉抵制不合理低价游。增强旅游者合同意识和契约精神,引导理性消费、依法维权。(国家旅游局、中央宣传部、公安部、新闻出版广电总局等)

第四节 大力推进文明旅游

加强宣传教育,建立文明旅游法规体系,落实旅游文明行为公约和行动指南。开展"为中国加分"文明旅游主题活动,征集"中国旅游好故事"。选树旅游行业文明单位、青年文明号,评选文明旅游公益大使,培养一批能够讲好中国故事的导游人员。完善旅游不文明行为记录制度,建立信息通报机制,加大惩戒力度。(中央宣传部、中央文明办、国家旅游局等)

加强旅游志愿者队伍建设。推进旅游志愿服务制度体系建设,完善旅游志愿者管理激励制度。开展志愿服务公益行动,建立一批旅游志愿服务工作站。培育先进模范志愿者、志愿者组织,树立中国旅游志愿者良好形象。依法登记管理旅游志愿者组织。(国家旅游局、中央文明办、民政部等)

第五节 构筑旅游安全保障网

一、加强旅游安全制度建设

完善旅游安全管理制度,强化有关部门安全监管责任。建立健全旅游安全预警机制,加强境外旅行安全提示、热点景区景点最大承载量警示、旅游目的地安全风险提示。落实旅行社、旅游饭店、旅游景区安全规范。做好高风险旅游项目安全管理。(国家旅游局、外交部、公安部)

二、强化重点领域和环节监管

强化对客运索道、大型游乐设施等特种设备的安全监察及景区地质灾害安全管理。落实旅游客运车辆"导游专座"制度。推动旅游客运车辆安装卫星定位装置并实行联网联控,建设旅游包车安全运营及动态监管平台。实施旅游用车联合检查制度。加强旅游节庆活动安全管理。加强景区景点最大承载量管控。加强旅游场所消防基础设施建设,落实消防安全主体责任。(国家旅游局、公安部、国土资源部、交通运输部、质检总局等)

三、加快旅游紧急救援体系建设

健全旅游突发事件应对机制。完善旅游突发事件信息报送和应急值守制度,完善应急预案体系。建设国家旅游应急管理指挥平台。推动建立政府救助与商业救援相结合的旅游紧急救援体系,推进国家旅游紧急救援基地建设,鼓励有条件的旅游企业建立紧急救援队伍。(国家旅游局、公安部、国土资源部、安全监管总局等)

四、深化旅游保险合作机制

完善旅游保险产品,提高保险保障额度,扩大保险覆盖范围,提升保险理赔服务水平。完善旅行社责任保险机制,推动旅游景区、宾馆饭店、旅游大巴及高风险旅游项目旅游责任保险发展。加强与重点出境旅游目的地开展旅游保险合作,建立健全出境旅游保险保障体系。(国家旅游局、保监会等)

第六节 实施旅游服务质量提升计划

推进旅游标准化建设,完善标准体系,建立政府主导与市场自主相互衔接、协同发展的旅游标准制修订机制。加大对旅游标准化的宣传推广力度,开展旅游标准化试点示范,加强旅游标准实施绩效评估。(国家旅游局、质检总局)

深入实施《旅游质量发展纲要(2013—2020年)》,加快建立以游客评价为主的旅游目的地评价机制。开展"品质旅游"宣传推广活动,鼓励旅游企业公布服务质量承诺和执行标准,实施旅游服务质量标杆引领计划。建立优质旅游服务商目录,推出优质旅游服务品牌。(国家旅游局、工商总局、质检总局)

第八章 深化改革 完善旅游发展保障体系

第一节 推进旅游综合管理体制改革

鼓励各地成立由地方政府牵头的旅游业发展领导协调机构。推动旅游综合管理体制改革,增强旅游部门综合协调和行业统筹能力。加强旅游执法队伍和市场监管、司法仲裁等机构建设。(国家旅游局等)

推进旅游业改革创新先行区发展。到2020年,打造50个先行区,进一步完善旅游业统筹协调机制,实现土地、财政、资源、假日、金融、人才、技术等政策支撑措施基本成熟,旅游产业发展引导和行业管理方式进一步优化。(国家旅游局、科技部、财政部、人力资源社会保障部、国土资源部、人民银行、税务总局、国家林业局等)

改革旅游业统计制度,建立健全旅游核算体系,提高旅游业统计服务决策、引导产业发展的能力。建立健全统一规范的全国旅游业数据采集平台,建立旅游业统计数据共建共享机制。鼓励采用服务外包等形式,选择专业统计机构开展旅游业统计抽样调查。推动建立省级旅游数据中心,改进旅游业统计信息发布方式。加强旅游业统计国际合作,积极参与旅游业统计国际标准和规范制定。(国家旅游局、国家统计局)

第二节 优化景区服务管理机制

建立景区旅游开放备案制度、景区旅游建设与经营项目会商制度、景区建设经营负面清单制度等。推动景区旅游实现特许经营管理,推进经营决策、劳动用工、薪酬制度等去行政化改革。完善景区建设经营活动事中事后监管制度,建立健全景区安全风险评估制度、景区预约预报预订机制。(国家旅游局、国家发展改革委、住房城乡建设部等)

第三节 推进导游旅行社体制改革

以市场主导、执业灵活、服务规范、社会监督为目标,推进导游体制改革,建立适应市场需求的导游准入制度。改革导游注册制度,明确导游资格证终身有效。依法开展导游自由执业改革试点,完善旅行社委派执业制度,打破导游异地执业的区域壁垒。建立导游社会化评价与监督体系。改革导游保险保障体系,建立导游品牌制度,完善导游等级评定制度。(国家旅游局、国务院法制办等)

完善旅行社监管服务平台,实现行政审批公开、透明、可追溯。健全旅行社退出机制,实现动态调整。优化完善旅行社分社网点设立、旅行社质量保证金、旅行社委托招徕、出境旅游保险等方面政策。(国家旅游局、国务院法制办等)

第四节 强化政策扶持

一、落实职工带薪休假制度

将落实职工带薪休假制度纳入各地政府议事日程,制定带薪休假制度实施细则或实施计划,加强监督检查。鼓励机关、社会团体、企事业单位引导职工灵活安排休假时间。各单位可根据自身实际情况,并考虑职工本人意愿,将带薪休假与本地传统节日、地方特色活动相结合,安排错峰休假。(人力资源社会保障部、国家旅游局等)

二、加大投入力度

编制旅游基础设施和公共服务设施建设规划。中央预算内投资加大对革命老区、民族地区、边疆地区和贫困地区等旅游公共服务设施建设的支持力度。落实地方政府对旅游基础设施投入的主体责任。将符合条件的旅游项目纳入新农村建设、扶贫开发等专项资金支持范围。(国家旅游局、国家发展改革委、财政部、交通运输部、农业部、国务院扶贫办等)

三、完善土地供给政策

在土地利用总体规划和城乡规划中统筹考虑旅游产业发展需求,合理安排旅游用地布局。在年度土地供应中合理安排旅游业发展用地。优先保障纳入国家规划和建设计划的重点旅游项目用地和旅游扶贫用地。对使用荒山、荒坡、荒滩及石漠化、边远海岛土地建设的旅游项目,优先安排新增建设用地计划指标。农村集体经济组织可以依法使用建设用地自办或以土地使用权入股、联营等方式开办旅游企业。城乡居民可以利用自有住宅依法从事旅游经营,农村集体经济组织以外的单位和个人可依法通过承包经营流转的方式,使用农民集体所有的农用地、未利用地,从事与旅游相关的种植业、养殖业。(国土资源部、住房城乡建设部、农业部、国家旅游局、国家海洋局)

四、创新金融支持政策

积极推进权属明确、能够产生可预期现金流的旅游相关资产证券化。支持旅游资源丰富、管理体制清晰、符合国家旅游发展战略和发行上市条件的大型旅游企业上市融资。加大债券市场对旅游企业的支持力度。支持和改进旅游消费信贷,探索开发满足旅游消费需要的金融产品。(人民银行、国家旅游局、银监会、证监会)

五、完善旅游财税政策

乡村旅游经营户可以按规定享受小微企业增值税优惠政策。乡村旅游企业在用水、用电、用气价格方面享受一般工业企业同等政策。结合出境旅游消费增长,统筹研究旅游发展基金征收方式。推广实施境外旅客购物离境退税政策。在切实落实进出境游客行李物品监管的前提下,研究进一步增设口岸进境免税店,引导消费回流。(国家旅游局、国家发展改革委、财政部、商务部、海关总署、税务总局)

第五节 加强法治建设

适应旅游业发展要求,修订完善《中国公民出国旅游管理办法》、《旅行社条例》、《导游人员管理条例》等法规和旅游安全监管、发展规划、宣传推广、公共服务等方面规章制度。落实旅游行政处罚、旅游违法行为法律适用指引,推动研究旅行社、导游收取"佣金"、"小费"法律适用问题。积极参与旅游国际规则的研究制定。推动重点地区开展旅游立法试点,健全地方旅游法规体系。加强旅游执法队伍建设。加大旅游执法检查力度,推进依法行政、严格执法。(国家旅游局、国务院法制办等)

第六节 加强人才队伍建设

一、实施重点人才开发计划

依托国家重点人才工程、项目、重点学科等,培育一批具有国际影响力的旅游科研机构、高等院校和新型智库。将旅游人才队伍建设纳入地方重点人才支持计划。(国家旅游局、教育部、人力资源社会保障部)

专栏10 重点人才开发计划

(一)行政领导干部轮训。开展省级、地市级和重点区域旅游部门领导干部轮训。

(二)经营管理人才开发。实施旅游产业领军人才培训和旅游职业经理人培训项目。

(三)专业技术人才开发。开展旅游业专家库建设项目、旅游业青年专家提升计划、旅游基础研究人才支持计划、专业技术人才知识更新工程。

(四)实施万名旅游英才计划。开展研究型英才、创新创业型英才、实践服务型英才、"双师型"教师英才、旅游企业拔尖骨干管理英才、技术技能大师工作室等6个培养项目,培养1万名旅游英才。

(五)导游素质提升。开展导游资格考试和等级考核评定项目、导游"云课堂"远程在线研修培训项目、名导进课堂"送教上门"项目。

(六)旅游人才援助。开展旅游援外教育项目,导游援藏项目,贫困地区、少数民族地区、基层边远地区培训项目。

(七)人才工作平台建设。开展旅游人才工作信息化平台建设项目、人才培训基地建设项目。

二、发展现代旅游职业教育

加强对旅游职业教育改革发展的统筹指导和综合保障,加快建立适应旅游产业发展需求、产教深度融合、中高职有机衔接、布局结构更加合理的现代旅游职业教育体系。遴选和建设一批职业院校旅游类专业示范点,适时将旅游管理类新专业纳入全国技工院校专业目录。加强专业教师培养培训,举办旅游职业教育骨干"双师型"教师、旅游管理硕士专业学位(MTA)骨干师资高级研修班。深化校企合作,建设一批旅游职业教育实习实训基地,开展创新型示范性校企合作项目。办好全国职业院校技能大赛等相关赛项。推动省部共建旅游院校、共同培养人才。(教育部、人力资源社会保障部、国家旅游局)

三、加强旅游相关学科专业建设

鼓励高校根据旅游业发展需求,设置酒店管理、会展经济与管理、旅游管理与服务本科专业。推动适应旅游业发展新形势的教材建设和数字化课程资源建设共享。(教育部、国家旅游局)

四、加强人才培养国际合作

开展"一带一路"等国际旅游人才开发合作,推动高校开展国际交流。大力引进海外高端旅游教育人才和创新创业人才,支持旅游专业骨干教师和优秀学生到海外留学进修。(教育部、人力资源社会保障部、国家旅游局)

五、加强旅游基础研究

整合各方面智力资源,加强我国旅游业发展战略、布局、管理、制度等研究,形成一批基础性、战略性研究成果。支持中国旅游研究院、中国旅游智库等专业智库建设。推动成立中国旅游学会,逐步构建旅游智库群,形成产学研互动的旅游学术共同体。推进中国特色旅游发展理论体系建设,培养和造就一批具有国际视野、学术功底深厚、作风扎实的国家级旅游基础研究专家队伍。(国家旅游局、教育部、科技部等)

各地区要结合本地实际制定具体实施方案或者专项规划,明确工作分工,落实工作责任。各部门要按照职责分工,加强协调配合,明确具体举措和工作进度,抓紧推进。国家旅游局要加强对本规划实施情况的评估和监督检查,及时研究解决本规划实施过程中出现的新情况、新问题,重大情况及时报告国务院。

中华人民共和国国家标准
GB/T 17775—2003　替 GB/T 17775—1999

旅游景区质量等级的划分与评定
Standard of rating for quality of tourist attractions

2004—10—28 发布
2005—01—01 实施
中华人民共和国国家质量监督检验检疫总局发布

前　言

本标准从实施之日起,代替 GB/T 17775—1999《旅游景区质量等级的划分与评定》。本标准与 GB/T 17775—1999 相比,主要修改如下:
——在划分等级中增加了 AAAAA 级旅游景区。新增的 AAAAA 级主要从细节方面、景区的文化性和特色性等方面做更高要求;
——对原 AAAA 级旅游景区的划分条件均进行了修订,强化以人为本的服务宗旨,AAAA 级旅游景区增加细节性、文化性和特色性要求;
——细化了关于资源吸引力和市场影响力方面的划分条件。
本标准由国家旅游局提出。
本标准由全国旅游标准化技术委员会归口并负责解释。
本标准起草单位:国家旅游局规划发展与财务司。
本标准主要起草人:魏小安、汪黎明、彭德成、潘肖澎、周梅。

引　言

本标准的制定旨在加强对旅游景区的管理,提高旅游景区服务质量,维护旅游景区和旅游者的合法权益,促进我国旅游资源开发、利用和环境保护。
本标准在制定过程中,总结了国内旅游景区的管理经验,借鉴了国内外有关资料和技术规程,并直接引用了部分国家标准或标准条文。同时,根据 GB/T 17775—1999《旅游景区质量等级的划分与评定》自1999年至今近三年时间的实施情况,在原标准基础上对一些内容进行了修订,使其更加符合旅游景区的发展实际。

旅游景区质量等级的划分与评定

1 范围

本标准规定了旅游景区质量等级划分的依据、条件及评定的基本要求。

本标准适用于接待海内外旅游者的各种类型的旅游景区,包括以自然景观及人文景观为主的旅游景区。

2 规范性引用文件

下列文件中的条款通过本标准的引用而成为本标准的条款。凡是注日期的引用文件,其随后所有的修改单(不包括勘误的内容)或修订版均不适用于本标准,然而,鼓励根据本标准达成协议的各方研究是否可使用这些文件的最新版本。凡是不注日期的引用文件,其最新版本适用于本标准。

GB 3095—1996 环境空气质量标准

GB 3096—1993 城市区域环境噪声标准

GB 3838 地表水环境质量标准

GB 8978 污水综合排放标准

GB 9664 文化娱乐场所卫生标准

GB 9667 游泳场所卫生标准

GB/T 10001.1 标志用公共信息图形符号第1部分:通用符号(GB/T 10001.1—2000,neq ISO7001:1990)

GB/T 15971—1995 导游服务质量

GB 16153 饭馆(餐厅)卫生标准

GB/T 16767 游乐园(场)安全和服务质量

3 术语和定义

下列术语和定义适用于本标准。

3.1 旅游景区 tourist attraction

旅游景区是以旅游及其相关活动为主要功能或主要功能之一的空间或地域。本标准中旅游景区是指具有参观游览、休闲度假、康乐健身等功能,具备相应旅游服务设施并提供相应旅游服务的独立管理区。该管理区应有统一的经营管理机构和明确的地域范围。包括风景区、文博院馆、寺庙观堂、旅游度假区、自然保护区、主题公园、森林公园、地质公园、游乐园、动物园、植物园及工业、农业、经贸、科教、军事、体育、文化艺术等各类旅游景区。

3.2 旅游资源 tourism resources

自然界和人类社会凡能对旅游者产生吸引力,可以为旅游业开发利用,并可产生经济效益、社会效益和环境效益的各种事物和因素。

3.3 游客中心 tourist center

旅游景区设立的为游客提供信息、咨询、游程安排、讲解、教育、休息等旅游设施和服务功能的专门场所。

4 旅游景区质量等级及标志

4.1 旅游景区质量等级划分为五级,从高到低依次为 AAAAA、AAAA、AAA、AA、A 级旅游景区。

4.2 旅游景区质量等级的标牌、证书由全国旅游景区质量等级评定机构统一规定。

5 旅游景区质量等级划分条件

5.1 AAAAA 级旅游景区

5.1.1 旅游交通

a) 可进入性好。交通设施完善,进出便捷。或具有一级公路或高等级航道、航线直达;或具有旅游专线交通工具。

b) 有与景观环境相协调的专用停车场或船舶码头。管理完善,布局合理,容量能充分满足游客接待量要求。场地平整坚实、绿化美观或水域畅通、清洁。标志规范、醒目、美观。

c) 区内游览(参观)路线或航道布局合理、顺畅,与观赏内容联结度高,兴奋感强。路面特色突出,或航道水体清澈。

d) 区内应使用清洁能源的交通工具。

5.1.2 游览

a) 游客中心位置合理,规模适度,设施齐全,功能体现充分。咨询服务人员配备齐全,业务熟练,服务热情。

b) 各种引导标识(包括导游全景图、导览图、标识牌、景物介绍牌等)造型特色突出,艺术感和文化气息浓厚,能烘托总体环境。标识牌和景物介绍牌设置合理。

c) 公众信息资料(如研究论著、科普读物、综合画册、音像制品、导游图和导游材料等)特色突出,品种齐全,内容丰富,文字优美,制作精美,适时更新。

d) 导游员(讲解员)持证上岗,人数及语种能满足游客需要。普通话达标率100%。导游员(讲解员)均应具备大专以上文化程度,其中本科以上不少于30%。

e) 导游(讲解)词科学、准确、有文采。导游服务具有针对性,强调个性化,服务质量达到 GB/T 15971—1995 中 4.5.3 和第 5 章要求。

f) 公共信息图形符号的设置合理,设计精美,特色突出,有艺术感和文化气息,符合 GB/T 10001.1 的规定。

g) 游客公共休息设施布局合理,数量充足,设计精美,特色突出,有艺术感和文化气息。

5.1.3 旅游安全

a) 认真执行公安、交通、劳动、质量监督、旅游等有关部门制定和颁布的安全法规,建立完善的安全保卫制度,工作全面落实。

b) 消防、防盗、救护等设备齐全、完好、有效,交通、机电、游览、娱乐等设备完好,运行正常,无安全隐患。游乐园达到 GB/T 16767 规定的安全和服务标准。危险地段标志明显,防护设施齐备、有效、特殊地段有专人看守。

c) 建立紧急救援机制,设立医务室,并配备专职医务人员。设有突发事件处理预案,应急处理能力强,事故处理及时、妥当,档案记录准确、齐全。

5.1.4 卫生

a) 环境整洁,无污水、污物,无乱建、乱堆、乱放现象,建筑物及各种设施设备无剥落、无污垢,空气清新、无异味。

b) 各类场所全部达到 GB 9664 规定的要求,餐饮场所达到 GB 16153 规定的要求,游泳场所达到 GB 9667 规定的要求。

c) 公共厕所布局合理,数量能满足需要,标识醒目美观,建筑造型景观化。所有厕所具备水冲、盥洗、通风设备,并保持完好或使用免水冲生态厕所。厕所设专人服务,洁具洁净、无污垢、无堵塞。室内整洁,有文化气息。

d) 垃圾箱布局合理,标识明显,造型美观独特,与环境相协调。垃圾箱分类设置,垃圾清扫及时,日产日清。

e) 食品卫生符合国家规定,餐饮服务配备消毒设施,不应使用对环境造成污染的一次性餐具。

5.1.5 邮电服务

a) 提供邮政及邮政纪念服务。

b) 通讯设施布局合理。出入口及游人集中场所设有公用电话,具备国际、国内直拨功能。

c) 公用电话亭与环境相协调,标志美观醒目。

d) 通讯方便,线路畅通,服务亲切,收费合理。

e) 能接收手提电话信号。

5.1.6 旅游购物

a) 购物场所布局合理,建筑造型、色彩、材质有特色,与环境协调。

b) 对购物场所进行集中管理,环境整洁,秩序良好,无围追兜售、强买强卖现象。

c) 对商品从业人员有统一管理措施和手段。

d) 旅游商品种类丰富,本地区及本旅游区特色突出。

5.1.7 经营管理

a) 管理体制健全,经营机制有效。

b) 旅游质量、旅游安全、旅游统计等各项经营管理制度健全有效,贯彻措施得力,定期监督检查,有完整的书面记录和总结。

c) 管理人员配备合理,中高级以上管理人员均具备大学以上文化程度。

d) 具有独特的产品形象、良好的质量形象、鲜明的视觉形象和文明的员工形象,确立自身的品牌标志,并全面、恰当地使用。

e) 有正式批准的旅游总体规划,开发建设项目符合规划要求。

f) 培训机构、制度明确,人员、经费落实,业务培训全面,效果良好,上岗人员培训合格率达 100%。

g）投诉制度健全,人员落实、设备专用,投诉处理及时、妥善,档案记录完整。

h）为特定人群(老年人、儿童、残疾人等)配备旅游工具、用品,提供特殊服务。

5.1.8　资源和环境的保护

a）空气质量达到 GB 3095—1996 的一级标准。

b）噪声质量达到 GB 3096—1993 的一类标准。

c）地面水环境质量达到 GB 3838 的规定。

d）污水排放达到 GB 8978 的规定。

e）自然景观和文物古迹保护手段科学,措施先进,能有效预防自然和人为破坏,保持自然景观和文物古迹的真实性和完整性。

f）科学管理游客容量。

g）建筑布局合理,建筑物体量、高度、色彩、造型与景观相协调。出入口主体建筑格调突出,并烘托景观及环境。周边建筑物与景观格调协调,或具有一定的缓冲区域。

h）环境氛围优良。绿化覆盖率高,植物与景观配置得当,景观与环境美化措施多样,效果好。

i）区内各项设施设备符合国家关于环境保护的要求,不造成环境污染和其他公害,不破坏旅游资源和游览气氛。

5.1.9　旅游资源吸引力

a）观赏游憩价值极高。

b）同时具有极高历史价值、文化价值、科学价值,或其中一类价值具世界意义。

c）有大量珍贵物种,或景观异常奇特,或有世界级资源实体。

d）资源实体体量巨大,或资源类型多,或资源实体疏密度极优。

e）资源实体完整无缺,保持原来形态与结构。

5.1.10　市场吸引力

a）世界知名。

b）美誉度极高。

c）市场辐射力很强。

d）主题鲜明,特色突出,独创性强。

5.1.11　年接待海内外旅游者 60 万人次以上,其中海外旅游者 5 万人次以上。

5.1.12　游客抽样调查满意率很高。

5.2　AAAA 级旅游景区

5.2.1　旅游交通

a）可进入性良好。交通设施完善,进出便捷。或具有一级公路或高等级航道、航线直达;或具有旅游专线交通工具。

b）有与景观环境相协调的专用停车场或船舶码头。且管理完善,布局合理,容量能满足游客接待量要求。场地平整坚实或水域畅通。标志规范、醒目。

c）区内游览(参观)路线或航道布局合理、顺畅,观赏面大。路面有特色,或航道水质良好。

d）区内使用低排放的交通工具,或鼓励使用清洁能源的交通工具。

5.2.2 游览

a）游客中心位置合理，规模适度，设施齐全，功能完善。咨询服务人员配备齐全，业务熟练，服务热情。

b）各种引导标识（包括导游全景图、导览图、标识牌、景物介绍牌等）造型有特色，与景观环境相协调。标识牌和景物介绍牌设置合理。

c）公众信息资料（如研究论著、科普读物、综合画册、音像制品、导游图和导游材料等）特色突出，品种齐全，内容丰富，制作良好，适时更新。

d）导游员（讲解员）持证上岗，人数及语种能满足游客需要。普通话达标率100%。导游员（讲解员）均应具备高中以上文化程度，其中大专以上不少于40%。

e）导游（讲解）词科学、准确、生动。导游服务质量达到 GB/T 15971—1995 中 4.5.3 和第 5 章要求。

f）公共信息图形符号的设置合理，设计精美，有特色，有艺术感，符合 GB/T 10001.1 的规定。

g）游客公共休息设施布局合理，数量充足，设计精美，有特色，有艺术感。

5.2.3 旅游安全

a）认真执行公安、交通、劳动、质量监督、旅游等有关部门制定和颁布的安全法规，建立完善的安全保卫制度，工作全面落实。

b）消防、防盗、救护等设备齐全、完好、有效，交通、机电、游览、娱乐等设备完好，运行正常，无安全隐患。游乐园达到 GB/T 16767 规定的安全和服务标准。危险地段标志明显，防护设施齐备、有效，高峰期有专人看守。

c）建立紧急救援机制，设立医务室，并配备医务人员。设有突发事件处理预案，应急处理能力强，事故处理及时、妥当，档案记录准确、齐全。

5.2.4 卫生

a）环境整洁，无污水、污物，无乱建、乱堆、乱放现象，建筑物及各种设施设备无剥落、无污垢，空气清新、无异味。

b）各类场所全部达到 GB 9664 规定的要求，餐饮场所达到 GB 16153 规定的要求，游泳场所达到 GB 9667 规定的要求。

c）公共厕所布局合理，数量能满足需要，标识醒目美观，建筑造型与景观环境相协调。所有厕所具备水冲、盥洗、通风设备，并保持完好或使用免水冲生态厕所。厕所管理完善，洁具洁净、无污垢、无堵塞。室内整洁。

d）垃圾箱布局合理，标识明显，数量能满足需要，造型美观，与环境相协调。垃圾分类收集，清扫及时，日产日清。

e）食品卫生符合国家规定，餐饮服务配备消毒设施，不使用对环境造成污染的一次性餐具。

5.2.5 邮电服务

a）提供邮政及邮政纪念服务。

b）通讯设施布局合理。出入口及游人集中场所设有公用电话，具备国际、国内直拨功能。

c) 公用电话亭与环境相协调,标志美观醒目。
d) 通讯方便,线路畅通,服务亲切,收费合理。
e) 能接收手提电话信号。

5.2.6 旅游购物
a) 购物场所布局合理,建筑造型、色彩、材质有特色,与环境协调。
b) 对购物场所进行集中管理,环境整洁,秩序良好,无围追兜售、强买强卖现象。
c) 对商品从业人员有统一管理措施和手段。
d) 旅游商品种类丰富,具有本地区特色。

5.2.7 经营管理
a) 管理体制健全,经营机制有效。
b) 旅游质量、旅游安全、旅游统计等各项经营管理制度健全有效,贯彻措施得力,定期监督检查,有完整的书面记录和总结。
c) 管理人员配备合理,高级管理人员均应具备大学以上文化程度。
d) 具有独特的产品形象、良好的质量形象、鲜明的视觉形象和文明的员工形象,确立自身的品牌标志,并全面、恰当地使用。
e) 有正式批准的旅游总体规划,开发建设项目符合规划要求。
f) 培训机构、制度明确,人员、经费落实,业务培训全面,效果良好,上岗人员培训合格率达100%。
g) 投诉制度健全,人员、设备落实,投诉处理及时、妥善,档案记录完整。
h) 为特定人群(老年人、儿童、残疾人等)配备旅游工具、用品,提供特殊服务。

5.2.8 资源和环境的保护
a) 空气质量达到 GB 3095—1996 的一级标准。
b) 噪声质量达到 GB 3096—1993 的一类标准。
c) 地面水环境质量达到 GB 3838 的规定。
d) 污水排放达到 GB 8978 的规定。
e) 自然景观和文物古迹保护手段科学,措施先进,能有效预防自然和人为破坏,保持自然景观和文物古迹的真实性和完整性。
f) 科学管理游客容量。
g) 建筑布局合理,建筑物体量、高度、色彩、造型与景观相协调。出入口主体建筑有格调,与景观环境相协调。周边建筑物与景观格调协调,或具有一定的缓冲区域或隔离带。
h) 环境氛围良好。绿化覆盖率高,植物与景观配置得当,景观与环境美化措施多样,效果良好。
i) 区内各项设施设备符合国家关于环境保护的要求,不造成环境污染和其他公害,不破坏旅游资源和游览气氛。

5.2.9 旅游资源吸引力
a) 观赏游憩价值很高。
b) 同时具有很高历史价值、文化价值、科学价值,或其中一类价值具全国意义。

c) 有很多珍贵物种,或景观非常奇特,或有国家级资源实体。

d) 资源实体体量很大,或资源类型多,或资源实体疏密度优良。

e) 资源实体完整,保持原来形态与结构。

5.2.10　市场吸引力

a) 全国知名。

b) 美誉度高。

c) 市场辐射力强。

d) 形成特色主题,有一定独创性。

5.2.11　年接待海内外旅游者 50 万人次以上,其中海外旅游者 3 万人次以上。

5.2.12　游客抽样调查满意率高。

5.3　AAA 级旅游景区

5.3.1　旅游交通

a) 可进入性较好。交通设施完备,进出便捷。或具有至少二级以上公路或高等级航道、航线直达;或具有旅游专线等便捷交通工具。

b) 有与景观环境相协调的专用停车场或船舶码头。且布局合理,容量能满足需求。场地平整坚实或水域畅通。标志规范、醒目。

c) 区内游览(参观)路线或航道布局合理、顺畅,观赏面大。路面有特色,或航道水质良好。

d) 区内使用低排放的交通工具,或鼓励使用清洁能源的交通工具。

5.3.2　游览

a) 游客中心位置合理,规模适度,设施、功能齐备。游客中心有服务人员,业务熟悉,服务热情。

b) 各种引导标识(包括导游全景图、导览图、标识牌、景物介绍牌等)造型有特色,与景观环境相协调。标识牌和景物介绍牌设置合理。

c) 公众信息资料(如研究论著、科普读物、综合画册、音像制品、导游图和导游材料等)有特色,品种全,内容丰富,制作良好,适时更新。

d) 导游员(讲解员)持证上岗,人数及语种能满足游客需要。普通话达标率 100%。导游员(讲解员)均应具备高中以上文化程度,其中大专以上不少于 20%。

e) 导游(讲解)词科学、准确、生动、导游服务质量达到 GB/T 15971—1995 中 4.5.3 和第 5 章要求。

f) 公共信息图形符号的设置合理,设计有特色,符合 GB/T 10001.1 的规定。

g) 游客公共休息设施布局合理,数量满足需要,设计有特色。

5.3.3　旅游安全

a) 认真执行公安、交通、劳动、质量监督、旅游等有关部门制定和颁布的安全法规,建立完善的安全保卫制度,工作全面落实。

b) 消防、防盗、救护等设备齐全、完好、有效,交通、机电、游览、娱乐等设备完好,运行正常,无安全隐患。游乐园达到 GB/T 16767 规定的安全和服务标准。危险地段标志明显,防护设施齐备、有效,高峰期有专人看守。

c) 建立紧急救援机制,设立医务室,至少配备兼职医务人员。设有突发事件处理预案,应急处理能力强,事故处理及时、妥当,档案记录准确、齐全。

5.3.4 卫生

a) 环境整洁,无污水、污物,无乱建、乱堆、乱放现象,建筑物及各种设施设备无剥落、无污垢,空气清新、无异味。

b) 各类场所全部达到 GB 9664 规定的要求,餐饮场所达到 GB 16153 规定的要求,游泳场所达到 GB 9667 规定的要求。

c) 公共厕所布局合理,数量满足需要,标识醒目,建筑造型与景观环境协调。全部厕所具备水冲、通风设备,并保持完好或使用免水冲生态厕所。厕所整洁,洁具洁净、无污垢、无堵塞。

d) 垃圾箱布局合理,标识明显,数量满足需要,造型美观,与环境协调。垃圾清扫及时,日产日清。

e) 食品卫生符合国家规定,餐饮服务配备消毒设施,不使用造成污染的一次性餐具。

5.3.5 邮电服务

a) 提供邮政及邮政纪念服务。

b) 通讯设施布局合理。游人集中场所设有公用电话,具备国际、国内直拨功能。

c) 公用电话亭与环境基本协调,标志醒目。

d) 通讯方便,线路畅通,服务亲切,收费合理。

e) 能接收手提电话信号。

5.3.6 旅游购物

a) 购物场所布局合理,建筑造型、色彩、材质与环境协调。

b) 对购物场所进行集中管理,环境整洁,秩序良好,无围追兜售、强买强卖现象。

c) 对商品从业人员有统一管理措施和手段。

d) 旅游商品种类丰富,具有本地区特色。

5.3.7 经营管理

a) 管理体制健全、经营机制有效。

b) 旅游质量、旅游安全、旅游统计等各项经营管理制度健全有效,贯彻措施得力,定期监督检查,有完整的书面记录和总结。

c) 管理人员配备合理,80%以上中高级管理人员具备大专以上文化程度。

d) 具有独特的产品形象、良好的质量形象、鲜明的视觉形象和文明的员工形象,确立自身的品牌标志,并全面、恰当地使用。

e) 有正式批准的总体规划,开发建设项目符合规划要求。

f) 培训机构、制度明确,人员、经费落实,业务培训全面,效果良好,上岗人员培训合格率达100%。

g) 投诉制度健全,人员、设备落实,投诉处理及时、妥善,档案记录完整。

h) 能为特定人群(老年人、儿童、残疾人等)提供特殊服务。

5.3.8 资源及环境的保护

a）空气质量达到 GB 3095—1996 的一级标准。

b）噪声质量达到 GB 3096—1993 的一类标准。

c）地面水环境质量达到 GB 3838 的规定。

d）污水排放达到 GB 8978 的规定。

e）自然景观和文物古迹保护手段科学，措施得力，能有效预防自然和人为破坏，保持自然景观和文物古迹的真实性和完整性。

f）科学管理游客容量。

g）建筑布局合理，建筑物体量、高度、色彩、造型与景观相协调。出入口主体建筑有格调，与景观环境相协调。周边建筑物与景观格调协调，或具有一定的缓冲区或隔离带。

h）环境氛围良好。绿化覆盖率较高，植物与景观配置得当，景观与环境美化效果良好。

i）区内各项设施设备符合国家关于环境保护的要求，不造成环境污染和其他公害，不破坏旅游资源和游览气氛。

5.3.9 旅游资源吸引力

a）观赏游憩价值较高。

b）同时具有很高历史价值、文化价值、科学价值，或其中一类价值具省级意义。

c）有较多珍贵物种，或景观奇特，或有省级资源实体。

d）资源实体体量大，或资源类型较多，或资源实体疏密度良好。

e）资源实体完整，基本保持原来形态与结构。

5.3.10 市场吸引力

a）周边省市知名。

b）美誉度较高。

c）市场辐射力较强。

d）有一定特色，并初步形成主题。

5.3.11 年接待海内外旅游者 30 万人次以上。

5.3.12 游客抽样调查满意率较高。

5.4 AA 级旅游景区

5.4.1 旅游交通

a）可进入性较好。进出方便，道路通畅。

b）有专用停车船场所，布局较合理，容量能基本满足需求，场地平整坚实或水域畅通，标志规范、醒目。

c）区内游览（参观）路线或航道布局基本合理、顺畅。

d）区内使用低排放的交通工具，或鼓励使用清洁能源的交通工具。区内无对环境造成污染的交通工具。

5.4.2 游览

a）有为游客提供咨询服务的游客中心或相应场所，咨询服务人员业务熟悉，服务热情。

b) 各种引导标识(包括导游全景图、导览图、标识牌、景物介绍牌等)清晰美观,与景观环境基本协调。标识牌和景物介绍牌设置合理。

c) 公众信息资料(如研究论著、科普读物、综合画册、音像制品、导游图和导游材料等)品种多,内容丰富,制作较好。

d) 导游员(讲解员)持证上岗,人数及语种能满足游客需要。普通话达标率100%。导游员(讲解员)均应具备高中以上文化程度。

e) 导游(讲解)词科学、准确、生动。导游服务质量达到 GB/T 15971—1995 中 4.5.3 和第 5 章要求。

f) 公共信息图形符号的设置合理,规范醒目,符合 GB/T 10001.1 的规定。

g) 游客公共休息设施布局合理,数量基本满足需要,造型与环境基本协调。

5.4.3 旅游安全

a) 认真执行公安、交通、劳动、质量监督、旅游等有关部门制定和颁布的安全法规,建立完善的安全保卫制度,工作全面落实。

b) 消防、防盗、救护等设备齐全、完好、有效,交通、机电、游览、娱乐等设备完好,运行正常,无安全隐患。游乐园达到 GB/T 16767 规定的安全和服务标准。危险地段标志明显,防护设施齐备、有效。

c) 建立紧急救援机制。配备游客常用药品。事故处理及时、妥当,档案记录完整。

5.4.4 卫生

a) 环境比较整洁,无污水、污物,无乱建、乱堆、乱放现象,建筑物及各种设施设备无剥落、无污垢,空气清新、无异味。

b) 各类场所全部达到 GB 9664 规定的要求,餐饮场所达到 GB 16153 规定的要求,游泳场所达到 GB 9667 规定的要求。

c) 公共厕所布局合理,数量基本满足需要,标识醒目,建筑造型与景观环境协调。70%以上厕所具备水冲设备,并保持完好或使用免水冲生态厕所。厕所整洁,洁具洁净、无污垢、无堵塞。

d) 垃圾箱布局合理,标识明显,数量基本满足需要,造型美观,与环境基本协调。垃圾清扫及时,日产日清。

e) 食品卫生符合国家规定,餐饮服务配备消毒设施,不使用对环境造成污染的一次性餐具。

5.4.5 邮电服务

a) 提供邮政或邮政纪念服务。

b) 通讯设施布局合理。游人集中场所设有公用电话,具备国内直拨功能。

c) 公用电话亭与环境基本协调,标志醒目。

d) 通讯方便,线路畅通,服务亲切,收费合理。

e) 能接收手提电话信号。

5.4.6 旅游购物

a) 购物场所布局基本合理,建筑造型、色彩、材质与环境基本协调。

b）对购物场所进行集中管理，环境整洁，秩序良好，无围追兜售、强买强卖现象。

c）对商品从业人员有统一管理措施和手段。

d）旅游商品种类较多，具有本地区特色。

5.4.7 经营管理

a）管理体制健全，经营机制有效。

b）旅游质量、旅游安全、旅游统计等各项经营管理制度健全有效，贯彻措施得力，定期监督检查，有完整的书面记录和总结。

c）管理人员配备合理，70%以上中高级管理人员具备大专以上文化程度。

d）具有独特的产品形象、良好的质量形象、鲜明的视觉形象和文明的员工形象。

e）有正式批准的总体规划，开发建设项目符合规划要求。

f）培训机构、制度明确，人员、经费落实，业务培训全面，效果良好，上岗人员培训合格率达100%。

g）投诉制度健全，人员、设备落实，投诉处理及时、妥善，档案记录基本完整。

h）能为特定人群（老年人、儿童、残疾人等）提供特殊服务。

5.4.8 资源和环境的保护

a）空气质量达到 GB 3095—1996 的一级标准。

b）噪声质量达到 GB 3096—1993 的一类标准。

c）地面水环境质量达到 GB 3838 的规定。

d）污水排放达到 GB 8978 的规定。

e）自然景观和文物古迹保护手段科学，措施得力，能有效预防自然和人为破坏，基本保持自然景观和文物古迹的真实性和完整性。

f）科学管理游客容量。

g）建筑布局基本合理，建筑物体量、高度、色彩、造型与景观基本协调。出入口主体建筑有格调，与景观环境相协调。周边建筑物与景观格调基本协调，或具有一定的缓冲区或隔离带。

h）环境氛围良好。绿化覆盖率较高，植物与景观配置得当，景观与环境美化效果较好。

i）区内各项设施设备符合国家关于环境保护的要求，不造成环境污染和其他公害，不破坏旅游资源和游览气氛。

5.4.9 旅游资源吸引力

a）观赏游憩价值一般。

b）同时具有较高历史价值、文化价值、科学价值，或其中一类价值具地区意义。

c）有少量珍贵物种，或景观突出，或有地区级资源实体。

d）资源实体体量较大，或资源类型较多，或资源实体疏密度较好。

e）资源实体基本完整。

5.4.10 市场吸引力

a）全省知名。

b）有一定美誉度。

c) 有一定市场辐射力。

d) 有一定特色。

5.4.11 年接待海内外旅游者 10 万人次以上。

5.4.12 游客抽样调查满意率较高。

5.5 A 级旅游景区

5.5.1 旅游交通

a) 通往旅游景区的交通基本通畅,有较好的可进入性。

b) 具有停车(船)场所,容量能基本满足需求,场地较平整坚实或水域较畅通,有相应标志。

c) 区内游览(参观)路线或航道布局基本合理、顺畅。

d) 区内使用低排放的交通工具,或鼓励使用清洁能源的交通工具。

5.5.2 游览

a) 有为游客提供咨询服务的场所,服务人员业务熟悉,服务热情。

b) 各种公众信息资料(包括导游全景图、标识牌、景物介绍牌等)与景观环境基本协调。标识牌和景物介绍牌设置基本合理。

c) 宣传教育材料(如研究论著、科普读物、综合画册、音像制品、导游图和导游材料等)品种多,内容丰富,制作较好。

d) 导游员(讲解员)持证上岗,人数及语种能基本满足游客需要。普通话达标率 100%。导游员(讲解员)均应具备高中以上文化程度。

e) 导游(讲解)词科学、准确、生动。导游服务质量达到 GB/T 15971—1995 中 4.5.3 和第 5 章要求。

f) 公共信息图形符号的设置基本合理,基本符合 GB/T 10001.1 的规定。

g) 游客公共休息设施布局基本合理,数量基本满足需要。

5.5.3 旅游安全

a) 认真执行公安、交通、劳动、质量监督、旅游等有关部门制定和颁布的安全法规,安全保卫制度健全,工作落实。

b) 消防、防盗、救护等设备齐全、完好、有效,交通、机电、游览、娱乐等设备完好,运行正常,无安全隐患。游乐园达到 GB/T 16767 规定的安全和服务标准。危险地段标志明显,防护设施齐备、有效。

c) 事故处理及时、妥当,档案记录完整,配备游客常用药品。

5.5.4 卫生

a) 环境比较整洁,无污水、污物,无乱建、乱堆、乱放现象,建筑物及各种设施设备无剥落、无污垢,空气清新、无异味。

b) 各类场所全部达到 GB 9664 规定的要求,餐饮场所达到 GB 16153 规定的要求,游泳场所达到 GB 9667 规定的要求。

c) 公共厕所布局较合理,数量基本满足需要,建筑造型与景观环境比较协调。50% 以上厕所具备水冲设备,并保持完好或使用免水冲生态厕所。厕所较整洁,洁具洁净、无污垢、无堵塞。

d）垃圾箱布局较合理，标识明显，数量基本满足需要，造型与环境比较协调。垃圾清扫及时，日产日清。

e）食品卫生符合国家规定，餐饮服务配备消毒设施，不使用对环境造成污染的一次性餐具。

5.5.5 邮电服务

a）提供邮政或邮政纪念服务。

b）通讯设施布局较合理。游人集中场所设有公用电话，具备国内直拨功能。

c）通讯方便，线路畅通，收费合理。

d）能接收手提电话信号。

5.5.6 旅游购物

a）购物场所布局基本合理，建筑造型、色彩、材质与环境较协调。

b）对购物场所进行集中管理，环境整洁，秩序良好，无围追兜售、强买强卖现象。

c）对商品从业人员有统一管理措施和手段。

d）旅游商品有本地区特色。

5.5.7 经营管理

a）管理体制健全，经营机制有效。

b）旅游质量、旅游安全、旅游统计等各项经营管理制度健全有效，贯彻措施得力，定期监督检查，有比较完整的书面记录和总结。

c）管理人员配备合理，60%以上中高级管理人员具备大专以上文化程度。

d）具有一定的产品形象、质量形象和文明的员工形象。

e）有正式批准的总体规划，开发建设项目符合规划要求。

f）培训机构、制度明确，人员、经费落实，业务培训全面，效果良好，上岗人员培训合格率达100%。

g）投诉制度健全，人员、设备落实，投诉处理及时，档案记录基本完整。

h）能为特定人群（老年人、儿童、残疾人等）提供特殊服务。

5.5.8 资源和环境的保护

a）空气质量达到 GB 3095—1996 的一级标准。

b）噪声质量达到 GB 3096—1993 的一类标准。

c）地面水环境质量达到 GB 3838 的规定。

d）污水排放达到 GB 8978 的规定。

e）自然景观和文物古迹保护手段科学，措施得力，能有效预防自然和人为破坏，基本保持自然景观和文物古迹的真实性和完整性。

f）科学管理游客容量。

g）建筑布局较合理，建筑物造型与景观基本协调。出入口主体建筑与景观环境基本协调。周边建筑物与景观格调较协调，或具有一定的缓冲区或隔离带。

h）环境氛围较好。绿化覆盖率较高，景观与环境美化效果较好。

i）区内各项设施设备符合国家关于环境保护的要求，不造成环境污染和其他公害，不破坏旅游资源和游览气氛。

5.5.9 旅游资源吸引力

a）观赏游憩价值较小。

b）同时具有一定历史价值、文化价值、科学价值，或其中一类价值具地区意义。

c）有个别珍贵物种，或景观比较突出，或有地区级资源实体。

d）资源实体体量中等，或有一定资源类型，或资源实体疏密度一般。

e）资源实体较完整。

5.5.10 市场吸引力

a）本地区知名。

b）有一定美誉度。

c）有一定市场辐射力。

d）有一定特色。

5.5.11 年接待海内外游客3万人次以上。

5.5.12 游客抽样调查基本满意。

6 旅游景区质量等级的划分依据与方法

6.1 根据旅游景区质量等级划分条件确定旅游景区质量等级，按照《服务质量与环境质量评分细则》、《景观质量评分细则》的评价得分，并结合《游客意见评分细则》的得分综合进行。

6.2 经评定合格的各质量等级旅游景区，由全国旅游景区质量等级评定机构向社会统一公告。

关于印发《全域旅游示范区创建工作导则》的通知
旅发〔2017〕79号

各省、自治区、直辖市旅游发展委员会、旅游局，新疆生产建设兵团旅游局：

现将《全域旅游示范区创建工作导则》印发给你们，请各地结合实际，认真抓好示范区创建工作。

国家旅游局
2017年5月17日

全域旅游示范区创建工作导则

第一章 总 则

1.1 为深入贯彻习近平总书记系列重要讲话精神和治国理政新理念、新思想、新战略，认真落实党中央、国务院关于全域旅游的决策部署，按照"五位一体"总体布局、"四个全面"战略布局和创新、协调、绿色、开放、共享发展理念，推动旅游业转型升级、提质增效、科学发展、全面发展，持续增加旅游有效供给，切实满足人民群众不断增长的旅游需求，指导和规范全域旅游示范区（以下简称示范区）创建工作，特制定本导则。

1.2 全域旅游是指将一定区域作为完整旅游目的地，以旅游业为优势产业，进行统一规划布局、公共服务优化、综合统筹管理、整体营销推广，促进旅游业从单一景点景区建设管理向综合目的地服务转变，从门票经济向产业经济转变，从粗放低效方式向精细高效方式转变，从封闭的旅游自循环向开放的"旅游+"转变，从企业单打独享向社会共建共享转变，从围墙内民团式治安管理向全面依法治理转变，从部门行为向党政统筹推进转变，努力实现旅游业现代化、集约化、品质化、国际化，最大限度满足大众旅游时代人民群众消费需求的发展新模式。

1.3 示范区创建工作坚持"注重实效、突出示范，宽进严选、统一认定，有进有出、动态管理"的方针，成熟一批、命名一批，并建立相应的管理和退出机制。

1.4 示范区创建工作按照地方申报、审核公布、创建实施、评估监测、考核命名、复核督导的程序进行。其中，示范区创建由所在地人民政府提出申请，由省级旅游行政管理部门或省级人民政府向国家旅游局推荐申报，国家旅游局审核公布；创建工作日常指导、评估监测、复核督导由国家旅游局或国家旅游局委托省级旅游行政管理部门负责；考核命名工作由国家旅游局统一组织实施。

1.5 本导则适用于国家旅游局公布的所有全域旅游示范区创建单位，包括相关的省（自治区和直辖市）、市（地州盟）和县（市区旗）。

第二章 创建原则

2.1 突出改革创新。将发展全域旅游作为旅游业贯彻落实五大发展理念的主要途径,始终把改革创新作为创建工作的主线,坚持目标导向和问题导向,针对旅游发展中的重大问题,形成适应全域旅游发展的体制机制、政策措施、产业体系等,构建全域旅游发展新局面。

2.2 突出党政统筹。发挥地方党委、政府的领导作用,从区域发展战略全局出发,把推进全域旅游作为地方经济社会发展的重要抓手,统一规划、统筹部署、整合资源、协调行动,形成推动全域旅游发展新合力。

2.3 突出融合共享。大力推进"旅游+",实现旅游业与其他行业的磨合、组合和融合,促进旅游功能全面增强,使发展成果惠及各方,让游客能满意、居民得实惠、企业有发展、百业添效益、政府增税收,形成全域旅游共建共享新格局。

2.4 突出创建特色。注重产品、设施与项目特色,不同层级、不同地区要确立符合实际的发展规划、主打产品、主题形象等,不搞一个模式,防止千城一面、千村一面、千景一面,形成各具特色、差异化推进的全域旅游发展新方式。

2.5 突出绿色发展。树立"绿水青山就是金山银山"理念,守住生态底线,合理有序开发,防止破坏环境,杜绝竭泽而渔,摒弃运动式盲目开发,实现经济、社会、生态效益共同提升,开辟全域旅游发展新境界。

2.6 突出示范导向。强化创建示范引领作用,打造省、市、县全域旅游示范典型,努力在推进全域旅游、促进城乡建设、产业发展、公共服务、整体营销等方面形成可借鉴可推广的经验和方式,树立全域旅游发展新标杆。

第三章 创建目标

3.1 旅游治理规范化。坚持党委、政府对旅游工作的领导,建立各部门联动、全社会参与的旅游综合推进机制。坚持依法治旅,提升治理效能,形成综合产业综合抓的局面,成为体制机制改革创新的典范。

3.2 旅游发展全域化。推进全域统筹规划、全域合理布局、全域整体营销、全域服务提升,构建良好自然生态环境、亲善人文社会环境、放心旅游消费环境,实现全域宜居宜业宜游和全域接待海内外游客,成为目的地建设的典范。

3.3 旅游供给品质化。加大旅游产业融合开放力度,提高科技水平、文化内涵、绿色含量,增加创意产品,发展融合业态,提供高质量、精细化的旅游服务,增加有效供给,成为满足大众旅游消费需求的典范。

3.4 旅游参与全民化。增强全社会参与意识,引导居民以主人翁态度共同参与旅游建设,营造文明旅游新风尚,健全旅游发展受益机制,出台旅游惠民政策,切实保证居民、企业参与收益分配,成为全民参与共建共享的典范。

3.5 旅游效应最大化。把旅游业作为经济社会发展的重要支撑,发挥旅游"一业兴百业"的带动作用,促进传统产业提档升级,孵化一批新产业、新业态,旅游对当地经济和就业的综合贡献达到较高水平,成为惠民生、稳增长、调结构、促协调、扩开放的典范。

第四章 创建任务

4.1 创新体制机制,构建现代旅游治理体系

4.1.1 建立党政主要领导挂帅的全域旅游组织领导机制,加强部门联动,充分发挥宣传、组织、政法等党委部门和发改、公安、财政、国土、环保、住建、交通、水利、农业、文化、体育、统计、林业等政府部门在合力推进全域旅游工作中的积极作用。

4.1.2 探索建立与全域旅游发展相适应的旅游综合管理机构,如旅游发展委员会,有效承担旅游资源整合与统筹协调、旅游规划与产业促进、旅游监督管理与综合执法、旅游营销推广与形象提升、旅游公共服务与专项资金管理、旅游数据统计与综合考核等职能。

4.1.3 积极推动公安、工商、司法等部门构建管理内容覆盖旅游领域的新机制,切实加强旅游警察、旅游市场监督、旅游法庭、旅游质监执法等工作和队伍建设。

4.1.4 积极创新旅游配套机制,建立相应的旅游联席会议、旅游项目联审、旅游投融资、旅游规划公众参与、旅游标准化、文明旅游共创、旅游志愿者组织、旅游人才培养、党政干部培训、旅游工作考核激励等机制。

4.1.5 推动政策创新。出台支持全域旅游发展的综合性政策文件。加大财政支持力度,逐年增加旅游发展专项资金,加大对旅游基础和公共服务设施建设投入力度,鼓励统筹各部门资金支持全域旅游建设。对全域旅游重大建设项目优先纳入旅游投资优选项目名录,优先安排政府贷款贴息。创新旅游投融资机制,推进旅游资产证券化试点,促进旅游资源市场化配置,因地制宜建立旅游资源资产交易平台,鼓励有条件的地方政府设立旅游产业促进基金,引导各类资金参与全域旅游建设,鼓励开发性金融为全域旅游项目提供支持。强化旅游用地保障,在年度用地指标中优先支持旅游项目,探索实行重点旅游项目点状供地等用地改革,优化旅游项目用地政策。

4.2 加强规划工作,做好全域旅游顶层设计

4.2.1 将旅游发展作为重要内容纳入经济社会发展、城乡建设、土地利用、基础设施建设和生态环境保护等相关规划中。由所在地人民政府编制旅游发展规划,同时依法开展规划环评。在实施"多规合一"中充分体现旅游主体功能区建设的要求。

4.2.2 城乡基础设施、公共服务设施和产业发展中的重大建设项目,在立项、规划设计和竣工验收等环节,可就其旅游影响及相应旅游配套征求旅游部门的意见。

4.2.3 完善旅游规划体系。编制旅游产品指导目录,制定旅游公共服务、营销推广、市场治理、人力资源等专项规划和实施计划或行动方案。形成包含总体规划、控制性详规、重大项目设计规划等层次分明、相互衔接、规范有效的规划体系。

4.2.4 加强旅游规划实施管理。全域旅游发展总体规划及重点项目规划应报请人大或政府批准,提升规划实施的法律效力,并建立旅游规划评估与实施督导机制。

4.3 加强旅游设施建设,创造和谐旅游环境

4.3.1 推动"厕所革命"覆盖城乡全域。推进乡村旅游、农家乐厕所整体改造,5A级景区厕所设置第三卫生间,主要旅游景区、旅游度假区、旅游场所、旅游线路和乡村旅游点的厕所要实现数量充足、干净卫生、实用免费、管理有效。鼓励对外服务场所厕所免费对游客开放。推进市场多元供给和以商建厕、以商管厕、以商养厕。通过使用能

源、材料、生物、信息等新技术,切实解决旱厕、孤厕及其污物处理、厕所信息服务等难题。引导游客爱护设施、文明如厕,营造健康文明的厕所文化。

4.3.2 构建畅达便捷交通网络。完善综合交通体系,科学安排支线机场新建和扩建,优化旅游旺季和通重点客源市地航班配置,加强覆盖旅游景区的通用机场建设。改善区域公路通达条件,提升区域可进入性,提高乡村旅游道路的建设等级,推进干线公路与景区公路连接线以及相邻区域景区之间公路建设,形成旅游交通网络。提高游客运输组织能力,开通旅游客运班车、旅游公交车和观光巴士等。推进旅游风景道、城市绿道、骑行专线、登山步道、交通驿站等公共休闲设施建设,打造具有通达、游憩、体验、运动、健身、文化、教育等复合功能的主题旅游线路。

4.3.3 完善集散咨询服务体系。在建好景区游客中心的基础上,合理布局建立全域旅游集散中心,设立多层级旅游集散网络,因地制宜在商业街区、交通枢纽、景点景区等游客集聚区设立旅游咨询服务中心(点),有效提供景区、线路、交通、气象、安全、医疗急救等必要信息和咨询服务。

4.3.4 规范完善旅游引导标识系统。在全域建立使用规范、布局合理、指向清晰、内容完整的旅游引导标识体系,重点涉旅场所规范使用符合国家标准的公共信息图形符号。

4.3.5 合理配套建设旅游停车场。建设与游客承载量相适应、分布合理、配套完善、管理科学的生态停车场。鼓励在国省干线公路和通景区公路沿线增设旅游服务区、驿站、观景台、自驾车营地等设施,推动高速公路服务区向交通、生态、旅游等复合型服务区转型升级。

4.4 提升旅游服务,推进服务人性化品质化

4.4.1 充分发挥标准在全域旅游工作中的服务、指引和规范作用。完善旅游业标准体系,扩大旅游标准覆盖范围,强化标准实施与监督,加强涉旅行业从业人员培训,提高从业人员服务意识与服务能力,树立友善好客旅游服务形象。

4.4.2 按照旅游需求个性化要求,实施旅游服务质量标杆引领计划,鼓励企业实行旅游服务规范和承诺,建立优质旅游服务商目录,推出优质旅游服务品牌。开展以游客评价为主的旅游目的地评价,不断提高游客满意度。

4.4.3 推进服务智能化。建立地区旅游服务线上"总入口"和旅游大数据中心,形成集交通、气象、治安、客流信息等为一体的综合信息服务平台。涉旅场所实现免费Wi-Fi、通信信号、视频监控全覆盖,主要旅游消费场所实现在线预订、网上支付,主要旅游区实现智能导游、电子讲解、实时信息推送。开发建设游客行前、行中和行后各类咨询、导览、导游、导购、导航和分享评价等智能化旅游服务系统。

4.4.4 完善旅游志愿服务体系。建立服务工作站,制定管理激励制度,开展志愿服务公益行动,提供文明引导、游览讲解、信息咨询和应急救援等服务,打造旅游志愿服务品牌。

4.5 坚持融合发展、创新发展,丰富旅游产品,增加有效供给

4.5.1 "旅游+城镇化、工业化和商贸"。突出中国元素、体现区域风格,建设美丽乡村、旅游小镇、风情县城、文化街区、宜游名城以及城市绿道、骑行公园等慢行系统,支

持旅游综合体、主题功能区、中央游憩区等建设。利用工业园区、工业展示区、工业历史遗迹等因地制宜开展工业旅游,鼓励发展旅游用品、户外休闲用品和旅游装备制造业。完善城市商业区旅游服务功能,开发具有自主知识产权和鲜明地方特色的时尚性、实用性、便携性旅游商品,提高旅游购物在旅游收入中的比重,积极发展商务会展旅游。

4.5.2 "旅游+农业、林业和水利"。大力发展观光农业、休闲农业和现代农业庄园,鼓励发展田园艺术景观、阳台农艺等创意农业和具备旅游功能的定制农业、会展农业、众筹农业、家庭农场、家庭牧场等新型农业业态。因地制宜建设森林公园、湿地公园、沙漠公园,鼓励发展"森林人家""森林小镇"。鼓励水利设施建设融入旅游元素和标准,充分依托水域和水利工程,开发观光、游憩、休闲度假等水利旅游。

4.5.3 "旅游+科技、教育、文化、卫生和体育"。积极利用科技工程、科普场馆、科研设施等发展科技旅游。以弘扬社会主义核心价值观为主线,发展红色旅游,开发爱国主义和革命传统教育、国情教育、夏(冬)令营等研学旅游产品。依托非物质文化遗产、传统村落、文物遗迹及美术馆、艺术馆等文化场所,推进剧场、演艺、游乐、动漫等产业与旅游业融合,发展文化体验旅游。开发医疗健康旅游、中医药旅游、养生养老旅游等健康旅游业态。积极发展冰雪运动、山地户外、水上运动、汽车摩托车运动等体育旅游新产品。

4.5.4 "旅游+交通、环保和国土"。建设自驾车房车旅游营地,打造旅游风景道和铁路遗产、大型交通工程等特色交通旅游产品,推广精品旅游公路自驾游线路,支持发展邮轮游艇旅游,开发多类型、多功能的低空旅游产品和线路。建设生态旅游区、地质公园、矿山公园以及山地旅游、海洋海岛旅游、避暑旅游等旅游产品。

4.5.5 提升旅游产品品质。深入挖掘历史文化、地域特色文化、民族民俗文化、传统农耕文化等,提升旅游产品文化含量。积极利用新能源、新材料、现代信息和新科技装备,提高旅游产品的科技含量。大力推广使用资源循环利用、生态修复、无害化处理等生态技术,加强环境综合治理,提高旅游开发的生态含量。

4.5.6 丰富品牌旅游产品。增强要素型旅游产品吸引力,深入挖掘民间传统小吃,建设特色餐饮街区,进一步提升星级饭店和绿色旅游饭店品质,发展精品饭店、文化主题饭店、经济型和度假型酒店、旅游民宿、露营、帐篷酒店等新型住宿业态,打造特色品牌。提升园区型旅游产品品质,强化 A 级景区、旅游度假区、旅游休闲区、旅游综合体、城市公园、主题乐园、大型实景演出和博物馆、文化馆、科技馆、规划馆、展览馆、纪念馆、动植物园等园区型旅游产品设施配套,实现节约、集成和系统化发展,打造整体品牌。发展目的地型产品,按照村、镇、县、市、省打造具有国际影响力的目的地品牌。

4.5.7 推动主体创新。培育和引进有竞争力的旅游骨干企业和大型旅游集团,促进规模化、品牌化、网络化经营。支持旅游企业通过自主开发、联合开发、并购等方式发展知名旅游品牌。发展旅游电子商务,支持互联网旅游企业整合上下游及平行企业资源。促进中小微旅游企业特色化、专业化发展,建设发展产业创新、服务创新、管理创新、技术创新的特色涉旅企业。构建产学研一体化平台,提升旅游业创新创意水平和科学发展能力。

4.6 实施整体营销,凸显区域旅游品牌形象

4.6.1 制定全域旅游整体营销规划和方案。把营销工作纳入全域旅游发展大局,坚持以需求为导向,树立整体营销和全面营销观念,明确市场开发和营销战略,加强市场推广部门与生产供给部门的协调沟通,实现产品开发与市场开发无缝对接。设立旅游营销专项资金,鼓励制定相应的客源市场开发奖励办法,切实做好入境旅游营销。

4.6.2 拓展营销内容。在做好景点景区、饭店宾馆等传统产品推介的同时,进一步挖掘和展示地区特色,将商贸活动、科技产业、文化节庆、体育赛事、特色企业、知名院校、城乡社区、乡风民俗、优良生态等拓展为目的地宣传推介的重要内容,提升旅游整体吸引力。

4.6.3 实施品牌营销战略。塑造特色鲜明的旅游目的地形象,打造主题突出、传播广泛、社会认可度高的旅游目的地品牌。提升区域内各类品牌资源,建立多层次、全产业链的品牌体系,变旅游产业优势为品牌优势。

4.6.4 建立政府部门、行业、企业、媒体、公众等参与的营销机制,充分发挥企业在推广营销中的作用,整合利用各类宣传营销资源和方式,建立推广联盟合作平台,形成上下结合、横向联动、多方参与的全域旅游营销格局。

4.6.5 创新全域旅游营销方式。有效运用高层营销、公众营销、内部营销、网络营销、互动营销、事件营销、节庆营销、反季营销等多种方式。借助大数据分析,充分利用微博、微信、微电影、APP 客户端等新兴媒体,提高全域旅游宣传营销的精准度、现代感和亲和力。

4.7 加强旅游监管,切实保障游客权益

4.7.1 加强旅游执法。强化旅游质监执法队伍的市场监督执法功能,严肃查处损害游客权益、扰乱旅游市场秩序的违法违规行为,曝光重大违法案件,实现旅游执法检查的常态化。公安、工商、质监、物价等部门按照职责加强对涉旅领域执法检查。建立健全旅游与相关部门的联合执法机制,净化旅游市场环境,维护游客合法权益。

4.7.2 加强旅游投诉举报处理。建立统一受理旅游投诉机制,积极运用 12301 智慧旅游服务平台、12345 政府服务热线以及手机 APP、微信公众号、热线电话、咨询中心等多样化手段,形成线上线下联动、高效便捷畅通的旅游投诉受理、处理、反馈机制,做到受理热情友好、处理规范公正、反馈及时有效,不断提高旅游投诉的结案率、满意率。

4.7.3 强化事中事后监管。加快建立旅游领域社会信用体系,依托全国信用信息共享平台,归集旅游企业和从业人员失信行为,并对失信行为开展联合惩戒行动。扩大旅游"红黑榜"应用,将旅游景区点纳入旅游"红黑榜"评价机制。发挥旅游行业协会自律作用。积极应用全国旅游监管服务平台,加强对旅行社、导游人员日常监管,保障导游人员合法劳动权益。

4.7.4 加强旅游文明建设。全面推行国内旅游文明公约和出境旅游文明指南,培育文明旅游典型,建立旅游不文明行为记录制度和部门间信息通报机制。组织开展旅游警察、旅游工商和旅游法庭等工作人员的执法培训,提高旅游执法专业化和人性化水平。

4.8 优化城乡环境,推进共建共享

4.8.1 加强资源环境生态保护。强化对自然生态系统、生物多样性、田园风光、传统村落、历史文化和民族文化等保护,保持生态系统完整性、生物多样性、环境质量优良性、传统村镇原有肌理和建筑元素。注重文化挖掘和传承,构筑具有特色的城乡建筑风格。倡导绿色旅游消费,实施旅游能效提升计划,降低资源消耗,推广节水节能产品、技术和新能源燃料的使用,推进节水节能型景区、酒店和旅游村镇建设。

4.8.2 推进全域环境整治。开展主要旅游线路沿线风貌集中整治,在路边、水边、山边等区域开展洁化、绿化、美化行动,在重点旅游村镇实行"改厨、改厕、改客房、整理院落"和垃圾污水无害化、生态化处理,全面优化旅游环境。

4.8.3 强化旅游安全保障。加强旅游安全制度建设,强化旅游、公安、交通、安监、卫生、食药监等有关部门安全监管责任,由安监部门牵头组织景区开业的安全风险评估。加强景点景区最大承载量警示,加大出游安全风险提示,落实旅行社、饭店、景区安全规范。强化对客运索道、大型游乐设施等特种设备和旅游用车、旅游节庆活动等重点领域及环节的监管。建立政府救助与商业救援相结合的旅游救援体系。完善旅游保险产品,扩大保险覆盖面,提升保险理赔服务水平。

4.8.4 大力促进旅游创业就业。建设旅游就业需求服务平台,加强信息引导,加大技术支持,进一步改善传统旅游企业吸纳就业的政策环境,切实为新型旅游企业招募员工创造便利条件。积极引导科技、艺术、创意设计等各类专业人才跨界参与旅游开发建设。重视发展创业型的个体私营旅游经济和家庭手工业。鼓励高等院校和职业院校发展旅游教育,开设特色旅游专业,提升本地旅游人力资源规模和水平。

4.8.5 大力推进旅游扶贫和旅游富民。通过整合旅游资源,发展旅游产业,从整体增加贫困地区财政收入、村集体收入和农民人均收入。以景区带村、能人带户、"企业+农户"和直接就业、定点采购、输送客源、培训指导、建立农副土特产品销售区和乡村旅游后备箱基地等各类灵活多样的方式,促进贫困地区和贫困人口脱贫致富。大力实施旅游富民工程,通过旅游创业、旅游经营、旅游服务、资产收益等方式促进增收致富。

4.8.6 营造旅游发展良好社会环境。树立"处处都是旅游环境,人人都是旅游形象"的理念,向目的地居民开展旅游相关知识宣传教育,强化目的地居民的旅游参与意识、旅游形象意识、旅游责任意识。加强旅游惠民便民服务,推动公共博物馆、文化馆、图书馆、科技馆、纪念馆、城市休闲公园、红色旅游景区和爱国主义教育基地免费开放,鼓励旅游场所对特定人群实行价格优惠,加强对老年人、残疾人等特殊群体的旅游服务。

第五章 评估管理

5.1 创建工作应由本地区党委政府统筹负责,研究制定全域旅游示范区创建工作方案,建立全域旅游示范区创建工作目标责任考核体系,各级旅游行政管理部门具体负责创建工作考核,确保各项工作务实高效推进。

5.2 省(自治区和直辖市)示范区创建工作由国家旅游局负责年度评估监测。市(地州盟)和县(市区旗)示范区创建工作由省级旅游行政管理部门负责年度评估监测,并向国家旅游局提交评估报告。

5.3 国家旅游局依据本导则制定《全域旅游示范区考核命名和管理办法》,示范区考核命名工作由国家旅游局依照本导则和相关办法进行,对符合条件和标准并能发挥示范作用的,予以命名。

5.4 对已命名的示范区适时组织复核,对于复核不达标或发生重大旅游违法案件、重大旅游生产安全责任事故、严重不文明旅游现象、严重破坏生态环境行为的示范区,视情况予以警告或撤销。

第六章 附 则

6.1 本导则自印发之日起施行。

6.2 本导则由国家旅游局负责解释并修订。

中共苏州市委　苏州市人民政府

关于实施全域旅游发展战略
打造国际文化旅游胜地的若干意见

苏委发〔2017〕11号
(2017年3月19日)

为全面贯彻《国务院关于促进旅游业改革发展的若干意见》(国发〔2014〕31号)、《省政府关于推进旅游业供给侧结构性改革促进旅游投资和消费的意见》(苏政发〔2016〕134号)、《关于促进苏州旅游业改革发展的实施意见》(苏委发〔2015〕31号),以国家全域旅游示范区创建为引领,深入实施全域旅游发展战略,全力打造具有独特魅力的国际文化旅游胜地,特制定以下意见。

一、总体目标

全力打造"资源有机整合、产业深度融合、文旅携手共进、城旅一体发展、古今中外交融、全民共建共享"的国家全域旅游示范区。充分发挥旅游业作为综合产业、创意产业、绿色产业、幸福产业、开放共享型产业和战略支柱性产业在苏州新一轮发展中的引擎作用,将苏州建设成为具有独特魅力的国际文化旅游胜地。到2020年,旅游业对全市GDP的综合贡献达到15%、对地方财政的综合贡献达到15%,旅游新增就业占新增就业总量的20%以上。

二、主要任务

——从部门抓旅游转变为全市统筹抓旅游,实现综合管理体制新突破。

——从单纯景区建设转变为多业融合发展,实现产业发展模式新突破。

——从传统旅游行业服务转变为城市全方位服务,实现旅游服务供给新突破。

——从景区内治安管理转变为全域化综合治理,实现旅游市场监管机制新突破。

——从旅游企业单打独享转变为全社会共建共享,实现市场主导和旅游富民新突破。

三、工作措施

(一)统筹协调,建立旅游发展新机制

1. 编制全域旅游总体规划。成立多部门组成的规划编制小组,制定全域旅游总体规划,并将该规划贯穿于城市基础设施、城乡建设、土地利用、文化发展、环境保护等各项规划之中。

2. 建成旅游大数据平台。建立旅游大数据中心,开发旅游大数据采集、管理与分析应用平台,充分发挥互联网、物联网和大数据技术在旅游统计、项目决策、服务供给、精准营销、舆情监测和市场监管等方面的作用。以市民和游客满意度监测分析,作为整个城市服务和管理水平提升的重要依据。

3. 建立旅游重大项目协调机制。集中全市之力建设一批龙头型重大旅游项目。建立与国家优选项目库、省重点旅游项目库相互连接的市级旅游大项目库。对于将产生跨区域经济社会效应的重大旅游项目,建立市领导挂钩联系制度,采取在市级层面统筹相关市、区基础设施规划、建设资金、用地指标的方式予以协调推进,并成立项目智囊组跟进指导。每年10月底前汇总各市区上报项目情况,确定下一年度市级重点旅游项目和公共服务设施用地需求,统筹纳入省、市、县(市、区)各级年度重点建设项目清单。

4. 培育"城旅融合"规划设计机构。辅导2家以上本市专业规划设计机构取得旅游规划专业资质,为旅游业态与形态规划相融、城乡公共服务载体旅游化改造增加智力支持。

5. 营造全民共建共享的机制与氛围。充分发挥市场在配置资源中的决定性作用。积极引导居民参与古城社区旅游、小镇旅游和乡村旅游,充分释放旅游业的富民效应。扶持民宿较为集中的镇村建立乡村民宿公共服务中心。积极扶持以上下游产业链为纽带的"旅游产业众创集聚区"建设。充分发挥行业协会在美食、茶楼、酒吧、保健、民间手工艺等领域的行业自律与品质提升作用。支持成立市场化运作的旅游签证服务中心。实施"人人都是旅游志愿者"行动计划,营造热情好客的城市氛围。

(二)丰富业态,增加旅游产品新供给

6. 优化旅游创新创业孵化平台。每年培育一批旅游创新产品、夜游产品、精品民宿,建立集中营销宣传、金融支持、业态融合、智慧旅游应用等扶持机制。

7. 推进多业融合。推动旅游业与一二三产融合发展,每年在农业、工业、商务、文化、教育、体育、卫生和养老等领域至少推出一项与旅游产业融合的举措,列入旅游发展年度计划。打造一批多业融合旅游示范基地和可向公众开放的社会资源访问点,完善其接待服务和网上预约功能。推动旅游服务与商务会展、体育赛事、节庆活动的有机结合。

8. 突出文旅融合。研究出台文旅深度融合实施方案。促进世界遗产与文化旅游的深度融合。依托各类物质与非物质文化遗产,注重活态保护与利用,设计开发交互性强、参与性广的旅游产品,尤其要注重"夜演艺"类文旅融合产品的打造。开展文化活动进景区,在经典园林等景点推出"实景秀"等活动,丰富文化旅游体验。

9. 推动特色小镇宜游化建设。出台特色小镇宜游化建设标准与规范。加快宜居宜业宜游的特色小镇和旅游度假区建设。旅游特色小镇管理与服务达到5A级景区标准、其他特色小镇达到3A级以上标准。通过典型引路,探索集特色展示、文化体验、旅游服务于一体的"小镇客厅"配置模式,市级相关部门应加强服务与指导。

10. 加强专项旅游产品供给。提升环古城河水上游品质,推出串联环古城河与金鸡湖等的水上游新品。加快园林会奖、湖畔会奖等中高端会奖旅游产品的开发与推广。科学引导邮轮旅游、房车旅游、低空飞行旅游等专项旅游的发展。

11. 以"住"为核心做深旅游体验与服务。总结吴中区民宿管理提升试点经验,出台苏州市民宿发展指导意见,推动民宿产业安全、有序、优质化发展,鼓励民宿与周边旅游资源整合。实施住宿业整体服务提升计划,鼓励酒店评星创优和技术革新。

12. 推进旅游商品品牌建设。积极建设旅游创客基地和旅游商品研发基地,鼓励开发特色旅游商品。打通苏州传统手工艺、文创产品在旅游业中的销售"经络"。

(三) 整合资源,增强旅游产业新活力

13. 整合旅游资源形成组合产品。出台鼓励企业整合旅游资源的扶持政策,在全国范围内遴选优质企业,开展以"打造组合产品、创新串接服务"为主要方式的旅游资源整合工作。

14. 扶持旅游企业做大做强。出台项目建设、市场主体培育、标准化提升、营销推广、人才培养等一系列企业扶持政策。支持工业、交通等大型优质企业跨界投资旅游业。注重推动"旅游+互联网"等平台类企业发展壮大。在散客服务体系、旅游资源整合、文化精品连锁酒店等易在全国形成领先模式的领域,对本土企业加大扶持力度,培育龙头型企业。鼓励外商投资旅行社落地,支持本地旅行社在外地设立分支机构。

15. 提高旅游标准化水平。发挥市旅游标准化委员会的作用,完善体现苏州特色的旅游标准化体系,加强对涉旅企业标准化服务与管理的技术指导。

(四) 完善设施,建设旅游服务新体系

16. 建设苏州旅游服务线上"总入口"。通过与互联网超级平台运营商、著名在线旅行商、移动通信运营商、主要金融机构合作,大力实施旅游二维码遍及工程,建设集信息查询、线上导览、在线预订、信息推送和公共服务于一体的苏州旅游服务线上"总入口"。

17. 建设苏州旅游服务线下"总入口"。依托火车站、长途汽车站等交通入口,建设集旅游集散、旅游咨询、交通换乘等功能于一体的枢纽型"总入口"。依托全市各级旅游咨询点和宾馆住宿前台,在重点景区和主要商圈建设有人值守的支撑型"总入口"。完善三级旅游咨询服务体系。探索政府与企业合作的 PPP 模式,支持市旅游咨询中心与"苏州好行"等优质运营商合作管理线下站点。统一标识、完善标准,积极打造服务品牌。

18. 完善旅游公共服务。加快推进旅游形象标识系统国际化改造。继续实施停车场、指引标识、公共厕所、WIFI 覆盖等"旅游公共服务四大行动计划"。支持"苏州好行"优化线路与服务。加快全市所有 3A 级以上景区、旅游度假区和智慧乡村旅游试点单位实现智能导游、电子讲解、在线预订、信息推送等功能全覆盖。

19. 优化导游服务。积极推进导游自由执业改革试点工作。鼓励旅游企业搭建导游服务网络预约平台。依法探索以境内外中高端游客为主要服务对象的"司机+导游(+翻译)""网约导游"等复合式、定制化服务。以政府补贴导游执业保险等方式,健全导游执业保障体系。完善导游职业技能和服务提升激励机制。

(五) 创新营销,彰显旅游城市新形象

20. 实施入境旅游振兴计划。探索建立市场化运作的入境旅游推广中心。与境外客源地著名旅行机构合作,扩大苏州主题旅游线路的落地率。支持并鼓励旅行社、酒店等独立开展以吸引过夜入境游客、中高端会务客等为重点的市场开发工作。积极发挥新媒体在国际营销中的作用。策划推广针对外国人 144 小时过境免签政策的精品旅游

线路,落实好购物离境退税相关政策。提高苏州国际旅游节、寒山寺新年听钟声、苏帮美食"厨王争霸赛"等品牌活动的国际化程度。

21. 开发入境游客"苏州自由行"智慧系统。开发为入境游客提供一站式手机端服务的"苏州自由行"智慧系统,方便入境游客以其喜爱的自由行方式,深度品味苏州文化、体验苏式生活。

22. 进一步打破门票依赖。鼓励开放式景区和社区生活体验类产品的开发。推动城市休闲街区、滨水休闲空间建设。在世界旅游日(9月27日)和中国旅游日(5月19日),扩大景区免费开放范围。做热偏冷园林,鼓励旅游景区和乡村旅游区实行淡旺季票价和非周末促销价,引导错时错峰旅游消费。

23. 实施国内旅游提升计划。各市、区旅游营销宣传的内容中必须有"苏州"字样及苏州旅游LOGO,打响"人间天堂、自在苏州"整体品牌。与旅游电商、高端定制旅游服务平台合作,积极推广"城市微旅行(City Walk)""微领队"等旅游产品。鼓励引进品牌旅行商、专业会奖企业(PCO/DMC)。与上海迪斯尼全面对接,充分发挥其对国内外中远程市场的虹吸溢出效应。

(六)加强监管,提高全域旅游满意度

24. 强化旅游执法队伍建设。实现各市、区旅游执法专职队伍全覆盖。推进公安旅游执法专职队伍建设,在市级层面成立旅游警察大队,在重点旅游县级市和区成立旅游警察中队。在各市、区完善属地网格化的旅游、工商、公安协同执法机制,积极推进重点旅游区域的属地综合执法并在姑苏区率先实施。

25. 加强旅游市场综合监管。依托市"12345"热线开设"旅游专席",建立统一的旅游求助及投诉受理平台。建成旅游市场综合监管平台,健全监管"责任清单"追责、双随机抽查、奖励举报、信用承诺、联合惩戒、监管绩效评估等工作机制,各市、区参照制定本地旅游市场综合监管工作考评制度。加快完善市民游客评价为主要依据的旅游诚信体系建设,加大政府联合监管与惩戒力度。全面推行旅游电子合同。持续推进旅游市场秩序专项整治,建立健全长效监管机制。发挥智慧旅游在旅游安全管理中的作用,实现安全管理"人防+技防"的整体契合。

26. 加强行业自律与服务。成立政府指导、专业化运作的苏州市旅游联合会,鼓励"一业多会",推动协会秘书处专职化。加大政府向旅游社会组织购买服务的力度。搭建"旅游纳税人之家"等交流平台。

(七)优化古城,塑造全域旅游新品牌

27. 提升古城旅游业态。坚持以"先定业态、再定形态"的原则开发古城文旅项目。以"政府保控古城空间、市场搞活业态经营"的理念,探索建立"古城房屋储备及长租中心",通过收储和租赁等方式为业态更新提供成片化空间。

28. 差异化打造古城旅游精品。完善环古城河步道旅游设施、提高管理与服务水平。积极开发水上游线路及产品,打造环古城河水上旅游交通体系,使环古城河成为"水陆并行"的古城旅游黄金通道。加快古街、古宅、博物馆、艺术馆等历史人文资源转化为旅游产品。鼓励开发以文旅融合为主线、突出古城品牌、强化互动体验的旅游产品,丰富苏州旅游国际化核心体验区的内涵。

29. 加快古城慢行系统和旅游廊道建设。对古城内连接旅游景区的交通廊道、慢行道、水道进行旅游化改造,按国际标准完善指引标识系统,增添公共服务设施,使苏州古城成为全域旅游的优质体验区。

30. 实施交通优化工作。重点解决旅游高峰时段旅游热点区域、节点的拥堵问题,制定古城旅游交通优化方案、提高古城旅游畅通度。鼓励通过换乘、短驳、微循环等方式,优化交通秩序。

(八)落实保障,实现旅游发展新提升

31. 强化组织保障。按相关程序在市旅游局基础上组建市旅游发展委员会,强化其在产业规划、综合监管、政策制订、旅游经济运行监测等方面的综合协调职能。

32. 完善法治保障。成立由多部门组成的旅游条例修订小组,以全域旅游发展战略为核心理念,完成《苏州旅游条例》修订工作。

33. 加大财政保障。根据全域旅游发展需要和长三角城市竞合态势,加大财政保障力度。保持市、区两级旅游发展专项资金投入适度超前和统筹运用。

34. 搭建多元化旅游投融资平台。设立由专业化 GP 团队管理的旅游产业发展基金,鼓励采用 PPP、众筹等模式吸引社会与民间资本参与旅游投资。

35. 建立旅游业用地保障机制。旅游项目中属于永久性设施建设用地的,依法按建设用地管理;属于自然景观用地及农牧渔业种植、养殖用地的,按现用途管理,由景区管理机构和经营主体与土地权利人依法协调种植、养殖、管护与旅游经营关系。在符合相关规划的前提下,经市、区人民政府批准,利用现有房屋和土地兴办旅游业的,可实行继续按原用途和土地权利类型使用土地,过渡期为 5 年。在符合规划和用途管制的前提下,鼓励利用集体经营性建设用地使用权、民宅、存量房、废旧工业厂房兴办旅游。

36. 加强人才保障。修编并实施"姑苏旅游人才计划",搭建旅游中高级人才引进与培养交流平台。建设覆盖相关行业的旅游领军人才与高级人才库。搭建"云课堂"平台,每年举办不少于四期的高技能服务人才培训班。积极筹建"苏州旅游学院"。

37. 强化督查考核。制定并实施旅游工作绩效考核内容与评分标准,奖优罚劣。建立全市旅游业发展监测体系,定期发布各地游客满意度指数,通报考核结果。

附录三 苏州市 A 级景区点名录

苏州市 A 级景区点名录

（截至 2017 年 7 月，苏州共有 63 家 68 个国家等级旅游景区点，其中 5A 级景区 6 家 11 个点，4A 级景区 36 家，3A 级景区 17 家，2A 级景区 4 家。）

序号	景区名称		等级
1	苏州园林景区	（1）苏州市拙政园	AAAAA
		（2）苏州市留园	AAAAA
		（3）苏州市虎丘山风景名胜区	AAAAA
2	周庄古镇景区		AAAAA
3	苏州吴江市同里古镇游览区		AAAAA
4	苏州市金鸡湖景区		AAAAA
5	苏州吴中太湖旅游区	（1）东山景区	AAAAA
		（2）穹窿山景区	AAAAA
		（3）旺山景区	AAAAA
6	苏州沙家浜·虞山尚湖旅游区	（1）苏州常熟市虞山尚湖风景区	AAAAA
		（2）苏州常熟市沙家浜风景区	AAAAA
7	苏州市狮子林		AAAA
8	苏州市网师园		AAAA
9	石湖景区		AAAA
10	苏州乐园		AAAA
11	苏州盘门景区		AAAA
12	苏州市七里山塘景区		AAAA
13	苏州市平江历史街区		AAAA
14	苏州白马涧生态园		AAAA

续表

序号	景区名称	等级
15	苏州太湖国家湿地公园	AAAA
16	中国刺绣艺术馆景区	AAAA
17	苏州市寒山寺	AAAA
18	苏州市西园戒幢律寺	AAAA
19	苏州天平山景区	AAAA
20	苏州甪直古镇游览区	AAAA
21	苏州木渎古镇	AAAA
22	苏州西山景区	AAAA
23	苏州工业园区重元寺	AAAA
24	苏州吴江市静思园	AAAA
25	常熟方塔古迹名胜区	AAAA
26	常熟服装城购物旅游区	AAAA
27	常熟蒋巷乡村旅游景区	AAAA
28	昆山市千灯古镇游览区	AAAA
29	苏州昆山市亭林园	AAAA
30	苏州昆山市锦溪古镇	AAAA
31	张家港市凤凰山风景区	AAAA
32	太仓现代农业园	AAAA
33	张家港市香山景区	AAAA
34	吴江区震泽古镇景区	AAAA
35	苏州光福景区	AAAA
36	张家港永联景区	AAAA
37	吴中区天池山景区	AAAA
38	太仓市沙溪古镇景区	AAAA
39	常熟市梅李聚沙园	AAAA
40	张家港暨阳湖生态旅游区	AAAA
41	苏州湾黄金湖岸旅游区	AAAA
42	江苏大阳山国家森林公园	AAAA
43	苏州何山公园	AAA
44	苏州荷塘月色湿地公园	AAA

续表

序号	景区名称	等级
45	苏州中国花卉植物园	AAA
46	苏州中国珍珠宝石城	AAA
47	苏州大白荡城市生态公园	AAA
48	苏州相城盛泽湖月季园	AAA
49	苏州张家港市东渡苑景区	AAA
50	张家港市梁丰生态园	AAA
51	昆山巴城阳澄湖景区	AAA
52	吴江青少年科技文化活动中心	AAA
53	吴江圆通寺景区	AAA
54	苏州太仓市太仓公园（莒山园）	AAA
55	苏州太仓市南园公园	AAA
56	吴江平望莺湖景区	AAA
57	昆山市城市生态森林公园	AAA
58	常阴沙生态农业旅游区	AAA
59	昆山五谷丰灯景区	AAA
60	苏州柳亚子故居	AA
61	王锡阐故居纪念馆	AA
62	苏州张家港市张家港公园	AA
63	太仓张溥故居	AA